La philosophie de Nietzsche, une philosophie « en actes »

5-7, rue de l'Ecole polytechnique ; 75005 Paris
http://www.librairieharmattan.com
diffusion.harmattan@wanadoo.fr
harmattan1@wanadoo.fr

ISBN : 978-2-296-03879-0
EAN : 9782296038790

Serge Botet

La philosophie de Nietzsche, une philosophie « en actes »

Analyse de la structure illocutoire du Zarathoustra

L'Harmattan

Du même auteur

Langue, langage et stratégies linguistiques chez Heidegger, Bern, Paris, New York, Peter Lang, coll. « Contacts », 1997.

Le Zarathoustra de Nietzsche, une refonte du discours philosophique **?, Paris, Klincksieck, Germanistique, 2006.**

Présentation

Dans le présent travail qui, chronologiquement, fait suite à deux autres études : « Nietzsche et l'écriture de l'histoire »[1] et *Le* Zarathoustra *de Nietzsche, une refonte du discours philosophique*[2], nous avons voulu aborder le *Zarathoustra* dans une perspective générale qui est celle de la pragmatique moderne et des « actes de langage ». Globalement, notre hypothèse de travail était que Nietzsche, tenant avéré d'une philosophie de la vie et de l'action - au travers de cette œuvre prosélyte où le tribun Zarathoustra ne cesse de haranguer un auditoire - aurait pu lui aussi chercher à « agir sur » le lecteur. De la part de Nietzsche, l'objectif pressenti serait donc, non pas seulement d'informer ce lecteur, de lui faire acquérir de nouvelles compétences cognitives en lui proposant de nouvelles thèses philosophiques, mais d'impliquer ce lecteur dans une performance conjointe qui irait dans le sens de la volonté de puissance et du dépassement de soi. Tout cela en conformité - semble-t-il - avec ce que Nietzsche lui-même proclamait à propos de son *Zarathoustra*, à savoir qu'il considérait son chef d'œuvre comme une « action » ; pourquoi pas donc comme une tentative d'« actualisation », de « performation » même, de ce qu'il avait jusque-là exposé sur un plan plus théorique ? *« Mein Begriff 'dionysisch' wurde hier höchste Tat »*[3] (Mon idée du 'dionysiaque' s'est transformée en acte au sens le plus noble[4]), écrivait Nietzsche dans *Ecce homo* à propos du *Zarathoustra*. Peut-être

---

[1] Nietzsche, l'histoire et la vie in : *Etudes germaniques* n° 3, Paris, Didier Erudition, juillet 2003.

[2] *Le Zarathoustra de Nietzsche, une refonte du discours philosophique ?*, Paris, Klincksieck, 2006.

[3] *Werke in drei Bänden*, München, Carl Hanser Verlag, 1960, II, p. 1134.

[4] La traduction est de nous. Sauf mention explicite du traducteur, il en sera de même pour toutes les citations traduites de cet ouvrage.

fallait-il prendre cette profession de foi au pied de la lettre. Voilà, présentée de façon bien sûr très schématique, l'hypothèse que nous avons voulu mettre à l'épreuve en explorant cet autre aspect de ce que nous appelons la « philosophie en actes » : l'illocution dans le *Zarathoustra*.

Compte tenu de l'objectif complexe qui est le nôtre dans ce travail, nous pensons qu'il est nécessaire de poser en préalable à l'étude de l'œuvre de Nietzsche elle-même quelques jalons concernant la notion d'illocution, cela d'autant plus que cette notion est encore enveloppée d'un certain flou lorsqu'on tente de l'appliquer à des textes entiers. On pourra trouver un peu long le détour théorique que nous proposons, mais il est à notre avis indispensable.

I. Prémisses théoriques

1. Des actes de langage aux fonctions textuelles

Les sources de la notion d'illocution sont très anciennes puisque celle-ci s'enracine dans la rhétorique antique, notamment avec Aristote[5] : l'art de bien dire et l'art de persuader est une préoccupation essentielle dans la culture oratoire de la *polis*. Très schématiquement, cette rhétorique, conçue comme art de convaincre un interlocuteur, s'est ensuite perdue dans cette acception première, s'absorbant dans les multiples stylistiques, pour ne refaire réellement surface qu'au XXème siècle. Parallèlement, la philosophie du langage et la linguistique ont investi (du moins en partie) le domaine jusque-là dévolu à la rhétorique, en particulier avec ce qu'il est convenu d'appeler « le tournant pragmatique » à partir des années soixante. L'idée essentielle résumée sous l'appellation générale « théorie des actes de langage » et consignée dans l'ouvrage fondateur de Austin, *How to do things with words* (1962)[6], est que les énoncés que nous proférons (dimension locutoire) sont en même temps des actes par lesquels nous cherchons à agir sur notre auditoire (dimension illocutoire) en produisant de façon concommitante sur lui des effets (dimension perlocutoire).
Il est bien certain par ailleurs que s'il existe une filiation entre rhétorique et pragmatique, les deux domaines ne se recoupent pas exactement. La théorie des actes de langage inclut en particulier des actes simples comme la prière, l'injonction, etc., dont l'effet escompté sur le destinataire peut être largement anticipé spontanément par le destinateur en raison d'une codification linguistique ou situationnelle qui

---

[5] *Rhétorique*, éd. et trad. F. Dufour, Paris, Les Belles Lettres, 1960.
[6] Austin, J., *Quand dire c'est faire*, trad. fr. G. Lane, Paris, Seuil, 1970.

réduit très fortement le champ des réactions « possibles » de ce destinataire : sauf contexte spécial, une personne à laquelle on adresse une prière, une injonction ou un ordre à l'impératif saura immédiatement et sans qu'aucune autre démarche de la part du locuteur soit nécessaire qu'on lui adresse une prière, une injonction ou un ordre. Autrement dit, les dimensions locutoire, illocutoire et perlocutoire de l'acte sont à tel point liées par convention qu'elles sont quasiment consubstantielles. La rhétorique en revanche semble exclure cette sorte de consubstantialité immédiate des trois dimensions constitutives qui peut caractériser les actes de langage : il y a « rhétorique » lorsque la réaction du destinataire ne peut être anticipée par le destinateur que comme résultat d'une stratégie qu'il devra mettre en œuvre pour justement produire cette réaction. Loin de se produire spontanément, la réaction du destinataire est *a priori* problématique, voire entravée, et elle doit donc être amenée de façon médiate. Bref, on ne peut parler de rhétorique que s'il y a une suite finalisée et plus ou moins organisée d'actes de langage, une *élaboration*. Helmut Rehbock résume bien cet état de faits :

Eine kommunikative Handlung, die darauf angelegt ist, Primärintentionen gegen antizipierte Aufnahme-, Verarbeitungs- oder Reaktionshindernisse elaboratif durchzusetzen, soll « rhetorisch » heissen.
Nicht-rhetorisch sind nach dieser Definition nicht nur alle « imperativen Kommunikationsakte », sondern auch alle alltagssprachlichen Akte mit 'als sicher antizipierter Wirkung'[7].

(On s'accorde à qualifier de « rhétorique » un acte de communication qui a pour objectif de faire valoir et d'élaborer des intentions premières face à des obstacles relevant de la réception, de la transformation, ou encore des réactions que l'on oppose à un message.

---

[7] « Rhetorik » in : *Lexikon der germanischen Linguistik*, Tübingen, Max Niemeyer Verlag, 1980, p. 298.

Selon cette définition, il faut considérer comme non rhétoriques non seulement l'ensemble des « actes de communication impératifs », mais encore tous les actes de langage relevant du quotidien et dont nous anticipons les effets.)

Sans pouvoir ici entrer plus dans le détail[8], qu'il nous suffise donc de retenir que la théorie des actes de langage, tout en faisant historiquement suite à la rhétorique, se situe sur une base plus large que celle-ci.
Toujours très schématiquement : à la suite d'évolutions théoriques initiées au départ par J. R. Searle[9], l'idée semble (malgré des critiques) s'être globalement imposée chez les pragmaticiens que tout énoncé se laisse décomposer en 1) un contenu propositionnel (*dictum*), 2) une valeur illocutoire[10]. Ayant été en quelque sorte autonomisée, la notion d'illocution a ouvert un vaste champ d'investigation où elle a connu des applications et des extensions multiples. Réduite au départ au champ restreint de l'énoncé, cette notion fut rapidement appliquée à des suites d'énoncés et ensuite à des textes entiers. On a vu ainsi apparaître les concepts de « structure illocutoire », de « hiérarchie illocutoire », de « complexe illocutoire », de « stratégie illocutoire », basés sur le postulat qu'un texte n'est pas la simple somme arithmétique des actes illocutoires individuels réalisés dans des énoncés individualisés, mais que ces actes sont subordonnés les uns aux autres (dominants ou subsidiaires) et investis de fonctions spécifiques servant la réalisation d'un objectif global (où d'ailleurs la structure illocutoire peut interférer et s'imbriquer avec les

---

[8] L'« élaboration » peut revêtir de multiples formes, cf H. Rehbock, *op. cit*, p. 298 sq.
[9] *Speech acts*, 1969, fr. *Les actes de langage*, trad. Hermann, Les Editions de Minuit, 1980.
[10] La dimension « perlocutoire » étant ici incluse.

structures syntaxiques et thématiques[11]. Nous y reviendrons ultérieurement). Comme l'écrivent Heinemann / Viehweger :

es ergibt sich, dass das Gesamtziel eines Textes über Teilziele realisiert wird, die Voraussetzungen zur Erreichung des Gesamtziels darstellen; dabei kommt jeder Einzel-Illokution eine besondere Funktion für die Text-Illokution zu[12].

(il en résulte que l'objectif global d'un texte se réalise par le truchement d'objectifs parcellaires, qui sont une condition indispensable pour que l'objectif global soit atteint ; chaque illocution individuelle est ainsi investie d'une fonction spécifique participant de la fonction illocutoire du texte dans son ensemble.)

De là, l'idée d'établir une typologie des fonctions illocutoires des textes (*Textfunktion*) ainsi qu'une typologie de ces textes selon la « fonction » illocutoire dominante qui s'y manifeste. Nous ne pouvons malheureusement retenir ici que les très grandes lignes de ces développements qui mériteraient d'être approfondis et examinés dans le détail.

2. Les fonctions illocutoires

Selon l'intention affichée par le destinateur (reconnaissable à certains indices et qui ne correspond pas forcément à son intention véritable), les actes de langage, comme les textes, sont investis de fonctions illocutoires[13] de base que l'on a

[11] Cf, par exemple, Klaus Brinker, *Linguistische Textanalyse, eine Einführung in Grundbegriffe und Methoden*, Berlin, Erich Schmidt Verlag, Grundlagen der Germanistik, 1997, p. 91-92.

[12] Heinemann, Wolfgang, Viehweger, Dieter, *Textlinguistik, eine Einführung*, Tübingen, Max Niemeyer Verlag, 1991.

[13] Compte-tenu des dénominations qui ont tendance a se multiplier dans ce domaine, sans pour autant faire l'objet de définitions bien arrêtées et constantes, il est peut-être utile d'apporter ici quelques précisions terminologiques, même si c'est au prix d'une digression qui pourra paraître

longue au lecteur et que nous nous permettons pour cette raison d'insérer sous forme de note.

J'évoquerai tout d'abord le *distinguo* à opérer entre « acte » et « fonction ». Il est bien évident que les actes de langage ne sont pas en eux-mêmes des fonctions. Un acte de langage *a* une fonction, mais celle-ci n'est qu'un aspect de cet acte. Ceci rejoint la distinction bien connue de Austin qui différencie l'aspect « locutionnaire » et l'aspect « illocutionnaire » des actes de langage. L'aspect locutionnaire de l'acte de langage relève de la nature *intrinsèque* de l'acte lui-même ; il est en quelque sorte un descriptif de l'énoncé en termes phoniques, syntaxiques et référentiels (à quoi renvoie l'énoncé en tant que signe ou ensemble de signes : que « représente »-t-il en dehors de lui-même ?). Avant de servir à quoi que ce soit, un acte de langage représente donc lui-même intrinsèquement quelque chose (qui peut être décrit) et il représente aussi - en fonction de la nature même du signe qui est de faire signe « vers » - autre chose en dehors de lui-même (qui peut éventuellement être décrit également).

L'aspect illocutionnaire de l'acte de langage a trait, lui, aux *manifestations* de l'acte en contexte d'utilisation. Pour Austin, l'acte illocutionnaire est l'action que l'on accomplit en proférant ce qui est dit dans l'acte locutionnaire. Quant à l'acte perlocutionnaire, c'est l'*effet* produit par cet acte (réel ou potentiel ; nous y reviendrons).

Par rapport à la notion d'« acte », la notion de « fonction » illocutionnaire ou illocutoire vient ajouter une idée finaliste d'objectif : certains éléments produisent de façon plus ou moins systématique tel ou tel effet ; on dit donc qu'ils sont « faits pour » produire tel ou tel effet (sans bien entendu qu'ils les produisent nécessairement), de là l'idée que les locuteurs utilisent ces éléments dans l'intention de produire les effets en question. Il est donc fréquent que l'on parle d'une intention ou d'une visée illocutoire attachée aux actes de langage par ceux qui les accomplissent. Mais cette intention ou visée ne peut être que présupposée car l'intention ou visée qui sous-tend un acte est foncièrement invérifiable. Il s'agit en somme - comme nous le disions - de l'intention ou visée affichée par le locuteur et censée être reconnaissable à certains indices que l'on tente justement de répertorier.

Sans pouvoir aller trop loin sur cette voie, on peut tenter d'explorer succinctement l'arrière-plan épistémologique de cette notion d'intention ou de visée. En fait, dès lors que l'on quitte le domaine bien balisé des actes de langage simples dont l'effet est relativement prévisible car codifié par la langue et consacré par l'usage (par ex. : l'impératif utilisé par le destinateur pour transmettre une prière, une injonction ou un ordre est effectivement très souvent - mais pas toujours - perçu par le destinataire du message comme l'indice que le destinateur lui adresse une prière, un injonction ou une prière), la notion de fonction illocutoire se complexifie et elle cesse de s'intégrer dans un schéma de causalité plus ou moins mécanique et bi-univoque (telle cause simple produit avec une forte probabilité tel effet simple). Un texte, entre autres, est constitué par une multitude d'actes de langage qui ne s'additionnent pas (ou pas forcément) ; sous l'effet du co-texte et du contexte, des causes multiples entraînent des effets multiples et surtout extrêmement variables suivant les configurations, de sorte que l'intention illocutoire affichée du locuteur devient pratiquement le seul point de repère fiable : c'est parce qu'un texte est intitulé « recette » de cuisine par son rédacteur (le titrage est ici l'indice de l'intention « informatrice ») que l'on comprend que les impératifs qu'il contient ne sont ni des prières, ni des injonctions ni des ordres, mais des informations, ce qui nous permet précisément de dire que la fonction illocutoire dominante du texte est l'information.

Là encore, la distinction est importante : la fonction illocutoire des textes n'est pas la fonction illocutoire des actes de langage ; elle ne peut être dégagée qu'en termes de tendances, de dominantes en fonction de critères beaucoup moins « constants » que ce n'est le cas pour les actes de langage « simples ». Et c'est justement là que la notion de visée ou d'intention illocutoire devient opératoire : par exemple, la fonction illocutoire d'un texte dépend au premier chef (mais pas seulement) de ce que le locuteur déclare avoir *voulu* faire avec ce texte, cette « volonté » étant « repérable » grâce à certains indices présents dans le texte et dans le contexte au sens large. Le problème a souvent été évoqué par les philosophes (cf Spinoza) : quand on ignore les causes objectives des phénomènes, on leur substitue un sujet et une intention. Ces entités seraient superfétatoires si l'on pouvait dire à coup sûr : telle conjonction de facteurs réunie dans un texte produit telle conjonction d'effets. Les fonctions illocutoires des textes - comme les fonctions illocutoires des actes de langage simples - pourraient être déterminées sur la base de critères relativement objectifs et constants, sans avoir recours aux notions « floues » et finalistes d'intention ou de visée illocutoire. Mais encore une fois, la complexité des paramètres rend la chose impossible d'un simple point de vue cognitif. L'intention ou la visée illocutoire sont donc des instruments opératoires, ou encore ce qu'on pourrait appeler des « notions-relais » permettant, à défaut et peut-être dans l'attente d'un « mieux », d'appréhender les phénomènes.

Finalement, il est bien évident qu'il faut éviter de confondre les fonctions illocutoires des actes de langage ou des textes avec les fonctions du lan-

depuis très longtemps cherché à répertorier. Dès 1934 Bühler[14] propose un schéma tripartite regroupant la « fonction de représentation » (*Darstellungsfunktion*) affectée à la figuration des réalités du monde, la « fonction expressive » (*Ausdrucksfunktion*) traduisant les états, intérieurs ou non, du destinateur, et la « fonction appellative » (*Appellfunktion*) orientée vers le destinataire du message. Ce schéma, repris tel quel par Gülich / Raible[15], a ensuite été modifié et enrichi de diverses manières.

L'un des modèles les plus connus et reconnus est incontestablement celui de Searle qui distingue cinq classes de fonctions illocutoires en œuvre dans les textes : « représentative, directive, commissive, expressive et déclarative »[16], fonctions auxquelles correspondent terme à terme cinq types d'objectifs illocutoires (*illocutionnary point*). Les fonctions « représentative », « directive » et « expressive » correspondent approximativement aux trois fonctions de Bühler (*Darstellung, Appell, Ausdruck*) ; la fonction « commissive » traduit, quant à elle, un engagement du destinateur (promesse, contrat, etc.), et enfin la fonction « déclarative » produit en principe une modification effective de la situation où elle intervient (déclaration de guerre, jugement de justice, etc.). Notons encore chez Searle un critère classificatoire intéres-

---

gage tout court. Comme nous le disions dans la même note à propos de la première acception de l'expression « acte de langage » comme « représentation », le langage en tant que système de signes a lui aussi pour fonction première de « représenter » autre chose que lui-même. Cette fonction-là n'est pas à notre sens une fonction illocutoire. Mais ce point fait justement l'objet d'une discussion entre pragmaticiens, discussion que nous évoquons dans la suite immédiate du texte.

[14] Bühler, Karl, *Sprachtheorie. Die Darstellungsfunktion der Sprache*, Jena, 1934.

[15] Gülich, Elisabeth, Raible, W., *Linguistische Textmodelle*, München U.T.B W. Fink, 1977.

[16] *« A taxonomy of illocutionnary Acts »* in : J. R Searle, *Expression and Meaning. Studies in the theory of speech acts*, Cambridge, 1979.

sant : l'« ordre de subordination » (*direction of fit*) entre le contenu de l'énoncé et les réalités extérieures. Dans le cas des fonctions « directive » et « commissive », ce sont les réalités extérieures qui sont subordonnées aux paroles (les paroles sont censées modifier les réalités), la fonction « représentative » induit un ordre de subordination inverse (les paroles sont subordonnées aux réalités extérieures), la fonction « déclarative » n'induit aucune subordination, mais une exacte correspondance des mots et de la réalité extérieure (quand on déclare la guerre, elle est effectivement déclarée) ; quant à la fonction « expressive », elle n'implique aucune sorte de subordination ni de correspondance entre les paroles et le monde (on ne s'exprime que pour s'exprimer).

E. U. Große, très peu de temps après Searle (mais peut-être indépendemment de lui) opère une distinction de départ entre les « fonctions textuelles normatives » (*normative Textfunktionen*) et les « fonctions textuelles non normatives » (*nicht-normative Textfunktionen*) : les premières incluent les fonctions « législative » (*legislative*), « proclamatoire » (*proklamatorische*), « certificatoire » (*zertifikatorische*), « procurative » (*prokuratorische*), « commissive » (*selbstverpflichtende*), « conventionnelle » (*vereinbarende*) et « déclarative » (*deklaratorische*)[17], les secondes se subdivisent elles-mêmes entre « fonctions unipersonnelles » (*unipersonale Funktionen*) et « fonctions pluripersonnelles » (*pluripersonale Funktionen*). Les « fonctions unipersonnelles » regroupent l'« auto-représentation » (*Selbstdarstellung*), l'« injonction » (*Aufforderung*) et le « transfert d'information » (*Informationstransfer*) ; les « fonctions pluripersonnelles » incluent la « fonction contactive » (*Kontaktfunktion*), par exemple les lettres de condoléances, et « la fonction d'in-

---

[17] Große, Ernst Ulrich, *Text und Kommunikation*, Stuttgart, Berlin, Köln, Mainz, Verlag W. Kohlhammer, 1976, p. 55 sq.

dexation de groupe » (*gruppenindizierende Funktion*)[18], comme les chansons populaires que l'on chante en chœur. Plus récemment, on trouve également le modèle de Brinker qui - dans la lignée de Searle - distingue cinq fonctions de base : la « fonction informative » (*Informationsfunktion*), déjà présente chez Große, la « fonction appellative » (*Appellfunktion*), la « fonction obligative » (*Obligationsfunktion*) qui correspond *grosso modo* à la « fonction commissive » de Searle ou à la *« selbstverpflichtende Funktion »* de Große, la « fonction contactive » (*Kontaktfunktion*) proche de la *Kontaktfunktion* de Große, et finalement la « fonction déclarative » (*Deklarationsfunktion*)[19] déjà cataloguée par Searle.

3. Discussion

3. 1 Le rôle du destinateur et du destinataire

Parmi ces modèles qui sont des jalons importants dans l'étude des fonctions illocutoires des textes, celui de Brinker[20] semble *a priori* le plus cohérent du fait qu'il est censé

[18] *Ibid.*, p. 30 sq.

[19] *Linguistische Textanalyse, op cit.* p. 104-105.

[20] Nous sommes conscient du fait que l'ouvrage de Brinker auquel nous faisons référence peut paraître un peu « basique », chose qui s'explique, à notre avis, plus par ses allures de « manuel » et par le groupe-cible auquel il s'adresse (étudiants de *Grundstudium*), que par ses contenus eux-mêmes qui n'ont rien d'« élémentaire ». Clarté n'est pas synonyme de simplisme, et il faut reconnaître au livre de Brinker plusieurs mérites peu communs qui ont motivé notre choix, à commencer par une présentation synthétique et claire qui fait efficacement le bilan sur la recherche antérieure. Notre objectif n'était pas de faire le point sur l'état de la recherche linguistique dans tel ou tel domaine, mais plutôt de trouver un auteur qui le fasse « à notre place » avec suffisamment de concision et de précision. Brinker représentait en quelque sorte le meilleurs compromis.

faire intervenir un seul critère : *« unsere Abgrenzung von Textfunktionen [beruht] auf [...] der Art des kommunikativen Kontakts, die der Emittent mit dem Text dem Rezipienten gegenüber zum Ausdruck bringt »*[21] (notre définition de la fonction textuelle [repose] au niveau communicationnel sur le type de contact que le destinateur veut mettre en place vis-à-vis du destinataire par le biais du texte). Autrement dit, pour Brinker, on ne peut parler de fonction illocutoire à propos d'un texte que s'il y a par l'intermédiaire de ce texte interaction entre un destinateur et un destinataire. C'est d'ailleurs dans cette optique que Brinker critique les notions de *« Darstellungsfunktion »* (Bühler), de *« repräsentative Funktion »* (Searle) qui sont selon lui d'ordre strictement thématique et n'impliquent pas à ses yeux le destinataire. Pour cette raison, Brinker préfère ici - tout comme Große qui parle d'*« Informationstransfer »* - la notion d'« information » qui signale plus clairement le rapport au destinataire[22]. Au demeurant, on peut se demander s'il ne s'agit pas là d'une simple querelle de mots dans la mesure où les appellations *« Darstellungsfunktion »* et *« repräsentative Funktion »*, même si elles ne sont pas totalement explicites à ce sujet, n'excluent pas, à notre avis, tout rapport au destinataire. *« Darstellen »* / « *repräsentieren* » (représenter) peuvent sous-entendre *« für den anderen »* (pour l'autre).
De la même façon, Brinker récuse les notions de *« Ausdrucksfunktion »* [fonction expressive] (Bühler), de *« expressive Function »* (Searle) et de *« Selbstdarstellungsfunktion »* [fonction d'auto-représentation] (Große), les deux premières étant, selon lui, inadéquates du fait qu'elles impliquent le seul destinateur à l'exclusion du destinataire, la troisième

---

Car il ne faut évidemment pas perdre de vue que si l'étude des fonctions illocutoires des textes est un moment méthodologique important de notre démarche, l'essentiel de cette étude n'en demeure pas moins « ailleurs ».

21 *Ibid.*, p. 104.

22 *Ibid.*, p. 103.

étant elle doublement inadéquate puisqu'elle focalise (à l'instar de la *« Darstellungsfunktion »*) des aspects strictement thématiques (donc non communicationnels), ces aspects se rapportant de surcroît au seul destinateur à l'exclusion du destinataire (*Selbstdarstellung*)[23]. Là encore on peut se demander si l'« expression » en général est à ce point unilatérale et centrée systématiquement sur le seul destinateur : ne s'« exprime »-t-on pas toujours à des degrés divers pour quelqu'un d'autre, fût-ce d'ailleurs, à la limite, pour soi-même, le destinateur étant en l'occurrence son propre destinataire ?

3.2 « Norme » et contexte : fonction « déclarative » / « appellative »

Par ailleurs, la démarche de Brinker visant à établir un critère classificatoire homogène le conduit à récuser la catégorie des « fonctions normatives » de Große et ce pour les raisons suivantes : 1) le caractère normatif imputé à certaines fonctions se retrouve dans d'autres fonctions que Große qualifie de « non-normatives » : *« Das Kriterium « bindend »* [normatif] *[...] kann sich mit verschiedenen Funktionen verbinden (neben der kommissiven und deklarativen Funktion im Sinne Searles auch mit der Appellfunktion) »*[24] (Le critère « normatif » peut être associé à différentes fonctions : par exemple aux fonctions commissives et déclaratives au sens de Searle, mais aussi à la fonction appellative). Si cette *« Appellfunktion »* mentionnée par Brinker correspond bien à ce que Große dénomme *« Aufforderungsfunktion »* (fonction injonctive), et si elle est susceptible d'avoir un caractère

[23] *Ibid.*, p. 103-104
[24] *Ibid.*

« normatif » (*bindend*), il y a effectivement une contradiction.

2) Brinker souligne que le fait qu'une fonction puisse avoir un caractère normatif (*bindend*) dépend surtout de données contextuelles au sens large (rapports hiérarchisés ou non entre destinateur et destinataire, faisant que ce que dit l'un est plus ou moins contraignant pour l'autre, etc.), données qui n'auraient donc plus grand chose à voir avec le texte lui-même[25].

Or, sans vouloir trancher ce débat, on peut tout de même se demander si, d'une façon générale, il est possible de minimiser à ce point l'importance des données contextuelles[26] pour définir les fonctions illocutoires des textes[27]. D'ailleurs, sans même parler des textes en particulier, Brinker écrit lui-même que tout acte de langage, même simple, ne peut très souvent être défini concrètement qu'en fonction de l'environnement dans lequel il s'effectue (rapport des protagonistes, cadre institutionnel, savoirs préalables, etc.)[28]. Pourquoi cela ne s'appliquerait-il pas au texte ? On pourrait bien sûr avancer que les facteurs contextuels ne relèvent pas à proprement parler de l'*illocution* (l'intention illocutoire du destinateur), mais plutôt de la *perlocution* (l'effet produit potentiellement ou effectivement sur le destinataire dans un contexte donné) ; ainsi la prise en compte du contexte n'aurait *stricto sensu* aucune (ou peu de) pertinence dans l'étude des fonctions illocutoires (c'est ce que laisse entendre Brinker lorsqu'il critique la « fonction normative » de Große). Mais n'est-ce pas là opérer un clivage trop radical entre illocutoire et per-

---

[25] *Ibid.*

[26] Co-textuelles et contextuelles au sens le plus large.

[27] On peut effectivement penser - et c'est avec raison - qu'un texte entier est beaucoup moins dépendant du contexte qu'un quelconque énoncé proféré en situation (et qui perd tout son sens hors de cette situation). Mais cela suffit-il pour mettre le contexte totalement hors de jeu ?

[28] *Ibid.*, p. 89.

locutoire ? L'intention illocutoire du destinateur est-elle vraiment séparable d'une anticipation de ses effets perlocutoires ? Comme l'écrit D. Viehweger :

> La production d'un texte [...] est, en même temps, le résultat de l'évaluation cognitive des interlocuteurs ou coactants, de leurs connaissances, attitudes, motivations, ainsi que du contexte de l'action. Cette évaluation cognitive permet au destinateur d'anticiper sur l'évaluation par l'auditeur de son propre énoncé.[29]

L'illocution est impossible à concevoir comme simple activité intentionnelle du destinateur visant - hors contexte - un destinataire réduit au rôle de *neutrum* ; elle n'est concevable que comme phénomène interactif[30] impliquant d'emblée ces trois dimensions. Il y a en fait interaction dans la co-énonciation. Pour notre part, c'est donc dans cette acception que nous utiliserons constamment le terme « illocution » dans la suite.

Par corollaire, il semble également qu'une fonction textuelle puisse revêtir un caractère « normatif » (*bindend*), du fait que ce caractère « normatif », s'il semble effectivement, comme le suggère Brinker, largement déterminé par le contexte pragmatique concret (et donc échapper au domaine de l'« illocutoire » proprement dit[31]), est aussi largement

---

[29] Viehweger, Dieter, « Savoir illocutoire et interprétation des textes », *Le discours, représentations et interprétations*, Nancy, Presses Universitaires de Nançy, coll. Processus discursifs, 1990, p. 43.

[30] Brinker, qui parle lui-même à propos de l'« illocutoire » de « moment interactif » (*interaktives Moment*) (*Linguistische Textanalyse, op. cit.*, p. 104), n'exploite manifestement pas toutes les implications de cette notion.

[31] Comme le dit F. Schanen, il faut opérer une distinction entre « attitude de discours » (c'est dans ce domaine que se positionne l'« illocutoire ») et « acte pragmatique concret » (les effets concrets produits par tel ou tel acte illocutoire, qui peuvent être en décalage total ou en contradiction avec la visée illocutoire du destinateur et sont tributaires de facteurs non linguistiques en nombre incalculable, tout cela n'a qu'un rapport très lointain avec l'illocution).

anticipé dans l'intention illocutoire du destinateur, justement en fonction de la connaissance qu'il a de ce contexte ; il faudrait plutôt dire, pour reprendre la formule de Viehweger : de « l'évaluation cognitive » qu'il fait de ce contexte, puisqu'il n'est pas question ici de contexte réel (réalité pragmatique), mais de contexte représenté par anticipation (attitude de discours). Tel destinateur n'adressera un ordre / souhait, etc. à tel destinataire sous telle ou telle forme que parce qu'il se sait en position de le faire, sur la base de l'évaluation prospective qu'il fait de la situation et des protagonistes.
En conséquence, s'il est vrai, comme l'affirme Brinker contre Große, que le qualificatif « normatif » (*bindend*) ne peut être appliqué à aucune catégorie de fonctions spécifiques (les fonctions dites « non normatives » de Große semblent avoir elles-aussi un caractère normatif), il est vrai également que l'impact potentiel du contexte sur le caractère normatif ou non normatif d'une illocution, anticipé par le destinateur sous la forme d'une évaluation cognitive, fait partie intégrante de cette illocution elle-même[32]. En bref, il semble

[32] Il est clair que ce que nous disons là n'est qu'une simplification. Comme l'énonce Charaudeau, il y a en fait dans tout acte de langage un double destinateur se décomposant en « sujet énonçant », noté JEé, qui est un « être de parole toujours présent dans l'acte de langage », et un « sujet communiquant », « producteur de parole », noté JEc. Parallèlement, face à ce double destinateur, il y a un « sujet destinataire » TUd qui se double à son tour de ce que Charaudeau appelle un « sujet interprétant » noté TUi (« Une théorie des sujets de langage », *Langage et société*, 28, juin 1984 : La socio-sémiotique, p. 41). JEé et TUd seraient donc les protagonistes de l'acte de langage proprement dit, l'un et l'autre « mis en scène » par JEc et TUi. JEc est en position de « *témoin du réel* » (*ibid.*, p. 42), entendu comme l'image qu'il se donne de tout ce qui préside à sa prise de parole, JEé n'étant que la représentation langagière partielle de JEc. En somme JEc « met en scène » JEé en fonction de la présence effective d'un destinataire TUd, mais aussi en fonction de données implicites résultant « des statuts de JEc et de TUi et du rapport imaginé qui les interdéfinit » (*ibid.*, p. 53). Par corollaire, on peut dire que l'interprétation faite par TUi du « projet de parole » de JEc résulte d'une

donc bien quil faille incorporer cette opposition « normatif / non normatif » dans le diagramme des fonctions illocutoires. Mais alors il faut l'intégrer non - ainsi que le fait Große - comme attribut distinctif d'une classe de fonctions à l'exclusion d'une autre (critère qualitatif : soit une fonction est « normative », soit elle ne l'est pas), mais comme attribut

---

mise en scène de TUd face à JEé, tous deux effectivements présents dans l'acte de langage, mais aussi de données implicites tenant compte des statuts respectifs de TUi et de JEc et du rapport imaginé qui les interdéfinit, et qui peut bien entendu être totalement différent du rapport imaginé par JEc : devant une telle complexité qui fait intervenir aussi bien des données langagières que des données extra-langagières (qui sont de surcroît en partie conscientes, en partie inconscientes), la concordance entre le projet de parole de JEc et l'interprétation de TUi ne peut être que partielle.

En somme, l'« intentionnalité » ou projet de parole de JEc, aussi bien que son interprétation par TUi se déterminent dans une configuration complexe de données situationnelles, de règles communicationnelles et de savoirs de tous ordres (Charaudeau parle de détermination « psycho-socio-historique »), dont les manifestations langagières ne sont pour ainsi dire que la partie émergeante. C'est ainsi que Charaudeau distingue, d'une part le « circuit de la parole configurée » où des êtres de parole se trouvent institués en JEé et TUd « d'après un savoir qui porte sur les représentations langagières des pratiques sociales », d'autre part, « le circuit externe à la parole configurée, où, d'après un savoir qui porte sur la connaissance de l'organisation du 'réel' [...], des êtres agissants se voient institués en JEc et en TUi face auxquels le monde qui est ainsi parlé, évocable comme un IL, apparaît soit comme ILx, soit comme ILo, selon qu'il est considéré dans le circuit de la parole ou dans le circuit externe » (*ibid.*, p. 47).

En résumé, ce que l'on désigne par la formule simple et simplificatrice d'« acte de langage » se jouant entre un destinateur et un destinataire, est en fait un processus cognitif complexe où les instances et les paramètres de tous ordres se démultiplient (psycho-socio-historique), les aspects proprement langagiers du phénomène n'étant, quant à eux, que la trace perceptible de quelque chose qui le déborde de toutes parts. C'est dans cette optique qu'il est peut-être possible d'utiliser, par commodité, le terme quelque peu galvaudé et imprécis de « contexte », et de parler d'une interdépendance entre illocution et contexte.

général applicable indistinctement à toutes les classes de fonctions sous forme de *gradient variable* (critère quantitatif, toutes les fonctions sont « normatives » à des degrés divers). Brinker lui-même déclare d'ailleurs à propos de sa « fonction appellative » (*Appellfunktion*) qu'elle peut être associée par le destinateur à différents « points de vue thématiques » (*thematische Einstellungen*) : « point de vue normatif » (*normative Einstellung*), points de vue impliquant les « intérêts du destinateur » (*die Interessen des Emittenten : Bedürfnisse, Wünsche, Präferenzen*) et finalement « point de vue évaluatif » (*evaluative Einstellung*)[33]. Or, cela ne revient-il pas finalement 1) à restituer le rôle du contexte : ce qui est thématique renvoie potentiellement au monde et à un contexte[34], 2) à sous-entendre que la « fonction appellative » est affectée de plusieurs gradients dont justement le caractère plus ou moins « normatif » (« normatif »/« évaluatif », etc.) ? A ce propos, on peut d'ailleurs se demander si la « fonction déclarative », cataloguée par Brinker comme fonction de base, ne pourrait pas être considérée comme une simple « variante » de la « fonction appellative » dans son acception « normative », le caractère normatif étant ici poussé à l'extrême. En effet, si l'on prend comme critère de définition de la normativité d'un énoncé ou d'un texte ce que Searle qualifie de *« direction of fit »*, à savoir que cet énoncé ou ce texte sont d'autant plus « normatifs » que le monde est censé correspondre plus aux paroles de cet énoncé ou de ce texte[35], et à l'inverse, d'autant moins « normatifs » que ce sont les paro-

---

[33] *Linguistische Textanalyse*, *op. cit.*, p. 112.

[34] Relevons ici au passage ce qui nous paraît être une contradiction, puisque Brinker réhabilite en quelque sorte le critère « thématique » qu'il exclut par ailleurs lorsqu'il écarte de sa classification les notions de *« Darstellungsfunktion »* ou de *« repräsentative Funktion »* chez Bühler et Searle ; cf ci-dessus.

[35] En l'occurrence, le destinataire n'a pas d'autre choix que de se conformer à l'appel que lui adresse le destinateur.

les qui correspondent plus au monde, alors la « fonction déclarative » suppose un degré suprême de normativité puisque ce qui est énoncé est en même temps effectivement réalisé[36] (je vous nomme directeur, par la présente, je donne ma démission...).
En résumé, nous dirons que « norme » et « contexte » nous semblent être des facteurs incontournables.

---

[36] Il est vrai au demeurant que ce cas de figure représente un cas limite à propos duquel on pourrait objecter que l'« appel » n'est plus véritablement appel puisqu'il n'y a plus de « prise en charge possible » de l'illocution par le destinataire qui est pour ainsi dire mis devant le fait accompli. L'appel en soi semble présupposer une certaine « marge de manœuvre », une certaine « liberté de réagir » dans un sens ou dans l'autre de la part du destinataire du message. Mais il est vrai également qu'on utilise aussi le terme « appel » dans un contexte « déclaratif » au sens de Brinker (par exemple, dans les définitions) : « j'appelle ceci un triangle » . Or, n'y a-t-il pas simultanément, dans le fait d'appeler une chose X ou Y, l'énonciation de la nécessité factuelle, communiquée au destinataire du message, de se conformer à cette appellation. « C'est comme ça , tu n'as aucun moyen d'y déroger ! », tel est le message implicite livré au destinataire par le destinateur en même temps qu'il formule le message « j'appelle ceci un triangle ». N'est-il pas possible de dire qu'un appel qui limite jusqu'à les annuler les « possibilités de réaction » en les transformant en « nécessité de se conformer à une norme » est toujours une forme d'appel ?
En tout état de cause, s'il est peut-être problématique de réduire la « fonction déclarative » de Brinker à l'appel affecté d'un « gradient » normatif maximal, le maintien de cette fonction déclarative comme fonction de base l'est tout autant. En effet, ne confond-on pas ici « illocutoire » et « performatif » (la parole actualise une réalité) ? Serait-il judicieux de parler d'une « fonction performative » des actes de langage ? Le « performatif » implique une relation de type message → monde, et non d'une relation destinateur → destinataire qui est pourtant à la base même de la notion d'illocution. En somme, on assimile une attitude de discours et un acte concret.

3. 3 Contexte, illocution implicite et verbes illocutoires

Encore une remarque sur le rôle du contexte et ses conséquences : faire abstraction du contexte équivaut à mettre largement de côté les illocutions implicites (dont Brinker semble pourtant faire cas)[37], au bénéfice exclusif des illocutions explicites. Or, si l'on suit C. Kerbrat-Orecchionni qui fait la synthèse des diverses positions prises sur cette question, ces illocutions explicites ont pour marqueurs 1) les expressions performatives (souvent des verbes : ordonner, promettre, etc.), 2) les formes de phrases (impératif, interrogatif, etc.). La plus grande partie des illocutions sont donc des illocutions implicites « ne disposant ni d'une forme de phrase spécifique, ni d'une expression performative appropriée »[38], mais dont il ne faut pas moins tenir compte dans l'étude des fonctions illocutoires.
En liaison avec cela, la question se pose d'ailleurs de savoir si la démultiplication pléthorique des fonctions illocutoires (par exemple chez E. U. Große) ne provient pas d'une confusion entre fonction illocutoires et verbes illocutoires (et, de là, entre attitudes discursives, modes de prise en charge, et actes concrets), confusion déjà soupçonnée par Searle. Comme l'énonce B.-N Grunig : les pragmaticiens « travaillent largement *en fonction des verbes,* ou des substantifs dérivés de ces verbes, que leur offre la langue de départ qu'ils pratiquent »[39]. Or, ces verbes diffèrent d'une langue à l'autre et chacun d'eux peut supporter plusieurs valeurs illocutoires (de la même façon que plusieurs verbes ou plusieurs énoncés peuvent aussi n'en supporter qu'une seule). Bref, comme l'écrit encore C. Kerbrat-Orecchioni :

---

[37] *Ibid.*, p. 97.
[38] *L'implicite*, Paris, Armand Colin, Linguistique, 1986, p. 74.
[39] Grunig, Blanche-Noëlle, « Plusieurs pragmatiques », *D.R.L.A.V.*, n° 25, p. 110-118.

C'est [...] en ce qui concerne l'inventaire et le classement paradigmatique des actes de langages [et des fonctions illocutoires si on assimile celles-ci aux actes de langage][40], la pagaille la plus complète. Lorsque dans un énoncé [...] on cherche à identifier les différents actes de langage, on est bien obligé de faire [...] confiance à sa propre intuition[41].

3.4 La polarisation variable Je / Tu / X : fonction « expressive », fonction « appellative » / « obligative »

Mais cette volonté qu'affiche Brinker d'homogénéiser les critères de définition et de classification des fonction illocutoires, qui le pousse à écarter le critère de Große (normatif / non-normatif) et plus généralement à vouloir neutraliser les variables contextuelles, a, nous semble-t-il, une autre conséquence importante déjà partiellement évoquée dans ce qui précède. En effet, si Brinker récuse les notions de *« Ausdrucksfunktion »* (Bühler), de *« Selbstdarstellungsfunktion »* (Große) ou encore de *« expressive Funktion »* (Searle), c'est - nous l'avons vu - du fait qu'elles n'engagent selon lui qu'un protagoniste (le destinateur) et ne relèvent donc pas à proprement parler du domaine de l'illocutoire qui implique ce qu'il appelle un « moment interactif » (*interaktives Moment*)[42]. Brinker semble considérer que pour qu'il y ait illocu-

---

[40] Ajouté par nous. Encore une fois, il est clair que cette assimilation est illégitime. Dans la mesure où les verbes dits « illocutoires » sont la plupart du temps des « performatifs », une telle assimilation équivaut à confondre attitude discursive et acte concret ; comme nous l'écrivions ci-dessus, une relation de type message-monde est substituée à une relation destinateur-destinataire qui est pourtant le propre de l'illocution. Il est impossible de réduire le champ de l'illocution au champ des actes de langage. Le premier domaine englobe le second, mais il n'y a pas équivalence entre les deux.

[41] *L'implicite*, *op. cit.*, p. 64.

[42] *Linguistische Textanalyse, op. cit.*, p. 104. Répétons-le : l'appellation « interactif » semble en l'occurrence impropre puisque Brinker ne tient justement pas compte de façon claire de la dimension interactive (il fau-

tion la « présence » du destinataire (en tant que co-énonciateur et non nécessairement en tant qu'être « matériel ») doit être patente et explicite au même titre que celle du destinateur. Le schéma communicationnel qui sous-tend ce modèle pourrait être le suivant: *Ich-Text-Du* (Je-texte-tu), les trois composants étant dans un rapport d'équilibre immuable. Brinker n'admet manifestement pas (à la différence de Große qui parle de *Ich-bezogene-Funktionen*, de *Du-bezogene-Funktionen* et de *X-bezogene-Funktionen*[43]) que ces trois composants puissent être focalisés avec plus ou moins d'intensité, bref il n'admet manifestement pas que les composants de son schéma communicationnel de base[44] puissent être des facteurs variables.

Or, il nous semble que la polarisation variable Je-Tu-X est un critère à retenir du fait de son grand potentiel explicatif : 1) elle permet d'intégrer la fonction « expressive » (et ses variantes) présente dans quasiment tous les modèles depuis Bühler et que Brinker évacue. De fait, la fonction « expressive » peut correspondre à un degré maximal de focalisation

---

drait en fait dire « intercommunicationnelle » puisque l'illocution est co-énonciation et non co-action, une co-énonciation qui anticipe un acte concret potentiel, mais ne se confond pas avec cet acte concret), nécessairement « contextuelle », induite par toute illocution (cf ci-dessus). On peut se demander si malgré cette terminologie, Brinker ne cède pas à ce que C. Kerbrat-Orecchioni appelle le penchant « monologiste », de la linguistique moderne [nous ajouterions : surtout lorsqu'elle s'occupe de textes], linguistique oubliant trop souvent que « Tout énoncé, même monologal, est virtuellement dialogal » (*Les interactions verbales, approche interactionnelle et structure des conversations*, Paris, Armand Colin, 1998, p. 12).

43 *Text und Kommunikation, op. cit.*, p. 44.

44 On note au passage que le schéma communicationnel semble être - chez Brinker - amputé de ce troisième élément X présent chez Große et qui désigne chez ce dernier *« eine Person, eine Personengruppe oder einen Sachverhalt außerhalb des ICH und DU »* (une personne, un groupe de personnes ou un état de choses autres que le JE et le TU) (*ibid.*, p. 12).

sur le « Je » et à un degré plus réduit de focalisation sur « Tu » ou sur « X » (sans pour autant que cette focalisation soit nulle[45]) ; 2) combinée à la normativité / non-normativité (que Brinker lui-même associe à sa « fonction appellative »), la focalisation variable Je-Tu-X permet de regrouper partiellement dans la classification de Brinker la « fonction appellative » (*Appellfunktion*) et la « fonction obligative » (*Obligationsfunktion*) : en fait, la « fonction appellative » (dans sa variante « normative ») et la « fonction obligative » renvoient à un phénomène analogue, les deux ont potentiellement un caractère « normatif » (*« bindend »* dans la terminologie de Brinker), simplement dans le premier cas la « norme » est imposée au « Tu » (que le « Je » contraint à faire quelque chose), dans le second elle est imposée au « Je » (qui se contraint lui-même à faire quelque chose). Il paraît donc inutile de conserver cette « fonction obligative » comme une classe indépendante, d'autant plus qu'elle recouvre une catégorie de phénomènes extrêmement marginaux limités en particulier au domaine juridique : contrats, promesses, etc.

3.5 Fonctions « contactive » et « expressive »

Dans la classification de Brinker qui nous a servi de point de départ, il reste la « fonction contactive » que nous n'avons pas encore évoquée. A son propos Brinker écrit :

Der Emittent gibt dem Rezipienten zu verstehen, dass es ihm um die persönliche Beziehung zum Rezipienten geht (insbesondere um die Herstellung und Erhaltung des persönlichen Kontakts)[46].

---

[45] Comme nous l'avons suggéré, on s'« exprime » toujours plus ou moins *pour* quelqu'un.
[46] *Text und Kommunikation, op. cit.*, p. 119.

(Le destinateur fait comprendre au destinataire que ce qui importe pour lui est la relation personnelle qu'il entretient avec le destinataire [en particulier la mise en place et le maintien d'un contact personnel].)

Or, deux aspects se côtoient dans cette formule :
1) le destinateur exprime ses sentiments au destinataire ; globalement, c'est ce que recouvrait déjà la « fonction expressive » de Searle à laquelle Brinker substitue justement - comme nous l'avons vu - sa « fonction contactive »[47]. On a, ici encore, l'impression que la divergence entre Searle et Brinker est plus une divergence de vocabulaire qu'une divergence de fond : Brinker veut dire la même chose que Searle, mais il récuse la dénomination « expressive » car elle suggère une action univoque du destinateur. Comme le montrent clairement les exemples qu'il donne (*danken, beglückwünschen...*), Searle, tout en utilisant cette dénomination, présuppose en fait une co-présence et du destinateur et du destinataire (un remerciement vise forcément quelqu'un d'extérieur)[48]. En somme, vue sous cet aspect-là, la « fonction contactive » de Brinker reste très proche de la « fonction expressive » de Searle : il s'agit d'exprimer quelque chose, mais, répétons-le, il s'agit d'exprimer quelque chose vis-à-vis de quelqu'un, y compris dans une communication « en boucle » où ce « quelqu'un » est le destinateur lui-même, dédoublé pour la circonstance en destinateur / destinataire. On peut donc - semble-t-il - conserver l'appellation « fonction expressive » déjà retenue par la plupart des modèles antérieurs.

---

[47] Il est d'ailleurs significatif que la fonction contactive de Brinker et la fonction expressive de Searle soient en partie illustrées par les mêmes verbes, tels que *danken* (remercier) ou *beglückwünschen* (féliciter).

[48] Un auteur comme Jakobson écrit à ce propos « La fonction dite 'expressive' ou émotive, centrée sur le destinateur, vise à une expression directe de l'attitude du sujet à l'égard de ce dont il parle. Elle tend à donner l'impression d'une certaine émotion, vraie ou feinte » (*Essais de linguistique générale*, Paris, les Editions de Minuit, 1963, p. 214).

2) l'autre aspect qui ressort de la formulation de Brinker est que la « fonction contactive » sert à « à créer et à maintenir le contact entre deux personnes » (*Herstellung und Erhaltung des persönlichen Kontakts*). Or, cet aspect (également mentionné par Große) semble tout simplement renvoyer à la « fonction phatique » bien connue de Jakobson. On peut d'ailleurs se demander si cet aspect de la fonction « contactive » n'est pas assimilable à une variante de base de la « fonction appellative », correspondant au « dosage » minimal d'« appel » indispensable pour que la communication puisse fonctionner d'une manière ou d'une autre[49].
En somme, alors que, comme nous l'avons vu plus haut, les fonctions « déclarative » et « obligative » peuvent se résorber dans la « fonction appellative » dont elles deviennent des cas particuliers[50], la fonction « contactive », elle, se dédouble, se résorbant d'une part dans la « fonction expressive », et pouvant s'assimiler d'autre part dans la « fonction appellative ».

4. Problèmes liés à la notion de « fonction »

Bien que par commodité de langage nous ayons jusque-là utilisé provisoirement la notion de « fonction » sans la soumettre à un examen critique, il nous semble indispensable à ce stade de formuler certaines réserves. De fait, il est évident que chacune des « fonctions » mentionnées ci-dessus n'apparaît jamais à l'état pur dans la réalité langagière : un texte ou

---

49 Le langage courant dit bien qu'on « appelle » quelqu'un avant de lui adresser un quelconque message ; en évoquant un nom ou un prénom ne dit-on pas en français : un tel « s'appelle » X ou Y ? La notion d'« appel » semble en tous cas - étymologiquement - très présente dans ce que Brinker qualifie de « contact ».

50 Par le biais des critères « polarisation variable Je / Tu / X » et « plus ou moins normatif ».

même une occurrence individuelle, quels qu'ils soient, n'ont jamais un caractère purement informatif, appellatif, etc. Il est donc difficile, voire impossible, de circonscrire ces fonctions avec précision pour les délimiter les unes des autres. Circonscrire et délimiter les fonctions les unes des autres supposerait en effet qu'on puisse les identifier à l'aide de critères fixes et constants. Or, comme nous le verrons plus clairement dans la suite, de tels critères n'existent pas, et même les indices paraissant *a priori* les plus stables s'avèrent fragiles : l'impératif que l'on croirait par exemple pouvoir associer assez systématiquement et sans grand risque d'erreur à la « fonction appellative » est dans de nombreux cas indice de « fonction informative » ; des textes entiers composés exclusivement d'énoncés à l'impératif peuvent relever prioritairement de la fonction informative (notices d'utilisation, recettes de cuisine, etc.)[51]. En somme, il semble difficile sur la base d'indices flous, variables, et qui de surcroît s'entremêlent toujours inextricablement dans la réalité langagière, d'assigner à chaque fonction une sphère fixe et nettement démarquée de celle des autres fonctions.

Décrire les fonctions comme des entités qualitativement invariables, monolithes en quelque sorte, n'est donc pas sans poser problème ; conçue comme invariable dans sa nature, la fonction n'est pas susceptible d'avoir des qualités différenciées : l'« appel » reste toujours l'appel, sans autre détermination. En cherchant à les stabiliser, on chosifie les fonctions dans un *continuum* quantitatif unique qui finit par devenir extrêmement pauvre. On ne voit plus, par exemple, qu'il peut exister de multiples sortes d'« appel » aux multiples nuances. Or, l'appel peut revêtir une grande variété fonctionnelle, variété se définissant et se modifiant en fonction de certains critères (normatif / non normatif // plus ou moins polarisé sur Je / Tu / X, etc.). Le « revers de la médaille » étant bien en-

---

[51] En fait, information et appel se mêlent ici.

tendu qu'au-delà de certains seuils de variation, seuils qui sont de surcroît impossibles à déterminer avec précision, la fonction que ces critères étaient censés définir s'efface pour faire émerger une *autre* fonction : un appel peu normatif, très polarisé sur « Je », éventuellement teinté d'affects, etc., se rapproche singulièrement de l'« expression ». Faut-il dire qu'on « appelle » en s'« exprimant » ou qu'on s'« exprime » en « appelant » ? Où finit la fonction appellative, où commence la fonction expressive ? On voit bien là que plus rien n'est clair. En somme l'analyste est pris dans le dilemme suivant : soit il « gèle » les fonctions et se condamne à une grande pauvreté d'analyse, soit il les fait varier et court le risque de perdre son instrument d'analyse (des fonctions aux contours trop flous sont inopérantes).

En dépit de cela, nous préférons opter pour la *variabilité* autour de trois *pôles fonctionnels*, pôles correspondant aux fonctions qui restent après les fusions opérées : « information », « appel », « expression », cela au prix d'une certaine indétermination des limites des fonctions elles-mêmes, limites qui ressemblent plutôt à un dégradé, à un fondu cinématographique, qu'à un contraste marqué. Les fonctions sont en somme dans le même rapport les unes avec les autres que l'eau et la glace : les unes se fondent ou se cristallisent dans les autres ; chacune devient autre sans vraiment changer de nature, chacune d'elle est, à des degrés divers, indissociable des deux autres[52], ce qui crée bien évidemment des diffi-

[52] Partout où il y a information, il y a aussi, quel qu'en soit le « dosage », fût-il infinitésimal, appel et expression, partout où il y a appel ou expression, il y a aussi information, etc. Cela dit, l'information semble la plus nécessairement omniprésente dans toute production langagière : avant même de parler d'illocution ou peut-être même de fonction, la nature intrinsèque du langage comme système de signes est de renvoyer à autre chose que lui-même ; la première « détermination » du langage est de « re-présenter » quelque chose, au sens littéral de « se tenir à la place de » (*Dar-stellen*). Or, il semble que l'« information », entendue cette

cultés de classification et de dénomination. Cela permet en revanche, comme nous le verrons, d'assortir les fonctions illocutoires d'une palette de nuances plus riche, notamment la « fonction appel », ou le « pôle appel », qui, dans l'optique d'une application de ces prémisses théoriques au cas du *Zarathoustra*, nous intéresse ici au plus haut chef.

5. La variable Je / Tu / X et les « pôles fonctionnels »

Il faut insister à nouveau sur l'importance de la variable Je / Tu / X, dont nous avions déjà vu qu'elle permettait en partie de regrouper la « fonction appellative » (*Appellfunktion*) et la « fonction obligative » (*Obligationsfunktion*) dans la classification de Brinker. Mais cela va encore bien plus loin : ce critère de polarisation variable Je / Tu / X constitue en effet le lien le plus flagrant entre les trois pôles fonctionnels ; à chaque terme de la triade Je-Tu-X correspond tout simplement un pôle spécifique : la polarisation « Je » est associée à l'expression (**Je** → Tu → X), la polarisation « Tu » à l'appel

---

fois comme fonction illocutoire, soit très proche de cette détermination première consistant à « re-présenter » : « informer » consiste à représenter quelque chose *pour quelqu'un*, ce qui est peut-être le degré 1 de la communication langagière. Si tel était le cas, la fonction informative serait en quelque sorte la « fonction englobante » sur laquelle viendraient se greffer toutes les autres. Un indice qui semble confirmer cette parenté entre « représenter » et « informer » se trouve peut-être dans les classifications des pragmaticiens : lorsque Bühler et Searle parlent de « fonction représentative » ne parlent-ils pas tout simplement de la « fonction informative » que mentionne, entre autres, Brinker ? Ce faisant, les deux premiers auteurs cités prêtent évidemment le flanc à la critique puisque la représentation n'est pas à proprement parler une fonction illocutoire. Comme nous l'avons déjà suggéré, la représentation se situe au plan général de la relation langage-monde et non au plan de la relation communicationnelle destinateur-destinataire.

(Je → **Tu** → X), et la polarisation « X » à l'information (Je → **X** → Tu).

L'*appel* (qui, encore une fois, nous intéresse au premier chef pour cette étude[53]), en principe placé sous le signe du « Tu », n'est donc, encore une fois, qu'un *pôle*, pôle autour duquel graviteront les illocutions, prises dans un dégradé de nuances qui les éloignent ou les rapprochent de l'un ou de l'autre des deux autres pôles : Expression / « Je » - Information / « X ».

Un appel proche de l'effusion étayé par des évaluations subjectives (polarisation Expression / « Je ») n'est pas la même chose (et au final n'a pas la même *fonction*) qu'un appel étayé par une thématique et un modèle argumentatif (polarisation Information / X), qui est lui-même différent d'un appel direct (polarisation « Tu »).

En somme, il ne faut pas dire : dans tel texte ou dans telle occurrence, il y a une fonction dominante appellative, et - nettement démarquées de celle-ci et sans rapport aucun avec elles - des fonctions subsidiaires expressive ou informative. Une telle option occulte en effet 1) les rapports entre ces différentes fonctions, 2) le champ des solutions intermédiaires qui existent entre l'appel, l'expression et l'information. Il faut plutôt dire : dans tel texte ou dans telle occurrence, il y a un pôle fonctionnel dominant appellatif (Tu), mais qui est aussi plus ou moins polarisé sur l'expression (Je) ou l'information (X). Si l'information, l'expression, l'appel fonctionnent toujours de concert dans la communication réelle[54],

[53] Notre hypothèse, au départ intuitive, est bien sûr que la dominante illocutoire dans le *Zarathoustra* est, non l'*information*, comme on aurait pu s'y attendre face à un texte philosophique, mais l'*appel*. C'est cette hypothèse que nous mettons à l'épreuve et que nous tentons de préciser dans la suite.

[54] Et c'est ce qu'ils font : on peut mettre au défi quiconque de trouver une quelconque occurrence où l'un de ces trois aspects ne serait pas présent, fût-ce à un degré infinitésimal !

pourquoi la théorie de la communication devrait-elle à tout prix chercher à les séparer ?

Au final, nous proposerons donc un modèle à trois fonctions qui reprend les trois fonctions de l'organon de Bühler. Pour les raisons évoquées ci-dessus, nous parlerons plutôt de pôles fonctionnels : *information, appel, expression*, reliés par la variable fondamentale qu'est la *polarisation Je / Tu / X*. Dans l'optique qui est la nôtre, à savoir que pour des raisons qui s'éclairciront dans la suite, nous nous intéressons plus particulièrement à l'appel, nous ajouterons la variable déjà évoquée « plus ou moins normatif », ainsi que les variables « plus ou moins finalisé »[55] et « plus ou moins direct »[56]. Le simple fait que l'appel puisse être « indirect » et médiatisé permet par ailleurs toutes sortes de nuances (qui se recoupent partiellement avec les nuances permises par la polarisation variable Je / TU / X) que nous qualifierons de « tonalité » de l'appel.

6. Les indicateurs de fonctions illocutoires

Mais il n'est bien sûr pas suffisant de répertorier les fonctions illocutoires des textes (ou les pôles fonctionnels), il faut aussi recenser les *indicateurs* qui permettent d'identifier ces pôles.

---

[55] Comme nous le verrons plus clairement sur la base d'exemples dans la suite, un appel peut être « finalisé » s'il incorpore un programme échelonné plus ou moins complexe proposé au destinataire, programme dirigé vers un objectif. Par ailleurs, comme nous aurons suffisamment l'occasion de le voir, un appel finalisé n'est pas nécessairement normatif et vice-versa.

[56] L'appel « direct » est un appel qui est lié d'emblée à certaines caractéristiques stables d'ordre sémantico-syntaxique (impératif, etc), par rapport à l'appel indirect qui est médiatisé de diverses manières (par le message ou par le contexte). Cette notion se précisera elle aussi dans la suite.

6.1 Les « fonctions élémentaires »

Bien que - comme on l'a souvent remarqué - les fonctions illocutoires d'un texte ne soient pas réductibles à la somme arithmétique des illocutions individualisées, il est incontestable que ces dernières jouent un rôle dans la déterminations des premières. Comme l'énonce E.U. Große, la fonction illocutoire d'un texte dépend étroitement du type de « phrases sémantiques » (*semantische Sätze*) qui domine dans ce texte[57], la « phrase sémantique » se décomposant 1) en « base métapropositionnelle » (*metapropositionale Basis*), 2) en proposition[58] :

Für die Instruktion an den Empfänger, wie er die Proposition verstehen soll *(z. B. als Aufforderung, als Versprechen, als Vermutung, als Tatsachenaussage) verwenden wir den Begriff* metapropositionale Basis[59]

In bezug auf den Propositionstyp richten wir uns [...] nach dem Subjekt *des que-/dass-Satzes oder si-/ob-Satzes [...] und unterscheiden demgemäß drei Propositionstypen: solche mit einem Subjekt der ersten, der zweiten oder der dritten Person*[60] [ICH / DU / X]

(Pour désigner l'instruction transmise au destinataire concernant la façon dont il doit comprendre la proposition - par ex. comme injonction, promesse, supposition, constat - nous utilisons la notion de base métapropositionnelle

Pour ce qui est du type de proposition, nous prenons [...] pour critère le sujet de la proposition en que/*dass* [...] et nous distinguons ce faisant trois types de proposition : celles qui ont un sujet à la première, à la deuxième ou à la troisième personne [JE / TU / X])

---

57 *Text und Kommunikation, op. cit.*, p. 72.
58 *Ibid.*, p. 14 sq.
59 *Ibid.*, p. 15.
60 *Ibid.*, p. 17.

Ainsi Große obtient six types de bases métapropositionnelles correspondant 1) à « réel » (*wirklich*) noté ICH ASS, 2) à « réalisable » (*realisierbar*) noté ICH APT, 3) à « peut-être possible » (*vielleicht möglich*) noté ICH POSS, 4) à « nécessaire » (*notwendig*), noté ICH NEC, 5) à « voulu par le destinateur » (*vom Sender gewollt*) noté ICH VOL et 6) à « évalué positivement ou négativement par le destinateur » (*Vom Sender positiv oder negativ bewertet*) noté ICH AEST[61].
En se combinant avec les trois types de propositions (ICH / DU / X), ces bases métapropositionnelles donnent ce que Große appelle les « fonctions élémentaires » (*elementare Funktionen*) et qui sont, en commençant par le dernier type (*X-bezogene-Funktionen*) :
1) le « transfert d'information » (*Informationstransfer*) correspondant à ICH ASS : X = = = ou à ICH ASS : X APT : X = = =,
2) l'« émission d'opinion » (*Meinungskundgabe*) correspondant à ICH POSS X = = = et à ICH AEST : X = = =,
3) la « déclaration programmatique » (*programmatische Äußerung*) correspondant à ICH VOL : X = = = et à ICH NEC : X = = =.

Dans le registre des *« Ich-bezogene-Funktionen »*, on trouve :
1) l'« auto-description du destinateur » (*Ich-bezogene-Beschreibung*) correspondant à ICH ASS : ICH = = =,
2) l'« évaluation de ses propres aptitudes par le destinateur » (*Ich-bezogene-Fähigkeitseinschätzung*) correspondant à ICH APT : ICH = = =,
3) l'« hypothèse rapportée au destinateur » (*Ich-bezogene-Vermutung*) correspondant à ICH AEST : ICH = = =,
4) l'« auto-évaluation du destinateur » (*Selbstbewertung*) correspondant à ICH AEST : ICH = = =,

---

61 *Ibid.*, p. 45-47.

5) la « volition rapportée au destinateur » (*Ich-bezogene-Willenskundgabe*) correspondant à ICH VOL : ICH = = =,
6) l'« ordre rapporté au destinateur » (*Ich-bezogenes Gebot*) correspondant à ICH NEC : ICH = = =.

Enfin pour le registre des *« Du-bezogene-Funktionen »*, on trouve :
1) le « diagnostic » (*Diagnose*) correspondant à ICH ASS : DU = = = et à ICH ASS : DU APT : DU = = =,
2) l'« hypothèse rapportée au destinataire » (*du-bezogene-Vermutung*) correspondant à ICH POSS : DU = = =,
3) l'« évaluation rapportée au destinataire » (*du-bezogene-Bewertung*) correpondant à ICH AEST : DU = = =,
4) la « volition rapportée au destinataire » (*Du-bezogene Willenskundgabe*), correpondant à ICH VOL : DU = = =,
5) l'« ordre rapporté au destinataire » (*Du-bezogenes Gebot*) correspondant à ICH NEC : DU = = =[62].

Tout le problème de ces « fonctions élémentaires » est, nous l'avons dit, que leur rapport aux fonctions illocutoires des textes est complexe : tel destinateur peut fort bien utiliser dans un texte un grand nombre de « phrases sémantiques » du type ICH ASS X = = = (fonction élémentaire : transfert d'information) sans que la fonction dominante du texte tende pour autant vers le pôle « information » ; cette fonction pourra tout aussi bien se polariser sur l'appel (publicité[63]). A l'inverse, tel texte où domineront les phrases sémantiques du type ICH NEC : DU = = = (fonction élémentaire : ordre rapporté au destinataire) pourra - sur le plan illocutoire - être

[62] *Ibid.*, p. 57-58.
[63] Une certaine publicité qui peut se donner comme informative. Il faut bien sûr préciser que la publicité, investie, à un tout autre niveau, d'une fonction qu'on pourrait qualifier de « socio-culturelle », doit être soigneusement distinguée des « fonctions illocutoires » qui peuvent intervenir en son sein.

proche non de l'appel, mais de l'information (recettes de cuisine, notices d'utilisation diverses). De la même façon, tel autre texte où les phrases sémantiques du type ICH ASS : ICH = = = (fonction élémentaire : auto-description du destinateur) seront majoritaires pourra renvoyer aussi bien à la fonction expressive (effusion psychologique) qu'à la fonction informative (personne qui se décrit physiquement pour renseigner son interlocuteur qui l'attend à la gare). Les exemples d'indétermination pourraient être multipliés. A la limite n'importe quelle fonction élémentaire, quelle que soit sa fréquence, peut renvoyer à n'importe quel pôle fonctionnel dominant au niveau du texte entier. Est-ce à dire qu'il faut déclarer les « phrases sémantiques » (qui sont les supports langagiers des fonctions élémentaires) inaptes à servir d'indicateurs de fonctions illocutoires ? Il est certes difficile de répondre à cette question. A l'exception de certains cas-limite (les exemples donnés ci-dessus en font partie), il semble tout de même, en termes de tendances, que certaines phrases sémantiques, à savoir les phrases de type ICH VOL : DU = = = (fonction élémentaire : volition rapportée au destinataire) et ICH NEC : DU = = = (fonction élémentaire : ordre rapporté au destinataire) soient fréquemment associées à l'appel. Quand on dit en s'adressant à quelqu'un « je veux » ou « tu dois », c'est bien souvent (mais non toujours) pour « en appeler » cette personne à faire quelque chose. Pour la suite de notre étude, nous retiendrons donc, à défaut des autres types recensés par Große qui nous semblent trop polysémiques, les deux types de phrases sémantiques ICH VOL : DU = = = / ICH NEC : DU. Nous parlerons à leur propos d'« illocution *directe* » (relation destinateur / destinataire ou ICH / DU), par opposition à un autre type d'illocution où la visée illocutoire est médiatisée par le message ou par le contexte, à savoir l'« illocution *indirecte* » (relation destinateur / message ou ICH / X ; relation destinateur / contexte ou ICH / C). C'est ce dernier type d'illocution qui correspond aux phénomènes que Große (tout en négligeant la distinction direct /vs/ indirect) qualifie de « facteur appel » (*Appelfaktor*) et de « règles d'action » (*Handlungsregeln*). Nous y revenons. Le découpage qui suit obéit donc à cette distinction.

6.2 Illocution directe

6.2.1 Les « indices de volition »

Pour ce qui concerne le premier type de phrase (ICH VOL : DU = = =), Große énumère un certain nombre d'indices d'identification de l'appel, indices qu'il qualifie de *« voluntas-Signale »* (on pourrait dire en français « indices de volition »).
Parmi eux, il y a les « formules introductrices » que Große qalifie de *« Präsätze »* et qu'il regroupe en quatre catégories 1) formules introductrices exprimant le « vouloir », le « souhait », l'« intention » et la « préférence » (*wollen, wünschen, beabsichtigen, vorziehen*), 2) formules introductrices exprimant la « requête », l'« exigence », la « réclamation » (*verlangen, fordern, beantragen*), 3) formules introductrices exprimant l'« ordre », la « recommandation », la « proposition », la « prière » et l'« avertissement » (*befehlen, empfehlen, vorschlagen, bitten, warnen*), 4) formules introductrices exprimant la « demande » (*fragen*). Les groupes de formule 2, 3 et 4 ont un caractère performatif[64].
Mais, parmi les « indices de volition » (*voluntas-Signale*), il y a aussi d'autres types de bases métapropositionnelles qui ne sont pas des *Präsätze*, mais des formes de phrases (modes verbaux : impératif, infinitif, interrogatif)[65].

---

64 *Text und Kommunikation, op. cit.*, p. 88-89.
65 *Ibid.*, p. 86. Pour être plus exhaustif, on pourrait ajouter à cette énumération l'utilisation du *présent* aux 1°, 2° pers. (*ich bekomme ein Bier / du*

Par ailleurs, nous avons parlé plus haut d'un appel « plus ou moins normatif » ; or, il semble que ce critère soit transposable aux indices de volition. De fait, on peut ordonner ces indices sur un axe à deux extrémités a) non normatif / b) normatif, axe sur lequel s'inscrivent tous les degrés intermédiaires : le *Präsatz* « je souhaite » aura un caractère moins normatif que le *Präsatz* « j'ordonne » ; dans le registre des formes de phrase, l'interrogation aura un caractère moins normatif que l'infinitif ou l'impératif, l'interrogation « ouverte » aura un caractère moins normatif que la question rhétorique qui suggère une réponse prédéterminée. Les formes impératives du présent *« ich bekomme ein Bier »* ou le passif sans sujet *« jetzt wird getanzt »*, semblent posséder le caractère normatif à un degré relativement plus important puisqu'ils présentent le contenu propositionnel comme réalisé ou en train de se réaliser (aspect processuel de *« tanzen »*).
De plus, E. U. Große propose pour les volitions (comme pour les formules exprimant la nécessité) un autre critère, d'ailleurs censé, selon lui, différencier la volition de la nécessité, à savoir l'opposition *« nicht-fremdbestimmt / fremdbestimmt »* (déterminé de l'extérieur / non déterminé de l'extérieur). Selon que l'illocution est - ou n'est pas - le résultat d'une « aspiration personnelle » (*eigene Strebung*) du destinateur, on a affaire, soit à VOL = *nicht-fremdbestimmt* = *eigene Strebung* /vs/ NEC = *fremdbestimmt* = *Nichtvorhandensein eigener Strebung* (absence d'aspiration personnelle)[66]. Si l'on suit E. U. Große sur cette voie, il faut donc distinguer deux choses: a) le destinateur du message qui véhicule l'illocution (VOL ou NEC), b) la source de cette illo-

---

passt jetzt auf / Sie nehmen hier Platz) // je prends une bière / maintenant tu fais attention / vous vous asseyez ici), de certaines unités (*Achtung / Vorsicht* // attention / prudence), du passif sans sujet (*jetzt wird getanzt* / maintenant, on danse), de G CONJ introduits par *«Dass»* (*dass du bloß aufpasst! / que tu fasses un peu attention !*).

[66] *Ibid.*, p. 51.

cution qui peut être ce destinateur lui-même (*nicht fremdbestimmt* = VOL) ou une instance extérieure (*fremdbestimmt* = NEC). Ainsi quelles que soient les bases métapréposition-nelles qui supportent l'illocution (pour VOL : formule à *Präsatz*, infinitif, impératif, interrogation, etc.), le destinateur du message véhiculant l'illocution sera toujours ICH (même si le pronom personnel n'est pas explicitement présent dans la formule), mais il faudra se demander aussi si la source de cette illocution elle-même est toujours ce ICH ou si cette source est extérieure à ce ICH, et dans quelle mesure elle l'est. Nous parlerons de source polarisée en ICH ou de source polarisée en X. Autrement dit, nous ne raisonnons plus en terme d'alternative (ICH / X), mais en terme de proportion relative (± ICH et ± X). De ce fait, nous ne cautionnons pas totalement Große lorsqu'il associe catégoriquement VOL à *nicht-fremdbestimmt* et NEC à *fremdbestimmt*, plus précisément nous nuançons sa position.

Si l'on prend quatre exemples de VOL correspondant aux quatre types de bases métaprépositionnelles de Große (auxquels nous avons ajouté quelques autres types de base - par ex. le passif sans sujet avec « *werden* » - on obtient, à titre d'exemples) :

(1) « *ich will nicht, dass du hier rauchst* » (je ne veux pas que tu fumes ici) *(Präsatz)*,

(2) « *Hier nicht rauchen* » (ne pas fumer ici) (infinitif),

(3) « *rauch' hier nicht* » (ne fume pas ici) (impératif),

(4) « *du rauchst hier ?* » (tu fumes ici ?) (interrogation),

(5) « *hier wird nicht geraucht* » (ici on ne fume pas) (passif sans sujet en allemand).

Or, il est clair que la source de ces 5 illocutions est diversement polarisée ; ICH et X étant les deux pôles extrêmes d'attraction, on pourrait construire le schéma suivant (S désignant la « source » des différentes illocutions) :

ICH ← S(1) - S(4) - S(3) - S(2) - S(5) → X

En (1), la source de l'illocution est sans conteste possible la plus polarisée sur ICH (sans doute du fait de la présence explicite du pronom personnel) ; à l'inverse en (2) et en (5), cette source est décalée vers X (l'infinitif exclut la mention de l'agent, le passif permet de l'omettre). Quant aux deux occurrences intermédiaires (3) (4), elles conservent un marquage de 2° personne qui révèle certes la première personne (ICH), mais seulement de façon indirecte et par défaut.
Déjà à l'intérieur du domaine dévolu à la volition, on relève donc entre les quatre types de bases métapropositionnelles, une polarisation variable des sources en ICH / X qui, même si elle est - comme l'énonce Große - globalement située du côté du ICH, tend cependant aussi *plus ou moins* vers X. On pourrait d'ailleurs varier l'expérience en prenant dans la catégorie *Präsatz* un autre exemple du type : *« Es ist wünschenswert, dass du hier nicht rauchst »* (il est souhaitable que tu ne fumes pas ici), où la polarisation de la source en X serait encore plus flagrante. Bref, il est impossible de dire de façon catégorique et « forfaitaire » - comme le fait Große - que la source des volitions est polarisée exclusivement et de façon toujours égale en ICH. On ne peut même pas dire que les volitions à *Präsatz* aient nécessairement une tendance plus marquée à la polarisation en ICH que les formes de phrase (cf exemple ci-dessus) ; cela n'est vrai que des volitions à *Präsatz* de type personnel (***ich** Wünsche*... (je souhaite...) */vs/ Es ist wünschenswert*... (il est souhaitable...).

6.2.2 Les « indices de nécessité »

Le second type de phrase sémantique catalogué par Große que nous avons retenu : ICH NEC : DU = = = (fonction élémentaire : ordre rapporté à un destinataire), a le plus souvent pour indices 1) des structures attributives (*Präsätze*) : *« es ist notwendig, unentbehrlich »* (il est nécessaire, indispensable) */vs/ « unzulässig, verboten..., usw. »* (illicite, interdit..., etc.) ; en français, l'expression « il faut » - sans correspondant exact en allemand - indexe de manière exemplaire la « nécessité », 2) des tournures infinitives du type *« hat...zu »* (avoir à ...)[67], 3) les verbes modaux *sollen* et *müssen*.

Or, comme pour les volitions, on peut opérer un classement gradué des illocutions relevant de NEC sur un axe à deux extrémités normatif /vs/ non-normatif. Un *Präsatz* tel que *« es ist unentbehrlich »* (il est indispensable) aura, par exemple, un caractère normatif plus marqué que *« es ist nötig »* (il est nécessaire) ; *« hat...zu »* (avoir à...) ou *« müssen »* (devoir = obligation) auront un caractère normatif plus prononcé que *« sollen »* (devoir = obligation moins contraignante)[68].

---

[67] En ce qui concerne les indices de type 2) et 3), il est intéressant de noter a) que Große ne tient pas compte de ces tournures infinitives de type *hat zu* + INF qui relèvent de la nécessité (il ne prend en compte que les formules injonctives de type *« bitte nicht rauchen »* qui relèvent de la volition), b) que Brinker à l'inverse ne tient compte que des formules de type *hat zu* + INF sans opérer de distinction entre expression de la volition et expression de la nécessité.

[68] Dans un article à paraître sur les modalités en allemand, nous distinguons, dans une optique voisine de celle de R. Dietrich (*Modalität im Deutschen, Zur Theorie der relativen Modalität*, Opladen, 1992), quatre types de situations contextuelles où *müssen* est possible et *sollen* impossible :

Contexte définitoire :

(1) *Ein Dreieck muss / *soll drei gerade Seiten haben* (un triangle doit avoir trois côtés droits).

Contexte déontique :

(2) *Wer Jura studiert, muss / *soll 1,5 Notendurchschnitt haben* (qui étudie le Droit doit avoir une moyenne de 1,5).

Contexte dispositionnel :

(3) *Von München bis nach Hamburg muss / *soll man vier Mal tanken* (pour aller de Munich à Hambourg, on doit faire quatre fois le plein).

Contexte de fatalité :

(4) *Hans müssen / *sollen bestimmte Filmszenen immer wieder ausgehen* (des scènes du film lui «échappent » = *« ausgehen »* ; il faut toujours que certaines scènes du film échappent à Hans).

D'autre part, si comme l'affirme Große la source de la nécessité est - de par sa nature même - globalement polarisée sur X (*fremdbestimmt*), il existe là aussi des nuances. Prenons l'exemple de *« sollen »*. Comme on l'admet le plus souvent, *« sollen »* manifeste dans de nombreux cas l'opinion ou la volonté d'un « tiers ». Mais ce « tiers » n'en est pas nécessairement un puisqu'il peut s'agir du destinateur lui-même : *« er / du soll(st) sofort kommen » → « **ich** verlange es »* (il / tu

---

Les phrases modales (1-4) - si elles doivent fonctionner dans cette configuration - renvoient pour chacune d'elles à un certain contexte que nous qualifierons pour notre part de contexte référentiel et pragmatique, du fait qu'il nous semble difficile de faire abstraction de la position du locuteur (L). Ce contexte est ici implicite.

Pour (1), ce contexte contient une définition (entre crochets) :

(5) *[Ein Dreieck hat drei gerade Seiten] → Ein Dreieck muss / *soll drei gerade Seiten haben /* [Un triangle a trois côtés droits] → Un triangle doit avoir trois côtés droits.

Pour (2), c'est une règle instituée :

(6) *[Wer jura studiert hat 1,5 Notendurchschnitt] → Wer Jura sudiert muss / *soll 1,5 Notendurchschnitt haben /* [Qui étudie le Droit a une moyenne de 1,5] → Qui étudie le Droit doit avoir une moyenne de 1,5.

Pour (3) et (4), c'est un constat empirique généralisé par induction :

(7) *[Von München bis nach Hamburg tankt man vier Mal] → Von München bis nach Hamburg muss / *soll man vier Mal tanken /* [Pour aller de Munich à Hambourg, on fait quatre fois le plein] → Pour aller de Munich à Hambourg, on doit faire quatre fois le plein.

(8) *[Hans gehen bestimmte Filmszenen immer wieder aus] → Hans müssen / *sollen bestimmte Filmszenen immer wieder ausgehen /* [Certaines scènes du film échappent toujours à Hans] → Il faut toujours que certaines scènes du film échappent à Hans.

Or, en (5-8), la chose la plus importante à nos yeux est 1) que la prédication visée par néc-poss qui associe un argument à un prédicat est liée contextuellement à ce que nous appelons un *donné référentiel objectif / normatif*, qui peut être en l'occurrence une définition, une régle ou un constat général, 2) que ce donné est - au plan pragmatique - préalablement avalisé par le locuteur (L) de la phrase modale.

Bref, sans entrer plus dans le détail, on peut conclure que *müssen* possède - à un degré plus marqué que *sollen* - un caractère normatif.

dois (doit) venir tout de suite → **Je** l'exige). Dans ce cas de figure, la source de la nécessité est clairement polarisée en ICH, à tel point d'ailleurs que l'on se demande si l'on a affaire à une nécessité ou à une volition[69]. D'autres types d'énoncé tels que *« du wirst deine Arbeit machen! »* (tu feras ton travail !) qui peut suggérer à la fois la volition (je veux qu'il en soit ainsi) ou la nécessité (il en sera ainsi), montrent d'ailleurs à quel point la ligne de partage est difficile à déterminer entre ces deux domaines. En tout état de cause, comme nous le verrons dans la suite, ces variations autour de la source des illocutions de type VOL / NEC, ainsi que les glissements qui s'ensuivent de la nécessité à la volition et inversement, sont du plus haut intérêt dans le cadre d'une approche illocutoire du *Zarathoustra.*

[69] Il est sans doute significatif qu'un énoncé comme (1) *« Du sollst das Fenster zumachen! »* (tu dois fermer la fenêtre !) soit catalogué par la *DUDEN-Grammatik* (Mannheim, Wien, Zürich, Dudenverlag, Bibliographisches Institut, § 145, p. 101) comme possible « répétition d'une injonction » (*Wiederholung [einer] Aufforderung*), injonction que l'on peut supposer pouvoir être un impératif ou même une formule à *Präsatz* du type (2) *« ich will, dass du das Fenster zumachst! »* (je veux que tu fermes la fenêtre !). Mais si (2) est potentiellement la « répétition » de (1), c'est donc bien que les deux énoncés (et les deux illocutions qu'ils supportent) sont strictement équivalents. Faut-il donc maintenir la dichotomie de Große, à savoir que la source de la volition est toujours polarisée en ICH, sans aucune gradation possible, et, par corollaire, faut-il corriger sa classification des indices d'illocution qui range unilatéralement *« sollen »* du côté des indices de nécessité ? Faut-il dire que *« sollen »* est tantôt indice de nécessité, tantôt indice de volition ? Ou faut-il plutôt admettre qu'il y a entre volition et nécessité une série de degrés et que l'association ICH / VOL // X / NEC n'est que tendentielle, mais non systématique ?

6.3 Illocution indirecte

Mais comme nous l'avons observé, même si les indices de NEC et de VOL sont souvent associés à l'appel, il est évident qu'on ne peut réduire ce dernier à la simple somme arithmétique de tels indices. Ainsi Große est amené à ajouter aux bases métaprépositionnelles trois autres catégories d'indices : 1) le « facteur appel » (*Appellfaktor*), 2) les « présignaux » (*Präsignale*), 3) les « règles de l'agir » (*Handlungsregeln*).
Le « facteur appel » se manifeste - selon Große - a) par l'« abondance de mots et de tournures à caractère évaluatif » (*[die] Häufigkeit wertender Wörter und Wendungen*[70]), b) par « l'abondance des figures rhétoriques » (*« [die] Häufigkeit rhetorischer Figuren »*[71]) ; quant aux « présignaux », ce sont les éléments (souvent d'ordre paratextuel) qui servent à classer d'emblée le texte dans telle ou telle catégorie (titre, genre, etc.)[72] : un texte intitulé « recette » ne sera pas crédité d'une fonction « appellative » même s'il contient des indices de volition, etc. Finalement Große introduit un troisième critère, à savoir les « règles de l'agir » (*Handlungsregeln*) communes aux partenaires de la communication : *« die Kommunikationspartner handeln nur [...] nach ihnen und verstehen sie nur dann, wenn ihnen diese Regeln gemeinsam sind »* (les partenaires de la communication n'agissent qu'en [...] fonction d'elles, et ils ne les comprennent que lorsque ces règles leur sont communes), ce qui suppose une « reconnaissance » mutuelle (*Anerkennung*), ainsi que des « conventions » (*Konventionen*)[73]. Au final Große propose une équa-

[70] *Text und Kommunikation, op. cit.*, p. 18.
[71] *Ibid.*
[72] *Ibid.*, p. 20 *sq*.
[73] *Ibid.*, p. 22. Ces « règles de l'agir » semblent proches des « maximes conversationnelles » rendues célèbres par Grice, la « reconnaissance » en particulier, faisant pendant au principe de « coopération », qui est selon Grice la base élémentaire de toutes les autres maximes.

tion regroupant l'ensemble de ces éléments : *« Textfunktion = (± Handlungsregeln) (± Präsignal) (± Appellfaktor) + metapropositionale Basis + Propositionstyp »*[74] [Fonction textuelle = (± règles de l'agir) (± présignal) (± facteur appel) (± base métapropositionnelle) (± type de proposition)]. Au seul vu de la complexité de cette formule, il est évident que nous sommes ici dans le registre des illocutions indirectes, illocutions qui sont, comme nous l'avons dit, médiatisées par le message et le contexte.

6.3.1 Facteur appel et « évaluation »

Concernant le « facteur appel » (*Appelfaktor*), nous ne suivons que partiellement la position de Große. En effet si l'« évaluation » peut effectivement avoir un caractère appellatif, elle ne l'a pas nécessairement. Comme le souligne justement Brinker, l'évaluation peut tout aussi bien avoir un caractère strictement informatif : *« Der Emittent gibt dem Rezipienten [...] seine (positive bzw. negative) Bewertung eines Sachverhalts kund (ohne ihn in seiner Haltung beeinflussen zu wollen!) »*[75] (Le destinateur communique au destinataire [...] son appréciation [positive ou négative] d'un état de choses [sans vouloir influencer son attitude]) ; c'est le cas en particulier dans certains types de textes (*« Gutachten »* [expertise], *« Rezension »* [recension], *« Leserbrief »* [courrier de lecteur])[76]. Notons tout de même que les genres ici mentionnés par Brinker ont en commun qu'ils correspondent à des situations spécifiques où le texte répond à une *demande* explicite d'*information* : c'est sur demande que l'on effectue une expertise, une recension, etc. Autrement dit, le fait que l'évaluation soit ici reçue comme information résulte d'une

[74] *Ibid.*, p. 116.
[75] *Linguistische Textanalyse, op. cit.*, p. 106.
[76] *Ibid.*

convention préalable passée entre les partenaires de la communication, convention qui semble relever de ce que Große appelle les « règles de l'agir » (*Handlungsregeln*) et non uniquement du facteur appel.

Nous retiendrons que l'évaluation (la fréquence des mots et tournures à caractère évaluatif) est un indice appellatif *sous condition*. En fonction de ce que nous avons dit plus haut, une condition serait par exemple : le texte ne doit pas être précédé par convention d'une demande d'information préalable (auquel cas ce texte, bien qu'évaluatif, sera pôlarisé sur l'information : expertise, recension...)[77].

---

[77] Ce qui ne signifie pas que l'information soit incompatible avec l'appel. Ils peuvent au contraire être étroitement liés. Par exemple, comme nous le verrons plus loin, l'appel s'appuie souvent sur des modèles argumentatifs faisant intervenir des données thématiques (cf *infra* 6.3.4.1, notamment la notion de « développement thématique »), donc de l'information. Tout est une question de proportion. De la même façon, l'appel est parfaitement conciliable avec l'expression. C'est justement en se « mâtinant » que l'appel perd ce caractère monolithe, dont nous avons déjà souligné l'indigence, pour revêtir de multiples nuances. Nous verrons que certaines d'entre elles sont du plus grand intérêt philosophique. Répétons-le, les « fonctions » sont toujours entremêlées de façon inextricable dans la réalité langagière. La « vraie » fonction d'une occurrence - et *a fortiori* d'un texte entier - est toujours un mélange de ce que les pragmaticiens appellent traditionnellement les « fonctions ». C'est d'ailleurs pourquoi nous préférons un modèle « graduatif » à un modèle « oppositif » ; raisonnant plutôt en termes de tendances et de degrés qu'en termes de qualités intrinsèques, nous parlons plus volontiers de « pôles » fonctionnels que de « fonctions ». Le risque dans tout cela est évidemment que les notions, à force de s'entremêler, finissent par s'équivaloir et donc par devenir inopérantes : à quoi sert de dire « appel » /vs/ « information » /vs/ « expression » si chacune de ces notions n'a plus de spécificité ? Au demeurant, il faut bien admettre que la soi-disant « spécificité » des fonctions illocutoires est au bout du compte assez aléatoire puisque - comme nous l'avons déjà mentionné - il n'existe que peu d'indices qui soient attachés de façon inhérente et constante à une quelconque fonction. Si donc, dans ce domaine, la rigidité n'apporte pas même la rigueur en contrepartie de son infécondité, pourquoi ne pas adopter la souplesse qui

En somme, on ne peut établir le caractère (plus ou moins) appellatif de l'évaluation que sur la base des règles de l'agir et sur la base du contexte au sens large. Tout reste ici largement une question d'interprétation.

6.3.1.1 Evaluation subjective /vs/ évaluation objective

De plus, il convient de distinguer plusieurs types d'évaluation que l'on peut positionner de façon graduelle sur un axe objectif / subjectif. Certaines évaluations ont un caractère dit « non axiologique », dans la mesure où elles sont des évaluations quantitatives ou qualitatives qui n'impliquent pas de jugement de valeur en termes de bien / mal ou bon / mauvais. Par exemple, les adjectifs « grand », « petit », « loin », « près », « chaud », « froid », « nombreux », etc.)[78]. L'évaluation non axiologique implique bien la subjectivité du destinateur, mais c'est en quelque sorte une subjectivité « normée ». Citons encore C. Kerbrat-Orecchioni : « *l'usage d'un adjectif évaluatif* [non axiologique] *est relatif à l'idée que le destinateur se fait de la norme d'évaluation pour une catégorie d'objets donnée* »[79]. On pourrait appliquer ces observations aux *adverbes* (les adjectifs ont souvent en allemand la même forme que les adverbes) et locutions adverbiales (qui comportent la plupart du temps un adjectif : de façon, de manière...), et aux *verbes* (réchauffer / refroidir, s'éloigner, se rapprocher, etc.). Si nous projetons ces cas de figure sur no-

---

donne en revanche la richesse ? Un appel associé à une polarisation variable ICH / DU / X, plus ou moins proche ou éloigné des deux autres pôles information et expression, possède un « profil » potentiellement beaucoup plus riche et donc plus productif pour l'analyse et ses répercussions philosophiques.

[78] Cf Catherine Kerbrat-Orecchioni, *De la subjectivité dans le langage*, Paris, Armand Colin 1980, p. 84.

[79] *Ibid.*, p. 86.

tre axe bipolaire, force est de constater que l'évaluation non axiologique, bien qu'elle soit imputable au destinateur, tend manifestement plus vers le pôle objectif que vers le pôle subjectif.

Mais à côté des évaluations dites « non axiologiques », on trouve aussi les évaluations « axiologiques », impliquant, elles, un jugement de valeur du locuteur en termes de bien / mal ou bon / mauvais. Et ces évaluations axiologiques peuvent - semble-t-il - être à leur tour subdivisées a) en axiologiques *non affectifs* : adjectifs (bon, beau, bien...) ; adverbes (parfaitement, insuffisamment...) ; verbes (critiquer, louer, déplorer, approuver...), b) en axiologiques *affectifs* : c'est cette catégorie d'évaluation axiologique que C. Kerbrat-Orecchioni désigne sous le nom d'« axiologico-affectif »[80] : adjectifs (émouvant, méprisable...) ; adverbes (adorablement, exécrablement...) ; verbes (aimer, détester...)[81].

---

[80] *Ibid.*, p. 84-85.

[81] En fait, le cas des verbes est assez complexe. Nous tenons tout de même à donner quelques précisions sur ce point, même si cela nous conduit à faire une digression un peu longue qui pouvait difficilement s'insérer dans le corps du texte.

Parmi les verbes évaluatifs, C. Kerbrat-Orecchioni distingue :

(a) les verbes subjectifs occasionnels, qui n'impliquent un jugement évaluatif que s'ils sont conjugués à la première personne :

(1) évaluation de type bon / mauvais :

- verbes de sentiment ;

- verbes qui dénotent un comportement locutoire : verbes de demande, de louange et de blame.

(2) Evaluation de type vrai/faux/incertain :

verbes de perception, verbes d'opinion.

(b) Les verbes intrinsèquement subjectifs, qui impliquent un jugement évaluatif à toutes les personnes :

(1) Evaluation de type bon/mauvais :

portant sur le procès lui-même et/ou sur l'un de ses actants.

(2) Evaluation de type vrai/faux/incertain :

verbes d'opinion et de jugement, verbes locutoires.

(*De la subjectivité dans le langage, op. cit.*, p. 101)

En (a) et (b), il est bien évident que la rubrique (2), à savoir les évaluations de type « vrai/faux/incertain », n'intéresse pas la fonction appellative. Le type d'évaluation (correspondant à ce qu'on appelle aussi la modalisation) dénoté par ces verbes se rapprocherait en fait plutôt de la fonction informative. K. Brinker écrit à ce propos : *«Die Informationsfunktion verbindet sich häufig mit thematischen Einstellungen, die sich auf den Sicherheitsgrad, den Wahrscheinlichkeitswert des Wissens beziehen, den der Emittent von der Wahrheit des Textinhalts besitzt »*

(La fonction informative est souvent associée à des prises de position thématiques relatives au degré de probabilité du savoir dont le destinateur dispose au regard de la véracité du contenu du texte) *(Linguistische Textanalyse, op. cit.*, p. 105).

En (a) (1), il nous semble que les « verbes de sentiment » (aimer, détester) sont les seuls véritables « axiologico-affectifs » (d'autant plus attirés par le pôle subjectif qu'ils ne fonctionnent qu'en première personne) ; quant aux « verbes qui dénotent un comportement locutoire », il convient à notre avis d'opérer en leur sein une dichotomie entre 1) les verbes qui impliquent un jugement du locuteur premier (L0) et 2) les verbes qui n'impliquent pas de jugement de L0 :

« x déplore y » n'implique en effet que le jugement de x (et non celui de L0) ; l'énoncé proféré par L0 contiendra donc une évaluation axiologique, peut-être même légèrement teintée d'affectivité, mais cette évaluation ne pourra être rapportée à L0. A la limite, au regard de L0, on ne pourra dans ce cas parler ni d'évaluation axiologique, ni même d'évaluation, mais de jugement objectif : L0 constate que x évalue y. Il semble évident que nous nous trouvons ici dans le cadre de l'information et non dans celui de l'appel.

En revanche « x accuse y » / « x loue y » / « x encense y » implique un jugement de L0 (l'accusation / louange ne sont pas justifiées à ses yeux). Il y a donc évaluation axiologique plus ou moins teintée d'affectivité. L'information n'est plus au centre et on pourra penser que ce type de verbe est susceptible de servir de support à l'appel.

Au demeurant, on pourra se demander à propos des derniers verbes mentionnés s'ils correspondent bien à la catégorie de verbes dans laquelle Kerbrat-Orecchioni les range, à savoir les « verbes subjectifs occasionnels » (qui n'impliquent un jugement évaluatif que s'ils sont conjugués à la première personne). En effet « louer » / « encenser » semblent impliquer un jugement évaluatif de L0 à toutes les personnes, plus particulièrement d'ailleurs aux 2° et 3° personnes, du fait que la 1° personne de ces verbes est très inhabituelle ; quant à « accuser », il semble impliquer un jugement évaluatif (variable) de L0 aux 1°, 2° et 3° personnes : a) 2° et

3° personnes : « x/tu accuse(s) y » (sous-entendu de L0 : à tort = évaluation négative de x et plus ou moins positive de y), b) 1° personne « j'accuse y » (sous-entendu de L : à raison = évaluation plus ou moins négative de y). Une preuve que « louer / encenser », par exemple, impliquent un jugement évaluatif de L0 se trouve dans des enchaînements simples comme (1) « x loue y avec raison » /vs/ (2) « x loue y à tort » : si la première expression est fréquente et la seconde rare, c'est qu'en (1) L0 utilise l'appréciation « avec raison » (évaluation positive de y) pour désamorcer l'évaluation négative qu'il opère par ailleurs en utilisant le verbe louer (sous-entendu : à tort = appréciation négative de y). En revanche, en (2) L0 n'a aucun besoin de renchérir sur l'appréciation négative de y, appréciation qu'il fait déjà en utilisant le verbe « louer ». L0 se passe donc ici le plus souvent de l'appréciation négative « à tort » qui constitue une sorte de pléonasme. Faut-il donc classer ces verbes « qui dénotent un comportement locutoire » dans la catégorie des « verbes occasionnellement subjectifs » ? Ne faut-il pas plutôt les considérer comme des verbes « intrinsèquement subjectifs » qui seraient mieux à leur place dans la rubrique (b) de C. Kerbrat-Orecchioni que nous évoquons ci-dessus ?
L'autre question qui se pose est : *tous* les « verbes qui dénotent un comportement locutoire » et qui impliquent un jugement de L0 (cf « accuser » / « louer » / « encenser ») fonctionnent-ils comme ces derniers aux 1° / 2° / 3° personnes et sont-ils *tous* susceptibles d'être catalogués comme des verbes « intrinsèquement subjectifs », ou ne s'agit-il que de quelques uns d'entre eux, les autres ne fonctionnant qu'à certaines personnes ? La réponse reste en suspens.
Par ailleurs, en (b), les verbes sont - selon C. Kerbrat Orecchioni - « intrinsèquement subjectifs », à savoir qu'ils fonctionnent à toutes les personnes (et pas seulement à la première). Autrement dit, dans le cas de ces verbes, le jugement axiologique (plus ou moins subjectif) résulte non du fait que le locuteur appose la première personne au verbe en question, mais au fait qu'il fasse le choix de ce verbe : criailler, vociférer, glapir, se vanter de, s'adonner à, se vautrer dans ..., renvoient comme cible du jugement au procès désigné par le verbe lui-même [en l'occurrence dévalorisé] ; d'autres verbes : mériter, bénéficier de, infliger, épargner, priver de..., renvoient, eux, aux actants de ce procès (cf *Kerbrat-Orecchioni, op. cit.*, p. 108.)
Bref restent en (a) dans notre optique (appel) 1) les verbes de sentiment 2) les verbes locutoires impliquant L0 tels que les décrit C. Kerbrat-Orecchioni (et dont beaucoup sont apparemment assimilables à des verbes « intrinsèquement subjectifs »), 3) les verbes intrinsèquement subjectifs au sens de C. Kerbrat-Orecchioni.

Or, on peut légitimement postuler que sur l'axe subjectif / objectif 1) les évaluations de type non axiologique dont nous parlons ci-dessus se situent plus du côté objectif que les évaluations de type axiologique. Comme l'écrit C. Kerbrat Orecchioni :

Celui qui dit « Ce livre est beau » [évaluation axiologique] porte un jugement de valeur et s'introduit par là même entre l'énoncé et son référent ; mais celui qui dit « Cet arbre est grand » [évaluation non axiologique] énonce un jugement du même genre [...] et nous informe, par exemple, sur la flore de son propre pays.[82]

Il est clair ici a) que l'évaluation axiologique est associée à un degré plus important de subjectivité b) que l'évaluation non axiologique - tout en étant et sans doute *parce qu'elle est* moins subjective - semble prédisposée à être associée à l'information, 2) les évaluations axiologiques de type non affectif se situeront plus volontiers du côté objectif, alors que les évaluations axiologiques de type affectif seront plus attirées par le pôle subjectif. Et là encore ce qui vaut pour les adjectifs peut s'appliquer aux adverbes, locutions adverbiales et aux verbes.
On pourrait ainsi obtenir le schéma suivant, où les évaluations se positionneraient à droite ou à gauche en fonction de leur proximité plus ou moins grande de l'un ou l'autre pôle (subjectif / objectif) :

Pôle subjectif	axiologico-affectif	axiologique non affectif	non axiologique	pôle objectif

Or, il nous semble que l'évaluation, si elle peut effectivement, comme le souligne K. Brinker, être dans certains cas associée à la fonction informative (expertises, etc.), c'est alors plutôt - en termes de tendances - d'une évaluation de

[82] *Ibid.*, p. 91.

type (plus) *objectif* qu'il s'agit : 1) d'évaluation non axiologique (« grand », « petit », etc., que Kerbrat-Orecchioni - nous l'avons vu - associe explicitement à l'« information » dans la citation ci-dessus) ; c'est aussi certainement ce type d'évaluation que l'on trouvera le plus fréquemment dans les rapports d'expertise, etc., que Brinker présente comme des illustrations d'« évaluation informative », 2) d'évaluation axiologique de type vrai/faux/incertain (souvent liée à des verbes, mais pas seulement) : ce type d'évaluation représente en fait le *summum* de l'objectivité puisqu'il mesure en s'énonçant sa propre objectivité en termes de plus ou de moins, 3) d'évaluation de type axiologique affectif ou non affectif dans lesquelles le destinateur premier n'est pas impliqué (dans « x déplore y », L0 n'est pas impliqué dans l'évaluation). Ce dernier type d'évaluation n'a en fait que l'apparence d'une évaluation ; il relève du jugement objectif (information) ; il a pour support certains verbes occasionnellement ou intrinsèquement subjectifs (cf note 81, 4), moins fréquemment : d'évaluation de type axiologique non affectif (bien / mal ou bon / mauvais) ; on peut penser que si ce type d'évaluation peut encore être associé à l'information, ce sera à la condition expresse qu'une « règle de l'agir » régie par une « convention » préalable et signalée éventuellement par un « présignal » existe entre les partenaires de la communication. Par exemple l'évaluation : « le moteur est bon / mauvais » n'a statut informatif que s'il est préalablement posé par convention que bon = en état de fonctionnement / mauvais = hors service, le présignal « expertise automobile » signalant que cette convention est en vigueur.

A l'inverse, l'évaluation peut être associée à l'*appel* si elle est - toujours en termes de tendances - d'un type (plus) subjectif, ceci incluant les évaluatifs axiologiques non affectifs mentionnés ci-dessus en (4), à l'exception de ceux qui répondent à la condition mentionnée, mais surtout, les axiologiques affectifs, adjectifs, adverbes, locutions adverbiales, substan-

tifs (souvent dérivés d'adverbes : « présomptueux » → « présomption »...), verbes de sentiment occasionnellement subjectifs (aimer, haïr...), ainsi qu'une partie des verbes locutoires ou intrinsèquement subjectifs, à l'exception de ceux mentionnés ci-dessus en (3) (L0 doit être impliqué dans l'évaluation).
Notons pour finir que cette association subjectif / affectif / appellatif n'est d'ailleurs peut-être rien d'autre que ce la rhétorique ancienne appelait le *pathos* (Aristote), lequel *pathos* était un ressort essentiel de l'argumentation visant à convaincre l'interlocuteur. On pressent également à quel point cette problématique de l'« évaluation » peut être importante dans le cas de Nietzsche (renversement des valeurs).

6.3.2 Les figures rhétoriques

Le second composant de ce que Große qualifie de « facteur appel » (*Appellfaktor*) est l'abondance des figures rhétoriques ; il cite comme exemples l'anaphore, l'allitération et l'assonance, le parallélisme, l'hyperbole et la question rhétorique (*Suggestivfrage*)[83]. La question rhétorique étant un cas particulier de l'interrogation dont Große parle à propos des bases métapropositionnelles associées à l'appel, on peut se demander s'il est justifié de la mentionner encore comme « facteur appel ». Quant aux autres figures mentionnées par Große, nous dirons à nouveau qu'elles sont associées à l'appel *sous condition*. Les « règles de l'agir » (*Handlungsregeln*) et le contexte joueront ici encore un rôle décisif : anaphore, allitération, assonance, parallélisme et hyperbole, qui sont des procédés de mise en relief, relèveront certainement du « facteur appel » s'il s'agit d'un slogan publicitaire. Ce ne sera plus nécessairement le cas si ces figures apparaissent dans un poème intimiste : les figures ne seront plus ici « facteur ap-

---

83 *Text und Kommunikation, op. cit.*, p. 18.

pel », mais plutôt « facteur expressif »[84]. Au final, les « règles d'action » et le contexte fournissent donc le mode d'emploi de ces indices rhétoriques que Große semble considérer comme autonomes puisqu'il en fait une catégorie distincte (*Appellfaktor*). En d'autres termes, c'est bien en termes de complexes ou de structures illocutoires et non en termes d'illocutions individuelles qu'il faut raisonner.

Pour être excessivement « atomiste », l'analyse de Große n'en livre pas moins des points d'appui concrets sur lesquels l'étude de la structure illocutoire d'un texte peut se fonder. Le « facteur appel » avec ses composants « évaluation » et « rhétorique » n'est qu'un indice conditionnel qui ne garantit pas toujours que l'appel soit prépondérant dans un texte ; néanmoins, il le garantit dans un grand nombre de cas.

6.3.3 « Mise en valeur » et « effet de présence »

Au demeurant, nous préfèrerions, tout en conservant le « facteur appel » de Große, réunir ses deux composantes en une seule. En effet, ce facteur appel nous semble étroitement lié à ce qu'il est convenu d'appeler l'argumentation au sens très large, argumentation dont se servait déjà la rhétorique classique comme un élément essentiel de l'art de persuader. Or, comme le suggère Ch. Perelman, cette argumentation s'ap-

---

[84] Notons ici encore une fois qu'entre appel et expression, il n'y a pas solution de continuité mais transition graduelle. Le fait que telle occurrence se rapproche du pôle expressif ne signifie pas qu'elle ne relève plus aucunement de l'appel. Tout est question de proportions relatives. Cela dit, la langue dont nous nous servons pour évoquer ces phénomènes ne peut signaler que des qualités. Cette langue ne peut exprimer que des oppositions et non des gradations. Il faut donc se demander : jusqu'à quand parle-t-on d'appel teinté d'expression ? A partir de quand parle-t-on d'expression teintée d'appel ? Une décision s'impose et cette décision est forcément subjective et arbitraire.

puie constamment sur des évaluations, sur des valeurs[85]. Mais ces évaluations ne sont pas simplement d'ordre thématique ; elles ne sont pas simplement l'objet de jugements explicites ou investies dans des unités sémantiques clairement identifiables : adjectifs, adverbes et verbes (cf ci-dessus) ; elle s'investissent aussi dans une gamme de phénomènes beaucoup plus vaste. On pourrait dire pour résumer qu'il y a argumentation (au sens de Perelman) lorsqu'il y a *« mise en valeur »*, cette mise en valeur pouvant faire l'objet d'investissements textuels de dimensions et de « profondeur » très variables, impliquant aussi bien la forme de l'expression que la forme du contenu : du simple phonème / graphème isolé (dans l'assonance ou l'allitération qui se jouent tout en surface, jusqu'au sens du texte entier cristallisé dans sa structure thématique)[86]. Parallèlement, sur le plan de la tonalité, la mise en valeur peut jouer autant sur le *logos* que sur le *pathos* (selon la vieille distinction d'Aristote[87]).

En somme, il n'y a pas comme l'énonce E.U. Große : 1) l'évaluation, 2) les figures rhétoriques, comme deux moments distincts du « facteur appel » ; évaluation et figures de rhétorique se confondent dans un seul et unique phénomène qui les recouvre et les déborde : la *mise en valeur*, qui est l'un des ressorts principaux de l'argumentation.

C'est finalement cette mise en valeur qu'il faudrait qualifier de facteur appel, mise en valeur qui se traduit donc par la

---

[85] A savoir : « le recours, pour décrire un phénomène, à des qualificatifs qui le valorisent ou le dévalorisent » (*L'Empire Rhétorique, rhétorique et argumentation*, Paris, Librairie Philosophique J. Vrin, Bibliothèque des textes philosophiques, 1977, p. 36).

[86] Perelman écrit encore à propos de la « valeur » :

le mot valeur s'applique partout où nous avons affaire à une rupture de l'indifférence ou de l'égalité entre les choses, partout où l'une d'elles doit être mise avant une autre ou au-dessus d'une autre, partout où elle est jugée supérieure et mérite de lui être préférée (*ibid.*, p. 40)

On voit bien que cette définition est très ouverte.

[87] Cf Perelman, *ibid.*, p. 111.

production - de quelque manière que ce soit - de ce que Perelman appelle un « effet de présence »[88] : « la rhétorique, globalement considérée, est un art de l'emphase »[89].

6.3.3.1 Effet de présence et recensement des figures

Pour tenter à présent de recenser concrètement les indices, nous classons les figures de rhétorique en fonction de la manière dont elles créent cet effet de présence :

La plupart des figures de la rhétorique classique créent un effet de présence par *intensification*, intensification qui repose

a) sur le cumul quantitatif des éléments

- phonique ou graphique (assonance, allitération, homéoteleute[90])
- lexical (répétition, énumération, anaphore, épiphore[91])
- lexical et syntaxique (asyndète[92], polysyndète[93])
- syntaxique (apposition)

---

[88] *Ibid.*, p. 49. Nous ajouterions ici pour notre part : ou un « effet d'absence » (ne pas dire ou signaler quelque chose qui aurait normalement dû être dit relève encore de la mise en valeur et participe du « facteur appel »).

[89] C. R. Weaver, cité par Perelman, *ibid.*, p. 51.

[90] « utilisation à intervalles rapprochés de mots présentant des finales identiques » (Bacry, Patrick, *Les figures de style*, Paris, Belin, 1992, p. 286).

[91] Notons ici que l'anaphore et l'épiphore jouent à la fois sur le cumul et sur le positionnement des éléments (répétition d'un terme, respectivement en première et en dernière position de plusieurs structures successives).

[92] Suite de termes non coordonnés (Cf P. Bacry, *ibid.*, p. 281).

[93] Suite de termes coordonnés (*Ibid.*, p. 291).

- sémantique (synonymie[94], métabole[95], gradation[96], amplification[97], congérie[98]).
b) sur le positionnement des éléments
- lexical (inversion, régression[99], dérivation[100], paronomase[101], anadiplose[102], concaténation[103])
- syntaxique (hypallage[104])
- lexical et syntaxique (parallélisme, antithèse, chiasme[105])
- sémantique et syntaxique (comparaison, zeugme[106], oxymore, antilogie[107]).

---

[94] Succession de termes synomymes.
[95] Succession de termes synonymes accompagnée d'une gradation.
[96] « Série de plusieurs termes ayant même nature et même fonction, et exprimant à peu près la même idée de manière de plus en plus forte » (*ibid.*, p. 286). Dans notre classification, la gradation pourrait relever aussi de l'« intensification d'éléments » (cf *infra*).
[97] A propos de l'« amplification » Perelman écrit : « Il s'agit d'une figure de rhétorique qui utilise, en vue de créer la présence, la division d'un tout en ses parties » (*L'empire rhétorique*, *op. cit.*, p. 52).
[98] La « congérie » est l'inverse de l'amplification, à savoir qu'elle énumère les parties avant de les totaliser par synthèse (*Ibid.*).
[99] « Reprise, dans le cours d'une phrase, des mots qui viennent d'être employés et qu'on place dans un ordre inverse » (P. Bacry, *Les figures de style, op. cit.*, p. 292).
[100] « Proximité, dans le discours, de termes remontant à la même racine lexicale » (*Ibid.*, p. 283).
[101] « Utilisation de paronymes à intervalles rapprochés » (*Ibid.*, p. 290).
[102] « Répétition d'un élément identique à la fin d'un membre d'une structure et au début du membre suivant » (-A/A-) (*Ibid.*, p. 279).
[103] « Succession de plusieurs anadiploses (-A / A- B / B - C...) » (*Ibid.*, p. 282).
[104] « Déplacement d'un mot dans une phrase, qui lui fait assurer une fonction syntaxique différente de celle que le sens exigerait » (*Ibid.*, p. 286).
[105] « Disposition croisée de quatre termes répartis en deux séquences syntaxiques AB-BA » (*Ibid.*, p. 282)
[106] « Construction mettant sur le même plan syntaxique deux éléments appartenant à des registres sémantiques différents, par exemple les registres abstrait et concret. *Un journal plein d'humour et de bandes dessinées* » (*Ibid.*, p. 293)
[107] « Association en une structure syntaxique [...] de deux termes antithétiques n'appartenant pas à la même catégorie morpho-syntaxique.

c) sur la substitution d'un (ou plusieurs) élément(s) à un (d')autre(s) dont il prend (prennent) la place[108]
- syntaxique (énallage[109])
- sémantique (métaphore, allégorie[110], personnification, prosopopée[111], métonymie, synecdoque, antiphrase[112], ironie, imitation, pastiche).
d) sur la suppression d'un (ou plusieurs) élément(s) (effet d'absence)
- syntaxique (ellipse[113], abruption[114])
e) intensification / atténuation qualitative d'éléments (hyperbole, euphémisme, litote)
f) création lexicale (néologisme)

6.3.3.2 Effet de présence et autres procédés

Mais si la rhétorique dit déjà beaucoup de choses qui n'ont fait qu'être répétées par la suite sous des formes différentes,

---

[...]cette ***légèreté,*** *toute* ***pesante****[...] »* (Saint Simon) (*Ibid.*, p. 280). En somme, l'antilogie - également nommée « paradoxie » - est une variante syntaxique de l'oxymore.

[108] Ces figures sont toujours des figures « de sens » puisqu'elles font intervenir un « échange » d'éléments se jouant entre l'axe syntagmatique et l'axe paradigmatique. L'« effet de présence » résulte ici, non du cumul, mais de la « surprise ».

[109] « Remplacement d'un trait grammatical par un autre, pouvant affecter les modes et temps verbaux [...] les catégories grammaticales [...] la personne ou le nombre » (*Ibid.*, p. 284).

[110] « Image résultant de la représentation d'un concept par un être imaginaire, le plus souvent animé, composé de traits concrets. » (*Ibid.*, p. 278).

[111] « Discours placé par un auteur dans la bouche d'une allégorie, d'une chose personnifiée, d'une pure abstraction » (*Ibid.*, p. 292).

[112] « Expression d'une idée par son contraire » (*Ibid.*, p. 280).

[113] « Suppression de certains éléments d'une phrase pour la rendre plus ramassée et plus frappante sans toutefois en modifier le sens » (*Ibid.*, p. 83).

[114] « Suppression, dans un dialogue ou dans le passage du récit au dialogue, des transitions que constituent d'ordinaire les verbes de déclaration » (*Ibid.*, p. 278).

elle n'a pas recensé tous les procédés de « mise en valeur » produisant cet « effet de présence », lui-même caractéristique du « facteur appel ». Dans ce même cadre, la linguistique moderne recense d'autres phénomènes, parfois regroupés sous la dénomination « mise en relief ». Ces phénomènes, qui ne se recoupent pas nécessairement avec ceux que décrit la rhétorique classique, peuvent être 1) d'ordre graphique (par exemple, le double point), 2) d'ordre lexical / syntaxique comme les modulateurs de mise en relief[115] (*nur, bloss, schon, auch, erst, selbst, noch, gar, vor allem...* / seulement, simplement, déjà, aussi, en premier lieu, même, encore, y compris, avant tout...), et négation partielle (*nicht, weder, noch, sondern...* / ne...pas, ni...ni, mais plutôt...), 3) d'ordre syntaxique : cataphorisation (*darin, dass..., derjenige, der...* / en ceci que..., celui-là qui...), linéarisation (linéarisation expressive), 4) d'ordre structurel et compositionnel (charnières de discours ayant pour objectif de découper le texte en ordonnant hiérarchiquement les éléments [premièrement, deuxièmement, etc], découpage du texte en chapitres / paragraphes, titrage des chapitres / paragraphes, etc.). Ces données seront précisées lors de l'application au texte de Nietzsche.

6.3.4 Les structures illocutoires complexes

Mais comme nous l'avons déjà souligné, la fonction illocutoire d'un texte n'est pas la somme arithmétique des illocutions individuelles, il faut aussi parler de structures, de hiérarchies ou de complexes illocutoires où les illocutions sont entre elles dans des relations d'interdépendance et où elles s'enchevêtrent avec des données thématiques.

---

[115] Cf Schanen / Confais, *Grammaire de l'allemand, formes et fonctions*, Paris, Nathan Université, 1986, p. 546 et 550.

6.3.4.1 Le modèle argumentatif

K. Brinker, distinguant trois « formes fondamentales de développement thématique » (*Grundformen thematischer Entfaltung*[116]), énumère le « développement thématique descriptif » (*deskriptive Themenentfaltung*), le « développement thématique explicatif » (*explikative Themenentfaltung*) et le « développement thématique argumentatif » (*argumentative Themenentfaltung*). Sur la base d'un exemple (image publicitaire assortie d'un texte), il associe ensuite ce dernier type de développement thématique à la fonction appellative (à une variante de celle-ci qualifiée de « persuasive ») :

> *Wir wollen eine solche Realisierung des argumentativen Entfaltungsmuster - wie sie unser Beispielstext aufweist - als « persuasiv» bezeichnen; sie charakterisieren den Text als indirekte Aufforderung des Emittenten an den Rezipienten*[117].

(Nous proposons de qualifier de « persuasif » le type de développement argumentaif qui sous-tend notre texte de référence ; il définit le texte comme étant une injonction indirecte adressée au destinataire.)

L'illocution complexe se réaliserait donc de façon privilégiée à travers un schéma argumentatif caractéristique (emprunté au départ au philosophe Toulmin) : le locuteur propose a) une « thèse » (*eine strittige Behauptung*) avancée comme conclusion (par ex. *« Hans ist deutscher Staatsbürger »* / Hans est un citoyen allemand), thèse qu'il étaie par b) des « arguments » (*« Hans wurde in Deutschland geboren »* / Hans est né en Allemagne), en s'appuyant sur c) une « inférence » (*Schlussregel*), cette inférence étant en quelque sorte la loi générale formulée comme une hypothèse (si A, alors B : *« Wenn jemand in Deutschland geboren wurde, dann ist*

---

[116] *Linguistische Textanalyse, op. cit.*, p. 63 sq.
[117] *Ibid.*, p. 117.

er in der Regel deutscher Staatsbürger » / Si quelqu'un est né en Allemagne, alors il est en règle générale citoyen allemand) qui permet justement de passer des arguments (b) à la thèse elle-même (a). Finalement, la « garantie » est étayée à son tour par d) un « support » (*Stützung*) qui renvoie en général à des normes, lois, etc. avalisées : *« aufgrund der folgenden Gesetze*[118] *»* (en vertu des lois suivantes). Le procès peut ainsi se déployer indéfiniment : une thèse antérieure peut devenir argument d'une nouvelle thèse, etc.
Ce schéma de développement thématique argumentatif réaliserait donc une structure illocutoire hiérarchisée : la thèse serait le support de l'illocution principale (ce dont le destinateur veut convaincre le destinataire), à laquelle seraient subordonnées des illocutions subsidiaires correspondant aux arguments / inférences / supports, l'ensemble pouvant se compliquer indéfiniment. Incontestablement, le développement thématique argumentatif tel que le décrit Brinker est associé à l'appel.

6.3.4.2 Le modèle narratif

Parmi les deux autres types de développement thématique mentionnés par Brinker, le « développement thématique explicatif » semble associée de façon privilégiée à la fonction informative (il s'agit de clarifier une information). Quant au « développement thématique descriptif » - s'il est lui aussi prioritairement informatif - il semble aussi pouvoir être associé indirectement à l'appel :

In appellativen Texten [...] verbindet sie sich [die deskriptive Themenentfaltung] häufig mit der argumentativen Themenentfaltung, indem nach dem deskriptiven Prinzip die Informationsbasis geschaffen wird, auf die sich das Thema, d. h. die zu begründende These, bezieht.[119]

---

[118] *Ibid.*, p. 73 *sq.*
[119] *Ibid.*, p. 68.

(Dans les textes appellatifs [...] le développement thématique descriptif est souvent associé au développement thématique argumentatif, du fait que, conformément au principe de la description, une base informative est installée, base sur laquelle le thème, c'est-à-dire la thèse à démontrer, vient à son tour s'appuyer.)

Toutefois, l'énumération de Brinker, même s'il en parle succinctement, ne rend pas à notre avis justice à une autre forme de développement thématique qui est le récit[120], lequel récit n'est pourtant dans beaucoup de cas qu'un modèle de déploiement thématique figurativisé[121], qui peut donc - pensons-nous - être associé sous divers aspects à l'appel, même si cet appel se démarque assez nettement de celui qui est associé au modèle argumentatif.

En effet, si l'appel en œuvre dans le modèle argumentatif est indirect, il est tout de même centré de manière évidente sur la réalisation d'un objectif (thèse dont il faut convaincre le destinataire). Le récit en revanche ne possède pas nécessairement ce caractère finalisé. En fait, les thèses ou conclusions que le lecteur pourrait vouloir tirer à la lecture d'un récit événementiel sont sans cesse battues en brêche. Comme l'écrit J. F. Jeandillou : « la progression événementielle réfute à chaque fois l'hypothèse que le lecteur pourrait envisager quant à la suite des opérations »[122]. Ainsi, poursuit Jeandillou, « l'ordre du récit se trouve par là soumis à une constante tension pragmatique qui articule les événements nouveaux avec leurs implications potentielles [...] les instruc-

---

[120] Dans la classification qu'il propose des différents types de textes, Jean-François Jeandillou cite également, à l'instar de Brinker, les modèles explicatif, argumentatif, descriptif, mais il leur ajoute ce qu'il appelle « la séquence narrative » (*L'analyse textuelle*, Paris, Armand Colin, 1997, p. 137-156).

[121] Greimas / Courtés appellent « figurativisation », la « conversion des thèmes en figures » (Greimas, A. J, Courtés, Joseph, *Dictionnaire raisonné de la théorie du langage*, Paris, Hachette Université, 1979, I, p. 178).

[122] *L'analyse textuelle, op. cit.*, p. 148.

tions données au lecteur l'amènent à interpréter les faits en révisant sans cesse son jugement. »[123]. Il y a incontestablement dans ce suspens propre à tout récit qui maintient l'interlocuteur « en haleine » une dimension illocutoire apparentée à l'appel. Au demeurant, il s'agit là - comme nous le disions - d'un appel non finalisé, apparenté à un maintien sous tension, à une sorte d'« effet phatique »[124] plus ou moins diffus.

Mais le récit est aussi lié d'une tout autre manière à l'appel. Pour mieux cerner le phénomène, il faut préciser en préalable les notions de « trope communicationnel » et de « polyvalence communicationnelle » développées par C. Kerbrat-Orecchioni :

> Nous parlerons de « trope communicationnel » (portant sur le récepteur) chaque fois que s'opère, sous la pression du contexte, un renversement de la hiérarchie des niveaux de destinataire ; c'est-à-dire chaque fois que le destinataire qui en vertu des marqueurs d'allocution fait en principe figure de destinataire direct, ne constitue en fait qu'un destinataire secondaire, cependant que le véritable allocutaire, c'est en réalité celui qui a en apparence statut de destinataire indirect[125].

Dans certains cas, il n'y a cependant pas véritablement « trope » dans la mesure où il est impossible de dire avec certitude si le véritable destinataire est un autre que le destinataire direct. Du destinataire direct et du destinataire indirect il est impossible de dire lequel joue un rôle primaire

---

[123] *Ibid.* C. Bremond a, lui aussi, analysé la « logique des possibles narratifs » : amélioration (obtenue ou non obtenue) ou dégradation (produite ou évitée), impliquant une kyrielle de possibilités réalisables par : accomplissement de la tâche, intervention de l'allié, élimination de l'adversaire, négociation, agression, rétribution (récompense et vengeance), faute, obligation, sacrifice, châtiment. Autant de caractéristiques qui font que la visée pragmatique est foncièrement instable, soumise à d'incessants réajustements et réorientations (Cf « L'analyse structurale du récit », *Communications*, 8, Paris, Points, p. 66-82).

[124] Nous utilisons ce terme au sens de Jakobson. L'appel est ici réduit à sa dimension « contactive ».

[125] *L'implicite, op. cit.*, p. 131.

et un rôle secondaire ; il n'y a donc pas clairement substitution de l'un par l'autre (trope), mais plutôt polyvalence communicationnelle[126].

Or, le récit, impliquant des personnages et/ou des actants n'est-il pas potentiellement l'archétype de ce que C. Kerbrat-Orecchioni nomme « trope / polyvalence communicationnels » ? On peut imaginer par exemple que telle réplique adressée par tel personnage à tel autre au niveau intra-diégétique, soit en fait adressée (trope) ou soit aussi adressée (polyvalence) indirectement à un autre destinataire, qui est le lecteur, par un autre destinateur qui est l'auteur, au niveau extra-diégétique. Si tel était le cas, il y aurait donc bien trope / polyvalence communicationnels qui porteraient en l'occurrence à la fois sur le destinateur et sur le destinataire. De tels effet ne peuvent évidemment être obtenus que de manière médiate, faisant intervenir au niveau du décodage des mécanismes d'identification / rejet / empathie / antipathie du lecteur avec les personnages ou actants du récit, et au niveau de l'encodage la prévision et la programmation de ces mécanismes par l'auteur. L'intention illocutoire comme l'effet perlocutoire sont donc médiats, l'appel est indirect, mais cela n'empêche pas qu'il puisse être aussi *finalisé*. On verra dans ce qui suit à quel point le type d'appel supporté par ce modèle narratif est important pour le *Zarathoustra* de Nietzsche, qui est, chose exceptionnelle dans le registre philosophique, avant tout un récit.

6.3.4.3 Narration et stratégies illocutoires complexes

Mais le passage du « fictionnel » au « réel » permis par le trope / polyvalence ne repose pas toujours sur des relations biunivoques de personnage à personnage (tel personnage de

[126] *Ibid.*, p. 137.

la fiction correspond à l'auteur, tel autre au lecteur). Comme nous l'avons déjà suggéré, les mécanismes d'empathie / antipathie peuvent fonctionner de manière complexe en s'appuyant non seulement sur des personnages, mais aussi sur des actants et des fonctions qui deviennent les supports de stratégies illocutoires élaborées.

Si l'on reprend la terminologie de Greimas développée par Nicole Everaert-Desmedt, on peut parler au niveau du récit

a) d'un « axe du désir » manifesté par la « relation entre le sujet et l'objet » :

> Le parcours narratif, de la situation initiale à la situation finale, se réalise sous forme de la **quête** d'un sujet à la recherche d'un objet. Le sujet se met en quête de l'objet parce qu'il éprouve un **manque**. La relation entre le sujet et l'objet se situe sur l'**axe du désir**[127].

b) d'un « axe de la communication » manifesté par la « relation entre le destinateur et le destinataire »[128],

c) d'un « axe du pouvoir » manifesté par la relation entre « adjuvant et opposant »[129].

Si le rôle du *sujet* relève du « faire-être » : sous l'impulsion du désir le sujet tend par son action à « faire-être » l'objet qu'il désire (ou à le faire « ne pas être » s'il désire le supprimer), le rôle du *destinateur* relève, lui, du « faire-faire » : « le destinateur agit de façon à faire agir un sujet, son action consiste à provoquer l'action du sujet, il fait-faire »[130] (ou ne pas faire). Autrement dit - et ceci rejoint notre perspective illocutoire - l'action du destinateur, déployée au fil du récit, consiste à influencer (ou à manipuler) le destinataire qui se transforme en « sujet opérateur », chez qui le désir est ainsi

---

[127] *Sémiotique du récit*, Bruxelles, De Boeck Université, Prismes Méthodes 8, 1988, p. 29.
[128] *Ibid.*, p. 35.
[129] *Ibid.*, p. 41.
[130] *Ibid.*, p. 38.

créé (ou enrayé) de faire être (ou ne pas être) l'objet[131]. La quête de l'objet par le sujet s'effectue à travers un « parcours narratif »[132] qu'on peut aussi qualifier de « performance »[133], et cette quête requiert 1) la compétence : le sujet [alias destinataire] doit être en mesure - ou être mis en mesure par le destinateur - de réaliser la performance en termes de pouvoir et de savoir : c'est « l'épreuve qualifiante »[134], 2) la volonté: le sujet [alias destinataire] non seulement doit pouvoir et savoir réaliser la performance, mais - et c'est là le point qui nous intéresse le plus - il doit aussi le *vouloir* ou être amené à le vouloir par le destinateur, et cela de plusieurs manières :

> Le vouloir-faire peut être provoqué par un devoir-faire transmis par un destinateur, dans un **contrat** initial de type **injonctif.**
> Il peut arriver que le sujet, déjà pourvu de la modalité du vouloir, cherche à obtenir, de la part du destinateur, le **pouvoir-permission** : on parlera alors d'un **contrat permissif**.
> Le contrat qui s'établit entre le destinateur et le futur sujet est le plus souvent un **contrat « de séduction »** : le destinateur communique au futur sujet du savoir à propos de l'objet, il lui montre l'existence et la valeur de l'objet, il lui suggère que l'objet vaut la peine d'être acquis. Le **faire-savoir** et le **faire-valoir** du destinateur suscitent le vouloir-faire du sujet[135].

Or, si l'on intègre les relations actantielles en œuvre dans ces différents types de « contrats » dans un schéma communicationnel qui déborde le récit et la fiction proprement dits et incorpore le destinateur et le destinataire de cette fiction (l'auteur et le lecteur), on peut penser que - par le processus d'identification / rejet // empathie / antipathie déjà mentionné - les relations actantielles (sujet / objet // destinateur / desti-

---

[131] *Ibid.*, p. 44.
[132] *Ibid.*, p. 47.
[133] *Ibid.*, p. 48.
[134] *Ibid.*, p. 49.
[135] *Ibid.*, p. 50.

nataire) sont susceptibles de se projeter d'un niveau à l'autre : par ex. le désir d'un sujet pour un objet transmis par un destinateur à un destinataire à l'intérieur du récit, peut correspondre au désir d'un sujet pour un objet transmis par un destinateur (l'auteur) à un destinataire (le lecteur) à l'extérieur de ce récit. Le premier schéma illocutoire est l'instrument de la réalisation du second par le truchement de la transmission du désir. C'est ni plus ni moins le principe du trope communicationnel ou de la polyvalence communicationnelle qui est ici à l'ouvrage, principe dont le ressort est ici ce que R. Girard qualifie de « désir mimétique »[136].

6.3.4.3.1 Les contrats injonctif et permissif

Par ailleurs, au plan intradiégétique des relations actantielles, les contrats de types injonctif et permissif (tu dois, tu peux) sont basés sur un type d'appel normatif. Le désir du destinateur fictionnel pour l'objet se transmet de manière abrupte au destinataire sous la forme d'un ordre ou d'une autorisation ; devenu sujet opérateur ce destinataire n'a plus qu'à exécuter l'ordre ou se conformer à l'autorisation ou à refuser de le faire. Le rôle du destinateur relève clairement du « faire-faire ». Le destinataire est en quelque sorte *vaincu* par le destinateur. On pourrait parler ici de sujet *contraint*. Dans certains cas (lorsque la fiction sert de support au trope ou à la polyvalence communicationnelle), ces illocutions directives peuvent donc être interprétées - au plan extradiégétique - comme des substrats d'illocutions - elles aussi directives - adressées par l'auteur au lecteur : telle injonction ou telle suite d'injonctions adressée par tel personnage à tel autre personnage ou groupe de personnages[137] en vue de les transformer en sujet opérateurs et de susciter chez eux la quête

---

[136] Girard, R., *La violence et le sacré*, Paris, Grasset, 1972, p. 204.
[137] Un actant n'est pas nécessairement un personnage individuel.

d'un objet, est en même temps adressée par l'auteur au lecteur censé imiter lui aussi cette quête. Au niveau de l'encodage, l'auteur, plutôt que d'adresser un ordre à son lecteur, préfère faire adresser cet ordre par « actants ou personnages interposés », à travers la narration, en anticipant en quelque sorte la réaction mimétique du lecteur qui se considèrera (c'est l'objectif illocutoire visé) comme le destinataire de cet ordre et cherchera à l'exécuter à l'image du sujet opérateur. En somme, le lecteur « obéit à / se permet de » */vs/* « n'obéit pas à » / « ne se permet pas de », parce qu'il imite des relations actantielles d'un certain type (normatif) opérant dans le récit. L'appel reste indirect, mais il n'en est pas moins normatif.

6.3.4.3.2 Le contrat de séduction

Dans le cas des contrats dits « de séduction », la situation est légèrement différente au plan intradiégétique, du fait que le destinateur ne transmet pas son désir au destinataire de façon abrupte sous forme d'ordre ou d'injonction. Le rôle du destinateur change du tout au tout ; ce rôle n'est plus de l'ordre du « faire-faire », mais plutôt de l'ordre du « faire-valoir » : le destinateur « montre [au sujet] l'existence et la valeur de l'objet, il lui suggère que l'objet vaut la peine d'être acquis »[138]. Le destinataire n'est plus - comme dans les deux autres types de contrat - « vaincu », mais « convaincu ». Quant au sujet, il est ici - non plus sujet « contraint » - mais sujet « consentant ». Bref, une stratégie de la contrainte (contrainte posée = contrat injonctif / contrainte levée = contrat permissif) fait place à une stratégie du consensus (contrat de séduction).
Or, toujours en vertu d'un possible fonctionnement tropique ou polyvalent de ce schéma actantiel, cette stratégie du consensus peut bien entendu s'étendre à la relation auteur /

---

[138] N. Everaerdt-Desmedt, *Sémiotique du récit, op. cit.*, p. 50.

lecteur. A l'image du « sujet consentant », le lecteur devient lui-même (ou ne devient pas) « consentant », il adhère (ou n'adhère pas) aux valeurs qui caractérisent cet objet.
L'intérêt de cette statégie illocutoire « douce » basée sur la transmission consensuelle du désir peut être multiple. Un point en particulier mérite d'être souligné : même si cela peut paraître surprenant, le fait que le destinateur gagne la faveur du destinataire non par coercition, mais par consensus, renforce l'impact perlocutoire du message. Comme l'écrit encore C. Kerbrat-Orecchioni :

> L'exhumation d'une inférence exigeant de la part du récepteur un travail et une participation accrus, on peut penser qu'elle s'en trouve du même coup, parfois, emphatisée ; que le contenu implicite, du seul fait qu'il se donne à *découvrir* plutôt qu'à voir, s'inscrit plus fortement dans la conscience du découvreur[139].

C'est ni plus ni moins le principe de la « pédagogie de l'exemple », souvent bien plus efficace que l'autorité et la contrainte. C'est là sans conteste possible un avantage communicationnel flagrant du contrat « de séduction » par rapport aux contrats injonctif / permissif.

6.3.4.4 Les « avantages » du trope et de la polyvalence communicationnels

Quant aux avantages du trope ou de la polyvalence communicationnelle en général (on s'adresse explicitement à quelqu'un tout en s'adressant implicitement à quelqu'un d'autre ; l'illocution auteur / lecteur est médiatisée par l'illocution actantielle en oeuvre dans le récit), ce sont en premier lieu les avantages caractéristiques de l'*implicite* (on dit ce qu'on a à dire, mais de manière biaise, oblique). C'est, par exemple :

---

139 *L'implicite, op. cit.*, p. 293.

1) le plaisir de la connivence créée par l'utilisation de formules allusives, peut-être difficiles à saisir pour la plupart,
2) c'est aussi le risque et la responsabilité réduits propres à l'implicite : on se rétracte plus facilement d'un engagement contracté à mots couverts que d'un engagement clairement formulé,
3) l'implicite autorise aussi un respect facilité des convenances et des tabous qui permet de préserver la « face » de l'interlocuteur[140].
4) Ajoutons que dans le cas d'une communication très « différée » telle que la communication livresque « auteur-lecteur », l'illocution, nécessairement affaiblie par l'éloignement spatio-temporel des protagonistes de la communication, gagne à être « présentifiée » dans un schéma actantiel que le récit actualise.
5) Dernier point extrêmement important : l'illocution actantielle est étayée au niveau du récit par ce que la grammaire narrative qualifie de « performance », performance censée se réaliser sur l'« axe du désir » (relation sujet / objet). Or, cette performance peut s'actualiser sur deux plans : a) sur un plan « pragmatique », b) sur un plan « cognitif »[141], suivant que le sujet - dans sa quête - s'approprie l'objet en actes ou en pensées. La quête du sujet elle-même peut passer par toutes sortes de péripéties (amélioration dégradation, transfert d'objet par épreuve, par don, par échange, etc.), et elle peut être aidée ou entravée par des adjuvants, opposants ou anti-sujets[142]. Autrement dit, quel que soit le contrat actantiel (injonctif / permissif // contrat de séduction, cf *supra*), compte tenu du fait que ces trois modèles sont le plus souvent mé-

---

[140] *Ibid.*, p. 274 *sq.*
[141] N. Everaert-Desmedt, *Sémiotique du récit, op. cit.*, p. 53.
[142] « Un anti-sujet est toujours un **opposant** pour le sujet, mais tout opposant n'est pas anti-sujet : un instrument, par exemple, peut jouer le rôle d'obstacle sans, pour autant, être le sujet d'une quête adverse » (*Ibid.*, p. 41).

langés dans la plupart des récits, mais peut-être surtout à travers le contrat de séduction, l'illocution actantielle pourra se nuancer et se diversifier au gré du déroulement de cette performance. De là, par le biais du trope / polyvalence, une histoire compliquée comportant un grand nombre d'actants et des péripéties diverses pourra se transformer en illocution complexe adressée par l'auteur au lecteur. C'est là une chose qui aurait été impensable autrement. Grâce à cette malléabilité, l'illocution actantielle étayée sur la performance peut être mieux ciblée ; en les présentifiant par avance dans le déroulement de la performance, ce type d'illocution permet au destinateur de mieux anticiper les effets perlocutoires de son message sur le destinataire : le comportement des personnages ou la démarche des actants d'un récit sert potentiellement de modèle aux lecteurs de ce récit qui calqueront peut-être leur comportement / action sur le leur. L'illocution de type injonctif ou même l'illocution relayée par un modèle argumentatif sont relativement monolithes : l'argumentation vise toujours un objectif principal auquel sont subordonnés des objectifs partiels et, par corollaire, l'illocution qui s'appuie sur cette argumentation est elle-même hiérarchisée (illocution principale / illocutions subsidiaires) et donc unidirectionnelle. En revanche, l'illocution actantielle relayée par un modèle narratif peut - à l'image du récit lui-même - connaître toutes sortes de péripéties, de revirements, voire de contradictions. Elle peut se faire et se défaire. Comme nous le verrons à propos du *Zarathoustra* : à travers les nuances du récit, l'appel peut être finalisé avec une extrême finesse, jusqu'à suggérer l'absence de toute finalité. Cette dernière caractéristique s'avèrera très importante pour la suite.

6.3.5 Présignaux / régles d'action / indicateurs contextuels

Pour terminer cette énumération, il faut bien sûr mentionner le rôle très important de ce que E. U. Große appelle les « présignaux » (*Präsignale*) et les « règles de l'agir » (*Handlungsregeln*) : *« Die Präsignale haben [...] eine nicht zu unterschätzende Bedeutung, weil sie den Empfänger sogleich über die Funktion [...] des Textes orientieren »*[143]
(Les présignaux ont [...] une signification qu'il ne faut pas sous-estimer du fait qu'ils donnent immédiatement au destinataire des indications sur la fonction [...] du texte)
Au demeurant, nous souhaiterions préciser un point concernant les « règles de l'agir » : nous pensons qu'il est quelque peu réducteur de limiter - comme le fait Große - le champ des règles de l'agir à la « reconnaissance » (*Anerkennung*) et aux « conventions » (*Konventionen*[144]). Le fait que tel ou tel type d'illocution dominante puisse être affecté à tel ou tel texte ne découle pas toujours nécessairement de conventions préétablies (stipulant par exemple que le texte philosophique est toujours associé à une fonction informative, etc.). L'illocution dominante peut tout aussi bien résulter de la rupture d'une convention : tel texte philosophique pourra être éventuellement associé à un autre pôle fonctionnel que l'information s'il présente certaines caractéristiques déviantes par rapport aux canons du genre (Le *Zarathoustra* en est, à notre avis, un exemple).
Par ailleurs certaines données contextuelles n'entrant dans aucun cadre conventionnel (par exemple une information donnée « en marge » et de façon sporadique par son auteur) peuvent contribuer à préciser les caractéristiques illocutoires

---

[143] *Text und Kommunikation, op. cit.*, p. 21.
[144] Cf *supra.*

d'un texte[145]. Aux notions trop restrictives de « règles de l'agir » et de « convention » nous préfèrerions de ce fait la notion plus générale de « contexte ». Nous parlerons donc avec Brinker d'« indicateurs contextuels » (*kontextuelle Indikatoren*[146]), indicateurs qui incluent : *« der situative, insbesondere der institutionnelle Rahmen des Textes bzw. der gesellschaftliche Handlungsbereich, dem der Text zugeordnet ist, das vorausgesetzte Hintergrundwissen [...] usw. »*[147] (le cadre situatif, en particulier le contexte institutionnel du texte, ou plus exactement le domaine social d'activité dans lequel le texte s'inscrit, les connaissances préalables [...], etc).

7. Synthèse

Pour résumer, nous appliquerons donc à notre texte d'étude, le *Zarathoustra* de Nietzsche, la formule de Große modifiée en fonction des observations qui précèdent. Conformément à notre hypothèse de travail[148], nous limitons notre investigation à un type particulier d'illocution qui est l'appel :

---

[145] L'argument que l'on pourrait objecter à cela, à savoir que ce genre d'information « ajoutée » relèverait plus des aléas de la réception du texte, c'est-à-dire finalement du domaine du perlocutoire et non de celui de l'illocutoire ne tient pas à notre avis. Illocution et perlocution sont - nous l'avons vu - indissociables : l'auteur d'une illocution anticipe en général son impact perlocutoire.

[146] *Linguistische Textanalyse, op. cit.*, p. 98.

[147] *Ibid.*

[148] Il est inutile d'insister sur le fait que toute recherche repose sur une hypothèse, laquelle repose elle-même sur une intuition de base : très schématiquement, notre « intuition de base » est que la philosophie de Nietzsche ne se réduit pas à sa dimension cognitive, mais qu'elle comporte une dimension communicative tournée vers l'action (et donc vers l'appel à l'action).

Appel = Indicateurs contextuels + présignaux + illocution indirecte (structures illocutoires complexes / mise en valeur) + illocution directe (phrases sémantiques)[149].

Nous rechercherons donc dans le texte de Nietzsche les indices appellatifs dans l'ordre proposé par cette formule. Il est clair en effet que cet ordre est le seul possible : tel texte ne comptant aucun indice appellatif au niveau des phrases pourra malgré tout être un texte fortement polarisé sur l'appel s'il est présenté dans le contexte d'une série de *spots* publicitaires, ou s'il est titré « publicité » dans le magazine où il apparaît. Les indicateurs contextuels et les présignaux sont donc des indices *macrocommunicationnels* qui ont préséance sur les indices *microcommunicationnels*. C'est bien évidemment par les premiers qu'il faut commencer pour éviter tout contre-sens. Nous y reviendrons.
De plus, il est bien évident que tous ces éléments (ce fait a sans doute trop rarement été souligné dans l'étude des fonctions textuelles) n'opèrent pas de la même manière. Les composants de la formule ci-dessus ne s'ajoutent pas toujours quantitativement pour venir renforcer par cumul arithmétique une fonction appellative présumée. Entre tel indicateur contextuel par lequel l'auteur explicite clairement son intention illocutoire, telle manifestation de l'appel étayée par un modèle argumentatif ou un modèle narratif complexe, telle autre qui implique des évaluations de type axiologique plus ou moins teintées d'affectivité, telle autre encore qui repose sur une simple addition de « mises en valeur » ponctuelles (figures de rhétorique, procédés de mise en relief, etc.), ou telle autre finalement qui s'appuie sur une ou plusieurs phra-

[149] Comme nous l'avons déjà précisé, nous nous limiterons aux « phrases sémantiques » (base métapropositionnelle + type de proposition) associées de façon privilégiée à l'appel, soit ICH VOL : DU = = = / ICH NEC : DU = = =.

ses sémantiques exprimant la volition (ICH VOL : DU = = =) ou la nécessité (ICH NEC : DU = = =) de diverses manières, entre tous ces indices, il y a bel et bien des hiérarchies et des différences qualitatives dont nous tenterons de rendre compte grâce à notre système de coordonnées graduées.
Comme le veut la diversité des « supports » dans lesquels l'appel s'actualise, nous parlerons donc non pas d'appel, mais d'*appels* : plus ou moins direct, plus ou moins normatif (par ex. suivant le type de contrat : injonctif / permissif /vs/ contrat de séduction...), plus ou moins polarisé en ICH / X quant à sa source, plus ou moins finalisé[150], plus ou moins polarisé sur le destinaire (DU), sur le destinateur (ICH), ou sur le message (X) : appel à l'« état pur »[151] / appel teinté d'expression, d'information (par ex. : illocutions supportées par un modèle argumentatif). Nous prendrons garde aussi à la tonalité de l'appel : plus ou moins coloré d'affect (par ex. évaluatifs axiologico-affectifs /vs/ objectifs...), de *pathos*, plus ou moins proche de l'« émouvoir */vs/* mouvoir », plus ou moins personnalisé), etc. D'autres nuances seront présentées au coup par coup au fil du texte.

---

[150] Par exemple, un appel étayé par un modèle argumentatif ou *a fortiori* par un modèle narratif visant à réaliser un programme illocutoire complexe (cf *supra*) sera plus « finalisé » qu'un appel « minimaliste » dont la fonction se limite à maintenir le contact entre les partenaires de la communication.

[151] Nous voulons dire bien entendu : « plus ou moins » pur. L'illocution est un domaine où tout est hybride et graduel.

II. Essai d'application : analyse du *Zarathoustra*

A. Illocution indirecte

1. Indicateurs contextuels

1.1 Savoir consensuel

Après avoir déployé tout cet appareil théorique, il pourra paraître banal ici de dire que toute la philosophie de Nietzsche - le *Zarathoustra* mais aussi la plupart des œuvres qui l'environnent en amont et en aval - est placée sous le sceau du vouloir et de l'action (volonté de puissance) et donc de l'*appel* à l'action. Comme nous l'avons déjà suggéré, c'est même ce savoir contextuel communément admis sur la philosophie de Nietzsche[152] qui est à la base de l'hypothèse de

---

[152] Il serait laborieux et superflu de déployer un cortège sans fin de citations. Qu'il nous suffise ici de mentionner quelques passages qui nous semblent assez éloquents à ce sujet :
Die eigentlichen Philosophen aber sind Befehlende und Gesetzgeber: *sie sagen* « so soll *es sein!* » *[...] sie greifen mit schöpferischer Hand nach der Zukunft, und alles, was ist und war, wird ihnen dabei zum Mittel, zum Werkzeug, zum Hammer. Ihr Erkennen ist* Schaffen, *ihr Schaffen ist eine Gesetzgebung* » (*Jenseits von Gut und Böse, Werke in drei Bänden*, *op. cit.*, II, § 211, p. 676.) (Mais les vrais philosophes donnent des ordres, ce sont des faiseurs de lois : ils disent « qu'il en soit ainsi ! » [...] ils s'emparent de l'avenir d'une main de démiurge, et tout ce qui est et fut devient pour eux un moyen, un outil, un marteau, leur savoir est création, leur action a force de loi)
Si, comme nous l'avons observé plus haut, il est possible de graduer les manifestations de l'appel (ainsi d'ailleurs que les indices de volition) sur un axe plus / moins normatif, il est clair 1) que les vertus que Nietzsche prête ici à la philosophie sont des caractéristiques illocutoires de type appellatif, 2) que l'appel dont il est question est éminemment normatif :

départ qui nous a conduit à mener cette étude : grâce à ce savoir s'est esquissée en nous la *présomption* que le *Zarathoustra* possédait une configuration appellative susceptible de devenir objet d'investigation. Méthodologiquement parlant, le savoir contextuel (et consensuel) est donc d'une importance capitale : c'est lui qui oriente la recherche au départ, et c'est souvent lui qui pose les garde-fous évitant à l'étude de détail de faire fausse route par la suite (encore une fois, les indices macrocommunicationnels prévalent sur les indices microcommunicationnels[153]).

« Philosophen [...] sind Befehlende und Gesetzgeber: *sie sagen* « so soll *es sein!* » (les [...] philosophes donnent des ordres, ce sont des faiseurs de lois : ils disent « qu'il en soit ainsi !»).
On lit aussi dans *Ecce homo*, cette fois à propos du *Zarathoustra* :
Und einem Winde gleich will ich einst noch zwischen sie blasen und mit meinem Geiste ihrem Geiste den Atem nehmen [...] Wahrlich, ein starker Wind ist Zarathustra allen Niederungen: und solchen Rat rät er seinen Feinden und allem, was spuckt und speit: hütet euch, gegen den Wind zu speien! (Et semblable au vent, je veux un jour encore une fois envoyer mon souffle parmi vous et ôter par mon esprit la respiration au vôtre [...] Vraiment Zarathoustra est un vent puissant pour tout ce qui se trouve en bas : et il dispense ce conseil à ses ennemis et à tout ce qui crache : prenez garde à ne pas cracher contre le vent !) (*Ibid.*, p. 1081)
Dans le même ouvrage, toujours en liaison directe avec le *Zarathoustra* : *« der Mensch ist ihm [Zarathustra] eine Unform, ein Stoff, ein hässlicher Stein, der des Bildners bedarf. »* (l'homme est pour lui [Zarathoustra] une chose informe, de la matière, une pierre hideuse qui a besoin d'être formée.) (*Ibid.*, p. 1139). Ce serait peu dire que l'œuvre - telle que Nietzsche la présente ici - a un objectif illocutoire / perlocutoire marqué.

153 S'il n'existe aucun critère décisif permettant d'établir avec certitude quelle est la « bonne » interprétation, il existe pourtant - comme l'ecrit Eco - des *garde-fous* qui évitent de sombrer dans l'aberration. Eco parle, entre autre, de « gaspillage interprétatif » lorsque l'interprétation s'opère à partir d'indices trop ténus ou encore lorsque ses résultats sont en désaccord manifeste avec un savoir consensuel incontestable sur l'œuvre ou sur l'auteur. Eco reprend donc ici l'idée peircéenne de consensus de lecture : une communauté de lecteurs doit arriver à un consensus, même provisoire et faillible, sur l'objet. Il cite pour illustrer son propos le cas d'un de ses étudiants, qui étudia à la loupe l'ensemble de l'œuvre du poète

1. 2 Appel finalisé */vs/* non finalisé

Par ailleurs, s'il est permis de spécifier quelque peu le type d'appel qui émane de la philosophie de Nietzsche en général, on peut peut-être relever l'opposition appel finalisé /vs/ appel non finalisé.

D'une part, comme on l'a souvent observé, la philosophie de Nietzsche est globalement une entreprise critique de grande envergure, attestée dans la quasi totalité de ses œuvres. Il serait difficile de concevoir une critique aussi constante et aussi véhémente autrement que comme un appel par lequel Nietzsche enjoint son lecteur à s'associer à l'entreprise de destruction des valeurs dans laquelle il est lui-même engagé. Or la cible - ou les cibles - de cette critique sont assez bien circonscrites (morale, religion, métaphysique, science, de même que certains produits dérivés émanant de l'une ou de l'autre : « sujet », « âme », « moi », « causalité », etc.). Contextuellement on peut donc affecter à la philosophie de Nietzsche en général une tendance à l'appel finalisé.

Leopardi à la recherche d'improbables acrostiches du mot *malincornia*, mélancolie. Ces acrostiches peuvent effectivement être trouvées si l'on pêche ça et là des lettres éparses empruntées à tous les mots du texte, mais cette recherche n'est pas suffisamment économique pour être révélatrice et elle relève indéniablement du gaspillage interprétatif. Mais elle est surtout en contradiction flagrante avec un savoir consensuel irréfutable concernant la poésie romantique, qui ne comptait pas l'acrostiche au nombre de ses artifices. En bref, si l'on suit Eco, c'est toujours par les indicateurs contextuels qu'il faut commencer car c'est eux en définitive qui fournissent les orientations générales de l'analyse et qui permettent de formuler les hypothèses de départ les plus pertinentes. Si l'on raisonne en termes de complexes ou de structures illocutoires, on peut dire encore que les illocutions supportées par des indicateurs contextuels sont hiérarchiquement prépondérantes et hyperordonnées par rapport aux autres illocutions qui leurs sont subordonnées (Cf Eco, Umberto, *Les limites de l'interprétation*, Paris, Bernard Grasset, Biblio / Essais, 1992).

Mais d'autre part, comme on l'a souvent remarqué, il y a chez Nietzsche une toute autre forme d'appel. Eugen Fink écrit à propos du *Zarathoustra* (mais on pourrait sans doute appliquer cette citation à d'autres œuvres) :

> La forme poétique de *Zarathoustra* peut être comprise dans une large mesure à partir de l'ambition de Nietzsche de donner au nouvel idéalisme, à l'idéalisme retourné, une expression enthousiaste qui ait un caractère d'appel[154].

Ce qui a « un caractère d'appel », c'est donc, nous dit Eugen Fink, « la forme poétique de *Zarathoustra* », forme poétique que l'on retrouve dans plusieurs écrits de Nietzsche. Mais le plus important est que cet appel lié à la poésie est d'une nature tout à fait différente de celle de l'appel lié à la critique : il est non finalisé. Un autre critère déjà évoqué plus haut pourra peut-être éclairer le phénomène : la polarisation variable ICH / DU / X à laquelle est associée la triade « expression / appel / information ». Si contextuellement la poésie joue chez Nietzsche un rôle important (par son « volume ») et si, comme le disent Fink et bien d'autres, cette poésie véhicule un appel, cet appel est certainement polarisé par le doublé ICH / expression. De là, cet appel sera peu finalisé, puisque la finalité requiert en principe une altérité que l'on vise : autrui (DU) ou autre chose (X). Le terme « objectif », qui existe dans de nombreuses langues avec un double sens : 1) « objectif » comme but / fin, 2) « objectif » (extérieur) */vs/* « subjectif » (intérieur), reflète bien cet état de choses. Un appel polarisé en DU / X sera donc - au sens 1) comme au sens 2) - plus « objectif » qu'un appel polarisé en ICH. Ce dernier aura donc toutes les chances d'être moins finalisé que les premiers. L'expression (polarisée en ICH) est par nature diffuse.

---

[154] Fink, Eugen, *La philosophie de Nietzsche*, Les Editions de Minuit, 1965, p. 85.

Bref, si l'une des formes d'appel qui émerge globalement de la philosophie de Nietzsche est appel critique finalisé, elle se double d'une autre forme d'appel, non finalisé celui-là, qui suggère non seulement le dépassement des valeurs, mais aussi le dépassement de tous les objectifs, y compris celui de la critique. « Il faut agir un point, c'est tout », tel pourrait être le message. Et l'un des moyens d'agir sans tendre vers un but est l'expression. Un certain consensus semble établi sur ce point : la polarisation en ICH, l'expression, la poésie, le lyrisme, sont chez Nietzsche l'un des instruments du dépassement qui tient une telle place dans son œuvre et dans le *Zarathoustra*. Ces aspects, déjà signalés à ce stade par le contexte de l'œuvre en général et de ses interprétations consensuelles, se retrouveront dans la suite au niveau des indices microcommunicationnels où nous parlerons d'*appel ipséiste* et d'*appel-dépassement*.

1.3 L'influence du genre

Mais, à propos du *Zarathoustra*, il semble que le contexte joue également par démarcation vis-à-vis d'un horizon d'attente lié au *genre*. C'est justement parce que la philosophie - en tant que science - est traditionnellement associée de façon privilégiée à l'information que cette mise en exergue d'un faisceau d'indices contextuels associés à l'appel - appel de surcroît non finalisé et polarisé sur l'expression - prend tout son relief. Nous l'avons dit : il y a dans l'œuvre de Nietzsche, autour du *Zarathoustra*, prédominance appellative, mais cette dominante appellative n'« éclate » vraiment que sur la toile de fond du genre philosophique et de sa tradition[155].

[155] Si, comme on l'admet fréquemment, la philosophie est le prolongement de la religion, on peut ici imaginer que l'un des moyens par lesquels

1.4 L'influence du co-texte

En restreignant la notion de contexte à l'ensemble des œuvres et de la correspondance de Nietzsche (peut-être faut-il plutôt parler ici de co-texte), il faut mentionner également les multiples évocations de *Zarathoustra* (comme œuvre) ou de Zarathoustra (comme personnage), chronologiquement disséminées à travers toute l'œuvre, aussi bien en amont qu'en aval du *Zarathoustra* lui-même[156]. Or, on peut peut-être considérer que ces évocations répétées, même si elles se produisent ici non au sein de l'œuvre elle-même mais dans un corpus d'écrits satellites, relèvent de ce que nous avons appelé - à la suite de Große - le facteur appel : la répétition est un moyen rhétorique qui ressortit à ce que nous avons qualifié plus haut de « mise en valeur » et d'« effet de présence ». « Zarathoustra »[157], constamment appelé et rappelé, est donc constamment aussi valorisé et présentifié ; une sorte de tonalité appellative diffuse se crée autour de l'œuvre et du per-

cette philosophie en tant que genre a pu se démarquer de la religion est le changement radical opéré au niveau de la fonction illocutoire. En même temps qu'elle rejoint le clan des « sciences », la philosophie cesse d'être appel (appel de la religion à la foi des fidèles, à la grâce divine, etc.) pour devenir information. Traditionnellement, la fonction illocutoire prépondérante de la philosophie est bien - non de faire faire - mais de faire savoir. Chez Nietzsche en général et en particulier à propos du *Zarathoustra*, les indices contextuels viennent donc battre en brèche ces conventions illocutoires établies. Nous reviendrons sur ces aspects.

[156] Sans vouloir faire le tour des abondantes mentions (notamment épistolaires) faites de « Zarathoustra » (œuvre ou personnage) en marge de l'œuvre elle-même, on peut évoquer, à titre d'exemple particulièrement frappant, le très célèbre § 342 de *Die fröhliche Wissenschaft*, intitulé *Incipit tragoedia* et qui est - à très peu de choses près - une réplique (avant la lettre) du début du prologue de *Zarathoustra* : *« Als Zarathustra dreißig Jahre alt war, verließ er seine Heimat »* (Quand Zarathoustra eut atteint l'âge de trente ans, il quitta sa patrie) (*Werke in drei Bänden,* II, *op. cit.*, p. 203).

[157] Personnage ou œuvre.

sonnage. L'appel semble ici se réduire à sa dimension minimale d'ordre phatique : ces « échos » du *Zarathoustra* ou de Zarathoustra disséminés dans l'œuvre sont une (re)mise en contact du lecteur, de l'œuvre et du personnage ; ce lecteur est en quelque sorte « mis en condition » pour recevoir dans toute sa force l'appel du *Zarathoustra* lui-même.

2. Les présignaux

2.1 L'impact du sous-titre

Dans le registre des présignaux, on trouve bien évidemment le *sous-titre*, souvent évoqué, de l'ouvrage de Nietzsche, sous-titre énigmatique s'il en est : *« Ein Buch für alle und für keinen »* (Un livre pour tous et pour personne). Dans un premier temps, on note que ce sous-titre, qui ressemble à une sorte de « mode d'emploi » du livre à l'intention de ses utilisateurs, possède de ce simple fait une tonalité illocutoire inhabituelle. Il est assez rare en effet qu'un titre ou un sous-titre d'ouvrage insiste à ce point sur le cadre communicationnel, sur la destination et la réception potentielle de l'ouvrage par la communauté des lecteurs. Le titre et le sous-titre ont usuellement pour ambition de renseigner - de la façon la plus succincte possible - le lecteur sur ce qui est essentiel dans le message transmis. C'est le contenu du message qui prime et non sa transmission. Cela est d'ailleurs peut-être d'autant plus vrai pour un texte présumé « philosophique », qui aspire donc à l'universalité, et en principe aussi à une relative autonomie vis-à-vis de ses conditions de production / réception[158]. Il y a donc dans ce sous-titre une mise en exergue de la communication qui est d'autant plus frappante qu'elle est inhabituelle. Nietzsche se livre là à une véritable transgression des conventions paratextuelles.

Le sous-titre *« Ein Buch für alle und für keinen »* n'ayant donc pas prioritairement vocation informative mais communicative, on peut l'assimiler à un appel, du moins pour ce qui concerne la première partie. Nietzsche lance un appel au public auquel est destiné l'ouvrage (tout public sans restriction : *alle*), afin que ce public le lise effectivement : *« ein Buch für alle » = « ein Buch, das alle (und auch Du) lesen soll(t)en »* (un livre pour tous = un livre que tout le monde [et toi aussi] devrait lire). Cet appel est donc 1) nettement finalisé puisqu'un programme d'action précis est prescrit au destinataire, 2) si le G PREP[159] : *« für alle »* (pour tous) est effectivement équivalent au G REL[160] : *« das alle (und auch Du) lesen soll(t)en »* (que tout le monde [et toi aussi] devrait lire), cet appel est aussi potentiellement normatif, puisque le destinataire est tenu de conformer son action (devrait) aux paroles proférées par le destinateur.

Mais si l'on adjoint à ce sous-titre sa seconde moitié : *« und für keinen »* (et pour personne) (la rhétorique classique appellerait cela une oxymore), on constate que l'appel précédemment initié est brutalement retiré par une sorte de réduction à l'absurde. S'il est permis - à la suite de C. Kerbrat-Orecchioni qui parle de « trope illocutoire » - de forger l'expression de « paradoxe illocutoire », cette appellation convient tout à fait au sous-titre du *Zarathoustra*. De la même façon qu'on peut paraphraser l'appel que contient la formule *« ein Buch für alle »* par *« ein Buch, das alle (und*

---

158 Nous verrons dans la suite que cela ne s'applique pas au *Zarathoustra* de Nietzsche, qui fait à notre avis au contraire une utilisation philosophique de la « communication ».

159 Groupe prépositionnel.

160 Groupe relatif.

auch Du) lesen soll(t)en », on peut aussi paraphraser la formule *« und für keinen »* par *« ein Buch, das keiner (und auch nicht Du) lesen soll(t)en »* (un livre que personne [et toi non plus] ne devrait lire). L'appel subsiste donc, mais sa finalité première (l'incitation à la lecture) est inversée. Reste donc la collision de deux consignes contradictoires.

Que signifie tout cela ? On pourrait bien sûr - sans doute avec raison - attribuer ce paradoxe illocutoire au goût bien connu de Nietzsche pour le paradoxe, justement motivé par son aversion pour la *doxa*. On pourrait y voir aussi une nouvelle manifestation de son élitisme, voire de sa morgue mégalomane, qui lui ferait juger son œuvre comme capitale et donc recommandable à tous (*für alle*), mais aussi comme trop ardue pour être accessible aux hommes (*für keinen*) ; nous pensons pour notre part que l'on peut aussi voir dans cet appel paradoxal, dont la finalité s'inverse de manière si abrupte, l'annonce en quelque sorte programmatique (elle figure déjà dans le titre) d'un schéma illocutoire récurrent dans l'ensemble du *Zarathoustra*.

De fait, ce qui subsiste de cet appel dont la finalité s'affirme et se nie dans un même souffle, c'est l'appel lui-même, *sui generis*, dont l'impact est doublement renforcé par la place presque incongrue qu'il occupe dans le sous-titre à l'ouverture du livre et par son allure d'oxymore. Qu'est-ce en effet que dire qu'on en appelle à tout le monde et qu'on n'en appelle à personne, sinon mettre l'appel en abyme ? Sans vouloir trop anticiper sur la signification philosophique de cet appel sans finalité - si ce n'est celle de se faire écho à lui-même - on peut donc peut-être voir là une manifestation de ce que nous avons baptisé l'*appel-dépassement*, phénomène à notre avis omniprésent dans le *Zarathoustra* et qui constitue une sorte de pendant illocutoire aux *Leitmotive* du « dépassement » (*Überwindung*) et du « dépassement de soi » (*Selbstüberwindung*) qui ponctuent l'œuvre.

En somme, le sous-titre du *Zarathoustra* pourrait, sous ses allures déroutantes, être un signal de lecture destiné à induire chez le destinataire une appréhension non simplement cognitive, mais aussi communicationnelle de l'œuvre ; dans le même temps, ce sous-titre pourrait être un raccourci saisissant préfigurant la configuration illocutoire de l'œuvre entière, tout en résumant les motifs centraux qui l'articulent.

2.2 Découpage scénique et message théâtralisé : les « harangues » et les « diatribes »

Toujours dans le domaine des présignaux, on trouve, en dehors du titre et du sous-titre, une série d'indices paratextuels, structurels et catégoriels à notre avis significatifs sur le plan illocutoire. Il s'agit du fait que, bien que le *Zarathoustra* soit un récit, une grande partie de l'œuvre est constituée par les « discours » de Zarathoustra explicitement désignés comme tels[161], pris « sur le vif » et rapportés tels quels au style direct, de façon pour ainsi dire « scénique ». Ce découpage scénique est encore mis en évidence par le jeu des *intertitres* qui précèdent chaque discours. C'est donc tout le principe de la communication théâtrale qui est ici mis à contribution : des personnages agissent constamment sur d'autres et les font réagir par leurs actes, mais surtout par leurs paroles (qui sont en l'occurrence aussi des actes). Le message philosophique théâtralisé ouvre potentiellement à l'« appel » sous toutes ses formes un champ beaucoup plus large et beaucoup plus riche que le message philosophique traditionnel exposé, par exemple, sous forme de traité (dominante informative).

---

[161] *« Die Reden Zarathustra's »*, *ASZ*, I, p. 24 (*Also sprach Zarathustra*, Stuttgart, Reclam, 1997, dans la suite, nous utiliserons uniquement les initiales *ASZ*).

A ce cadre général potentiellement propice à l'« appel » sous toutes ses formes, s'ajoute le fait qu'une bonne partie des discours de Zarathoustra, s'il est permis de leur attribuer un genre, sont soit des *harangues*[162] adressées à un public, que Zarathoustra apostrophe (« mes frères », « mes amis », etc.), soit des *diatribes*[163]. Or harangues et diatribes sont - par leur qualification générique même - en principe associées à l'appel. Il reste à voir comment cet appel se manifeste plus concrètement dans la texture de l'œuvre elle-même, mais il faut pour cela sortir du registre des présignaux.

---

[162] Le chapitre *Von den Fliegen des Marktes* (Des mouches de la place publique), par exemple, est une harangue explicitement tenue sur la place publique (*Markt*) et ponctuée par l'injonction plusieurs fois réitérée : *« Fliehe, mein Freud, in deine Einsamkeit! »* (Fuis, mon ami, dans ta solitude !) (*ASZ*, p. 51-52-53). On note ici au passage la nature assez déroutante de l'appel véhiculé par cette injonction : enjoindre quelqu'un à se réfugier dans la solitude est une injonction à se couper du monde (et donc de la communication avec les hommes) pour justement ne plus recevoir aucun appel. Un parallèle se dessine peut-être ici avec le phénomène de mise en contradiction et de mise en abyme de l'appel déjà observé dans le sous-titre. Nous aurons l'occasion d'y revenir.

[163] Par exemple le chapitre *Von den Verächtern des Leibes* (Des contempteurs du corps) (*ASZ*, I, p. 32). Peut-être cerne-t-on mieux la nature de la « diatribe » en la comparant à la « critique ». Comme nous l'avons vu dans notre aperçu théorique, l'évaluation axiologique (en termes de vrai / faux mais aussi en termes de bien / mal / bon / mauvais) ne se situe pas forcément du côté de l'appel ; elle peut tout aussi bien être associée à l'information, en particulier lorsqu'elle répond à une demande d'information (expertise, etc.). Deux observations s'imposent donc : 1) la critique en tant que genre se sert constamment de ces évaluations axiologiques, 2) cette critique répond justement dans la plupart des cas à une demande d'information : on attend d'un critique de cinéma, critique littéraire, etc. une information et non une prise de position partisane (appel) ; la philosophie qui est fondamentalement quête de vérité et donc d'information objective compte nombre d'écrits célèbres intitulés « critique ». Bref, la critique se situe prioritairement du côté de l'objectivité et de l'information. La diatribe en revanche est toujours partie prenante, partiale et partisane. Elle se situe incontestablement du côté de l'appel. Elle est en quelque sorte appel inversé : rejet.

3. Les structures illocutoires complexes

3.1 Les configurations illocutoires / perlocutoires

3.1.1 Diatribe et harangue dans leur fonctionnement

Nous venons de le dire : par leur qualification générique même harangues et diatribes constituent des présignaux caractéristiques de l'appel. Mais pour préciser la nature de cet appel il est intéressant d'étudier dans le détail le fonctionnement illocutoire de ces harangues et de ces diatribes. Pour ce faire nous changeons donc de registre (et de dimension communicationnelle) en passant du registre des présignaux à celui de ce que Große nomme le *facteur appel*.

Concrètement : si sur le plan illocutoire / perlocutoire le destinateur des harangues / diatribes (ou diatribes / harangues) est toujours Zarathoustra (les discours de Zarathoustra sont toujours au style direct), la question du destinataire (ou des destinataires) au(x)quel(s) ces discours s'adressent est plus ambiguë et elle mérite d'être examinée de plus près. Plusieurs configurations se font jour, que nous tenterons de recenser à propos des discours où la composante illocutoire / perlocutoire est la plus évidente, c'est-à-dire des discours où le « tribun » Zarathoustra s'adresse plus ou moins explicitement à un public, à un auditoire. C'est le cas notamment des deux premières parties de l'œuvre.

3.1.1.1 Le schéma bipolaire : la harangue à l'état pur

La configuration la plus simple est la configuration *bipolaire* où Zarathoustra harangue un auditoire supposé effectivement présent en face de lui. C'est le cas, par exemple, du chapitre

Vom Krieg und Kriegsvolke (De la guerre et des guerriers)[164]. Il y a seulement une harangue et pas de diatribe. C'est en ce sens que nous parlons de « harangue à l'état pur ». En termes de relations actantielles, on a ici affaire à un contrat de type *injonctif* (cf *supra*) : le rôle du destinateur (Zarathoustra) est de « faire faire » quelque chose au destinataire, *alias* sujet opérateur (l'auditoire), en contraignant son désir. Même si la narration est ici à son degré minimal (dialogue au style direct), ce schéma actantiel n'en constitue pas moins un modèle narratif, au demeurant très basique, bien qu'il relève déjà de ce que nous avons qualifié de « stratégies illocutoires complexes ». Par tropisme, le type d'illocution supporté par ce modèle narratif (appel normatif) pourra, grâce aux mécanismes de mimétisme et d'empathie que nous avons décrits plus haut, se transporter de la fiction au réel, du plan intra-diégétique au plan extra-diégétique. Ainsi les injonctions adressées par Zarathoustra à son auditoire seront potentiellement interprétées par le lecteur comme des injonctions qui lui sont adressées de façon médiate par Nietzsche. L'appel est certes indirect puisqu'il y a trope communicationnel, mais il est aussi *normatif*. Le destinataire-sujet, qu'il soit fictionnel ou réel, est *tenu* de conformer ses actes aux paroles injonctives de Zarathoustra / Nietzsche. Le champ du désir et de la volonté propre au sujet opérant est réduit à la portion congrue ; il est en fin de compte sujet passif.

3.1.1.2 Le schéma tripolaire : la stratégie de l'exemple dissuasif

Mais très souvent, harangue et diatribe se côtoient dans un schéma communicationnel *tripolaire*. Si l'on s'en tient strictement au niveau illocutoire / perlocutoire, il n'y a dans ce schéma que deux pôles opérants, à savoir le destinateur et le

[164] *ASZ*, I, p. 46-48.

destinataire. Mais il arrive souvent que Zarathoustra évoque pour son auditoire, présumé effectivement présent, un « tiers », supposé absent et dont il parle en troisième personne. C'est en général « contre » ce tiers que s'exerce la diatribe, la harangue consistant à inciter l'auditoire à ne pas imiter ou à ne pas suivre le tiers fustigé. Pour cette raison nous avons qualifié le procédé de *« stratégie de l'exemple dissuasif »*. On rencontre par exemple ce cas de figure dans le chapitre *Von den Predigern des Todes* (Des prédicateurs de mort)[165], où le tiers est représenté par ces « prédicateurs de mort » qui constituent en l'occurrence l'exemple à ne pas suivre. Le même schéma se retrouve dans le chapitre *Vom neuen Götzen* (De la nouvelle idole)[166] où la harangue dissuasive adressée à l'auditoire est cette fois très explicite et catégorique : *« Geht doch dem schlechten Geruche aus dem Wege! geht fort von der Götzendienerei der Überflüssigen! »*[167] (Eloignez vous donc des mauvaises odeurs ! éloignez-vous de l'idolâtrie des superflus !) / *« Geht fort von dem Dampfe dieser Menschenopfer! »*[168] (Fuyez les relents de ces sacrifices humains !). Configuration similaire dans le chapitre *Von den Fliegen des Marktes* (Des mouches de la place publique) : *« Fliehe, mein Freund [...] ich sehe dich von giftigen Fliegen zerstochen »*[169] (Fuis, mon ami [...] je te vois piqué par ces mouches venimeuses) / *« Also hüte dich vor den Kleinen! »*[170] (Alors garde-toi des faibles !). Et ce schéma se reproduit à l'identique dans la deuxième partie de l'œuvre, où Zarathoustra met explicitement son auditoire en garde contre les « miséricordieux » : *« So seid mir gewarnt*

---

[165] *ASZ*, I, p. 44.
[166] *Ibid.* p. 48-51.
[167] *Ibid.*, p. 50.
[168] *Ibid.*, p. 51.
[169] *Ibid.*, p. 52.
[170] *Ibid.*, p. 54.

vor dem Mitleiden »[171] (Prends garde à la miséricorde), ou encore contre les « prêtres », ancêtres des « sauveurs » qu'il vient justement de fustiger : *« Und noch von Größeren, als alle Erlöser waren, müsst ihr, meine Brüder, erlöst werden »*[172] (Vous devez vous libérer, mes frères, de tous les rédempteurs et aussi de ceux qui leur furent supérieurs). *Idem* dans le chapitre *Vom Gesindel* (De la canaille)[173] où Zarathoustra, ayant abondamment conspué ladite « canaille », incite son auditoire à s'éloigner d'elle et à le suivre.
En termes de relations actantielles, on retrouve dans tous ces exemples le contrat de type injonctif du schéma bipolaire. Mais ici harangue et diatribe ne se confondent pas. La diatribe prépare en quelque sorte la harangue : le rôle du destinateur dans la fiction (Zarathoustra) est encore de « faire faire » (harangue), mais encore faut-il préalablement « faire valoir » (diatribe). Le désir du destinataire-sujet n'est plus seulement *contraint*, il est d'abord *suscité*. Nuance importante : ce que suscite la diatribe est ici désir inversé, *aversion* de l'objet (le tiers) ; la quête de cet objet (l'effet attendu chez le destinataire-sujet) est elle aussi quête inversée, *fuite*. Mais cela ne change rien au problème. En somme, ce schéma tripolaire, très fréquent dans le *Zarathoustra*, inclut bien un contrat de type injonctif, mais ce contrat se double - ou est précédé par - un contrat de séduction.
Et ici encore, toutes ces données sont potentiellement transposables par tropisme du fictionnel au réel : l'appel lancé par Zarathoustra à son auditoire médiatise l'appel lancé par Nietzsche à son lecteur. Mais cette fois cet appel n'est plus strictement normatif. Dans la diatribe qui accompagne la harangue, l'auditoire, fictionnel ou réel, n'est *pas* en principe *tenu* de conformer ses actes aux paroles de Zarathoustra /

---

[171] *Von den Mitleidigen* (Des miséricordieux), *ASZ*, II, p. 91.
[172] *Von den Priestern* (Des prêtres), *ibid.*, p. 94.
[173] *Ibid.*, p. 98-101.

Nietzsche. Même si la harangue (en général plutôt finale) resitue le récit dans un contrat-cadre de type injonctif, par le biais du contrat de séduction initial, un champ libre s'ouvre au désir et à la volonté propres du destinataire, dont le rôle passif se transforme en rôle participatif : on en appelle à quelqu'un afin qu'il fasse quelque chose par lui-même. « Je veux que tu veuilles par toi-même ! », telle pourrait être la formule qui résume le mieux la nature de cet appel. C'est là une manifestation d'un phénomène que nous retrouverons à maintes reprises dans l'oeuvre et que nous avons baptisé *appel ipséiste* (*ipse* : soi-même) : l'appel - le plus souvent lié au « devoir » - se rapprocherait ici du « vouloir », par définition foncièrement ipséiste, puisqu'il n'est en principe déterminé par rien d'autre que lui-même. Ce type d'appel projetterait en quelque sorte dans un registre communicationnel la préséance philosophique du *« ich will »* (je veux) sur le *« du sollst »* (tu dois), l'opposition entre ces deux verbes, explicitement thématisée dans le tout premier « discours » de Zarathoustra (*Von den drei Verwandlungen* / Des trois métamorphoses[174]), étant à notre avis une des clés de lecture de l'œuvre ainsi qu'un pivot essentiel articulant ses configurations illocutoires. Nous y reviendrons. On voit sans difficulté quel peut être le lien entre ces caractéristiques illocutoires et le volontarisme philosophique de Nietzsche.

Dans ce contexte, certains chapitres comme le chapitre *Von den Gelehrten* (Des érudits) peuvent d'ailleurs paraître significatifs. On y trouve en effet - suivant le schéma habituel - une diatribe à l'encontre des « érudits » : *« ein Geruch ist oft an ihrer Weisheit, als ob sie aus dem Sumpfe stamme »*[175] (De leur sagesse émane souvent une odeur, comme si celle-ci sortait d'un marécage). Mais - de façon assez inhabituelle cette fois - cette diatribe n'est suivie d'aucune harangue ex-

---

[174] *ASZ*, I, p. 25.
[175] *ASZ*, II, p. 131.

plicite à l'adresse d'un auditoire premier (amis, frères, etc.), avec lequel Zarathoustra s'entretiendrait justement de ces « érudits ». Mieux : cet auditoire n'est même jamais interpellé directement dans le chapitre, et le seul indice de son existence est le fait que Zarathoustra parle des « érudits » à la troisième personne (il en parle donc à quelqu'un d'autre). En somme, le chapitre est soit une diatribe pure (sans harangue), soit cette harangue est ici implicite et donnée à reconstruire par l'auditoire de sa propre initiative. Le contrat-cadre de type injonctif disparaît donc. Seul subsiste le contrat de séduction. Désir et volonté sont donc ici totalement libérés avec, encore une fois, les implications philosophiques que cela suppose. Notons encore que cette occultation de la harangue, présumée donnée à reconstruire par le destinataire, représente un phénomène tout à fait original sur le plan communicationnel et sémantique. On pourrait rapprocher cela de ce que C. Kerbrat Orecchioni qualifie de « sous-entendu »[176] et en particulier de « sous-entendu pragmatique »[177] : la harangue non formulée de Zarathoustra serait sous-entendue dans la diatribe 1) quant à son contenu (sous entendu sémantique), 2) quant à son destinataire (sous-entendu pragmatique). Or, ce qui est « sous-entendu » doit être reconstitué à partir de ce qui est effectivement « entendu », par « calcul interprétatif »[178]. Mais comment garantir la justesse de ce calcul ? Comment le destinateur peut-il prévoir à l'encodage le sens dans lequel s'oriente ce calcul au décodage ? Cela semble difficile. Comme l'écrit encore Kerbrat-Orecchioni: « il y a du *vraisemblable* interprétatif, mais point de vérités [...] absolues [...] *interpréter, c'est interpréter* (l'extraction du sens est une opération qui implique tou-

---

176 *L'implicite, op. cit.*, p. 39.
177 *Ibid.*, p. 43.
178 *Ibid.*, p. 299.

jours un certain nombre de décisions subjectives) »[179]. Mais n'est-ce pas là précisément ce qui compte : l'*acte* d'interpréter plus que la *justesse* de l'interprétation ? Si pour Nietzsche tout n'est qu'interprétation et évaluation, eux-mêmes manifestations de la volonté de puissance, les « non-dits » communicationnels (sous-entendus) s'investissent peut-être là d'une portée philosophique insoupçonnée. Ces non-dits pourraient être en fait des *appels* à interprétation, lancés simultanément par Zarathoustra à son auditoire et par Nietzsche à son lecteur (tropisme fiction / réel), appels qui seraient donc totalement en phase avec sa philosophie. Ce schéma se retrouve plus fréquemment dans une autre configuration dont nous parlerons plus loin : « la mise en scène du tiers ».

Une dernière remarque générale pour clôturer le présent paragraphe : on peut considérer - comme nous l'avons fait jusque-là - le schéma tripolaire dont nous parlons comme un

---

[179] *Ibid.*, p. 302. Il faut ajouter à cela que le « modèle du code » où tout est sciemment encodé et où tout ce qui est encodé est décodé n'est qu'un cas-limite. Même pour la communication écrite où les informations contextuelles non contenues dans le message lui-même sont en principe quantitativement moins importantes, il est indéniable que l'activité d'interprétation fait appel à une capacité d'inférence s'appuyant sur toute une série de compétences et de savoirs. Que ce soit au niveau de la production ou au niveau de la réception du message, l'interprétation joue un rôle certain (le destinateur du message qui anticipe sur les effets potentiels de ce message fait, lui aussi, des hypothèses interprétatives qui ont sans doute dans beaucoup de cas un effet de *feed back* sur le message lui-même) ; et cette interprétation est mobilisée le plus souvent, non tant dans le but de proposer un message intégralement codé (codage), donné à restituer intégralement (décodage), que dans celui de présenter un message comme « pertinent », cette pertinence ne pouvant être suggérée par le destinateur du message que par des moyens autres que le code, le destinataire ayant lui aussi à construire une interprétation du message la plus « pertinente » possible sur la base des indices non codés dont il dispose. Le « modèle inférentiel » tend à renforcer la part de l'interprétation dans toute communication (cf Sperber, Dan, Wilson, Deirdre, *La pertinence, communication et cognition*, Paris, Les Editions de Minuit, 1989).

modèle narratif supportant un certain type d'illocution. Le tiers, même s'il n'est que « mentionné » et non effectivement présent, est un actant du récit (opposant) qui vient complexifier le récit de base (mimésis maximale / diégésis minimale) que constitue le dialogue entre Zarathoustra et son auditoire. Cela dit, il n'est pas impossible de considérer cette stratégie de l'exemple dissuasif comme un modèle *argumentatif* simple. En suivant le schéma proposé par Brinker et inspiré de Toulmin, la *thèse / conclusion* (formulée en l'occurrence sous forme d'injonction) serait : « Tu ne doit pas imiter X ! ». Cette thèse / conclusion serait alors étayée par des *arguments* que l'on peut résumer par la formule : « X est mauvais ! », lesquels arguments reposent eux mêmes sur une *inférence* du type : « si on est comme X on est mauvais et indigne d'être imité ».

3.1.1.3 La stratégie de l'exemple perfectible

Dans d'autres cas, comme dans le chapitre *Vom Freunde* (De l'ami), la diatribe dirigée contre le tiers (qui est d'ailleurs ici explitement désigné comme tel : *« Immer ist für den Einsiedler der Freund der* ***Dritte*** *»*[180] / Pour l'hermite, l'ami est toujours un **tiers**) est très pondérée du fait que ce tiers est considéré comme *perfectible* ; par corollaire, la harangue que Zarathoustra adresse à son auditoire ne relève pas tant de la « dissuasion » (il n'est pas nécessaire de « fuir » l'« ami ») que de ce qu'on pourrait appeler l'« encouragement conditionnel ». Loin d'être à proscrire, l'« ami » reste à prescrire, mais seulement au prix de quelques correctifs :
« *Im Errathen und Stillschweigen soll der Freund Meister sein* » (L'ami doit être un maître dans l'art de deviner et de se taire) / *« Das Mitleiden mit dem Freunde berge sich unter einer harten Schale, an ihm sollst du dir einen Zahn ausbei-*

[180] *ASZ*, I, p. 56. Souligné par nous.

ßen »[181] (Puisse la pitié que tu éprouves pour ton ami se dissimuler sous une écorce dure, il faut que tu te casses une dent sur cette pitié).

On retrouve cette stratégie de l'exemple perfectible dans le chapitre *Von Kind und Ehe* (De l'enfant et du mariage) où Zarathoustra harangue son auditoire - non afin qu'il rejette tout d'un bloc « enfant et mariage » - mais afin qu'il s'engage dans un *autre* type de mariage : *« Durst dem Schaffenden, Pfeil und Sehnsucht zum Übermenschen: sprich, mein Bruder, ist diess dein Wille zur Ehe? Heilig heißt mir solch ein Wille und solche Ehe »*[182] (Il faut que le créateur ait soif, qu'il soit flèche du désir lancé vers le surhumain : dis moi, mon frère, est-ce là ce que tu attends du mariage ? Un tel désir et un tel mariage me sont à jamais sacrés). L'optique n'est plus celle d'un rejet catégorique, mais plutôt celle d'une inclusion conditionnelle du tiers. La harangue est là aussi corrective.

3.1.1.4 La « mise en scène » du tiers

3.1.1.4.1 Modèle à harangue explicite

Une autre variante très fréquente de ces diatribes / harangues est ce que l'on pourrait appeler la « mise en scène » du tiers : au lieu d'évoquer le tiers en troisième personne face à un auditoire premier, Zarathoustra apostrophe ce tiers en *deuxième* personne. En somme, Zarathoustra fait comme si ce tiers n'en était pas un, comme s'il était effectivement présent devant lui (mise en scène). C'est le cas dans le chapitre *Von den Tugendhaften* (Des vertueux) : *« Über euch, ihr Tugendhaften, lachte heut mein Schild [...] Über euch, ihr Tugendhaften, lachte heut meine Schönheit »*[183] (C'est de

[181] *ASZ*, I, p. 57.
[182] *Ibid.*, p. 72.
[183] *ASZ*, II, p. 95.

vous, hommes vertueux que riait aujourd'hui mon bouclier [...] c'est de vous, hommes vertueux que riait aujourd'hui ma beauté). Plus loin dans le chapitre, on trouve d'ailleurs un passage très intéressant du fait qu'il *explicite* cette mise en scène du tiers : *« Aber nicht dazu kam Zarathustra, allen diesen Lügnern und Narren [den Tugendhaften] zu sagen: « was wisst ihr von Tugend! » [...] Sondern, dass ihr, meine Freunde, der alten Worte müde würdet, welche ihr von den Narren und Lügnern gelernt habt »*[184] (Mais Zarathoustra n'est pas venu pour dire à tous ces menteurs et à tous ces fous « que savez-vous de la vertu! » [...] Il est venu afin que vous, mes amis, vous lassiez enfin des paroles que vous avez apprises des menteurs et des fous). D'abord maintenu dans l'absence par la troisième personne, le tiers est ensuite rendu présent par la deuxième personne et le discours direct. Zarathoustra signale ici son aptitude à mettre en scène ce tiers. Du même coup, il confirme *a posteriori* que les « vertueux » (*Tugendhaften*) sont effectivement le tiers absent, dont la présence illusoire n'est justement que le produit d'une mise en scène (rien n'était moins sûr au départ : les « vertueux » auraient pu être effectivement présents dans l'auditoire). Et une nouvelle fois, le chapitre se clôt sur une sentence de mise en garde dissuasive vis-à-vis de ce tiers rendu à son rôle de repoussoir et finalement exclu du duo privilégié liant Zarathoustra à son auditoire (stratégie de l'exemple dissuasif). De là, la dénomination de « modèle à harangue *explicite* ».

Le tiers est également mis en scène dans le chapitre *Von den Taranteln* (Des tarentules), où Zarathoustra feint de s'adresser directement aux « prédicateurs d'*égalité* » alors qu'il s'adresse à ses « amis ». Les « tarentules », tel est le nom que Zarathoustra donne aux « prédicateurs » par « parabole », ainsi qu'il le reconnaît lui-même : *« Da kommt sie willig:*

---

[184] *ASZ*, II, p. 97.

willkommen, Tarantel! Schwarz sitzt auf deinem Rücken dein Dreieck und Wahrzeichen »[185] (La voici qui s'approche d'elle-même : bienvenue, Tarentule ! On voit sur ton dos ton triangle et ta marque noirs). Là encore, le procédé de mise en scène est signalé et explicité par le glissement de la troisième (*sie*) à la deuxième personne (*dein*), glissement d'autant plus frappant qu'il s'effectue à l'intérieur d'une seule et même phrase. Et là aussi la mise en garde est clairement exprimée : *« Also rathe ich euch, meine Freunde: misstraut Allen, in welchen der Trieb, zu strafen, mächtig ist ! »*[186] (Je vous donne donc ce conseil, mes amis, méfiez-vous de tous ceux chez qui l'instinct de châtier est puissant !).

Le schéma tripolaire avec mise en scène du tiers se retrouve aussi plus loin dans l'ouvrage (pour des raisons qui s'éclaireront par la suite, le phénomène est plus rare). Avec le chapitre *Von den Abtrünnigen* (Des renégats), les moments caractéristiques de cette configuration apparaissent même de manière particulièrement claire et condensée. On trouve ainsi sur une portion de texte qui n'excède pas cinq lignes :

a) *« Denen [den Abtrünnigen] sehe ich in's Auge »*[187] (Eux [les renégats], je les regarde droit dans les yeux), formule où les « renégats » sont évoqués en troisième personne comme tiers supposé absent, cette évocation étant adressée à un auditoire premier présumé, lui, bien présent face à Zarathoustra, b) *« denen sage ich es in's Gesicht [...]: ihr seid solche, welche wieder beten! »*[188] (eux, je leur dis à la face [...] : vous êtes de ceux qui prient à nouveau). Dans cette phrase s'amorce un début de diatribe en troisième personne (*denen* / eux) à l'encontre des « renégats », mais un glissement abrupt en deuxième personne (*ihr seid*) signale ici encore une fois la

[185] *ASZ*, II, p. 101.
[186] *Ibid.*, p. 103.
[187] *ASZ*, III, § 2, p. 187.
[188] *Ibid.*

mise en scène du tiers, c) *« Es ist aber eine Schmach zu beten! Nicht für Alle, aber für dich und mich »*[189] (Mais c'est une honte que de prier ! Pas pour tout le monde, mais pour toi et moi) : le tiers est présenté au final comme « exemple dissuasif » dont l'« auditoire premier » est vivement enjoint à se distancier.

3.1.1.4.2 Modèle à harangue inversée

Le schéma tripolaire avec mise en scène intervient encore, mais de façon en quelque sorte inversée dans le chapitre *Von den Erhabenen* (Des sublimes). Tout au long du chapitre, Zarathoustra conspue « les sublimes » (diatribe) qui sont présentés comme des tiers absents évoqués en troisième personne : *« Wenn er seiner Erhabenheit müde würde »*[190] (S'il se lassait d'être sublime). Zarathoustra parle de ces « sublimes » en s'adressant à l'auditoire habituel de ses « amis », normalement apostrophés en deuxième personne : *« Und ihr sagt mir, Freunde, dass nicht zu streiten sei über Geschmack und Schmecken »*[191] (Et vous me dites, mes amis, qu'il ne faut point se quereller à propos des goûts et des saveurs). Mais contre toute attente, dans la harangue finale, au lieu de s'adresser à l'auditoire présumé présent et de prendre le tiers présumé absent comme repoussoir, Zarathoustra s'adresse justement à ce tiers : *« Ja, du Erhabener, einst sollst du noch so schön sein und deiner eigenen Schönheit den Spiegel vorhalten »*[192] (Mais oui, homme sublime, un jour tu seras assez beau pour tendre un miroir à ta propre beauté). Autrement dit, la mise en scène du tiers usuellement réservée à la diatribe intervient ici au moment de la harangue. Zarathoustra

---

[189] *ASZ*, III, § 2, p. 187.
[190] *ASZ*, II, p. 121.
[191] *Ibid.*, p. 120.
[192] *Ibid.*, p. 122.

adresse sa harangue aux absents, trompant l'attente des présents, à savoir l'auditoire premier composé par ses « amis », en les mettant brusquement de côté (modèle à harangue inversée). Face à cette manœuvre parfaitement déroutante sur le plan communicationnel, une série d'alternatives (toutes très hypothétiques) se présente donc. Par exemple : la harangue finale adressée au tiers supposé n'est pas en fait une mise en scène ; par corollaire, le tiers n'est donc pas un tiers (tout au moins pas un « tiers » absent), et il fait partie, au même titre que les « amis », de l'auditoire premier censé être effectivement présent. Zarathoustra aurait donc, comme par hasard, devant lui et les « sublimes » et les « amis » auxquels il s'adresserait tour à tour. Mais alors pourquoi Zarathoustra s'adresse-t-il si souvent à ses « amis » en parlant des « sublimes » en troisième personne ? Pourquoi ne s'adresse-t-il pas directement à ces « sublimes » qui sont présents devant lui ? Est-ce un moyen de les conspuer en prenant ses « amis » à témoin ? Retenons en tout état de cause qu'il règne ici une certaine confusion communicationnelle.

3.1.1.4.3 Modèle à harangue implicite

Mise en scène du tiers également (cette fois sans inversion) dans le chapitre *Von den berühmten Weisen* (Des sages illustres)[193]. Ce qui est frappant ici, c'est que cette mise en scène intervient d'entrée de jeu et sans préalable sous forme de diatribe : *« Dem Volk habt ihr gedient und des Volkes Aberglauben, ihr berühmten Weisen alle! »*[194] (Vous tous, tant que vous êtes, sages illustres, c'est le peuple que vous avez servi, et la superstition du peuple). Les indices tendant à montrer que « les sages illustres » ne sont probablement qu'un tiers mis en scène, au sujet duquel Zarathoustra s'entre-

---

[193] *ASZ*, II, p. 105-107.
[194] *Ibid.*, p. 105.

tient avec un auditoire premier, ne se découvrent qu'après coup avec l'utilisation de la troisième personne : *« aber in den Städten wohnen die gutgefütterten berühmten Weisen »*[195] (mais dans les villes résident les sages illustres bien nourris). On note que s'il existe effectivement des indices (au demeurant ténus) que les « sages illustres » ne sont qu'un tiers, ce tiers n'est pas ici exclu par une mise en garde explicitement adressée à l'auditoire. La harangue ne suit pas la diatribe. Si Zarathoustra adresse ici encore à son auditoire un appel basé sur la stratégie de l'exemple dissuasif, cet appel mérite à peine le nom de « harangue » car il est implicite, indirect, non normatif et non finalisé.

Sur le plan actantiel, le chapitre *Von den berühmten Weisen* est proche du chapitre *Von den Gelehrten* évoqué plus haut : dans les deux cas, on a affaire à un contrat de séduction qui prévaut de bout en bout du chapitre, sans harangue et donc sans contrat-cadre de type injonctif. C'est le destinataire-sujet lui-même qui est censé reconstruire de toutes pièces et par ses propres moyens (appel ipséiste) l'appel que le destinateur ne formule pas (non-dit communicationnel). Comme précédemment (*Von den Gelehrten*), l'appel à interprétation, que Zarathoustra adresse à son auditoire au nom de Nietzsche, est l'instrument potentiel de la libération du désir et du vouloir. Derrière cette configuration communicationnelle, c'est à nouveau tout un arrière-plan philosophique qui transparaît : primat du vouloir sur le devoir, etc.

Et cette configuration n'est pas un cas isolé ; on la retrouve dans le chapitre *Vom Lande der Bildung* (Du pays de la culture) : Zarathoustra lance une diatribe en deuxième personne (mise en scène) à l'adresse des « hommes d'aujourd'hui » : *« Mit fünfzig Klexen bemalt an Gesicht und Gliedern: so sasset ihr da zu meinem Staunen, ihr Gegenwärtigen! »* (Le visage et les membres ornés de cinquante cou-

---

[195] *ASZ*, II, p. 106.

leurs : c'est ainsi que vous vous teniez là devant moi, hommes d'aujourd'hui, à mon plus grand étonnement !). Ce faisant, il s'adresse aussi - à mots couverts et sans jamais l'apostropher - à un autre auditoire qu'on peut supposer être son auditoire premier, évoquant à ces occasions les « hommes d'aujourd'hui » en troisième personne comme des tiers : *« Fremd sind mir und ein Spott die Gegenwärtigen »*[196] (Ils me sont étrangers, dérisoires, ces hommes d'aujourd'hui). Or, cet auditoire premier présumé, resté anonyme tout au long du chapitre, n'est là non plus la cible d'aucune harangue. S'il y a appel dissuasif, il est très implicite.

Même schéma dans le chapitre intitulé *Von der Selbst-Ueberwindung* (Du dépassement de soi)[197], mais là tout est implicite : aucune mention, fût-elle fugace, n'est faite de l'existence d'un auditoire autre que précisément ces « sages insignes » que Zarathoustra met en scène en leur adressant sa diatribe. Rien n'indique que les « sages » sont un tiers dont on parle. Aucune trace claire de harangue non plus puisqu'il n'y a plus d'auditoire manifestement présent face à Zarathoustra. A défaut d'indices concrets, on ne peut que supposer que Zarathoustra ne s'adresse pas directement aux « sages », mais à un autre public. L'appel à ce public - si cet appel existe et si ce public existe - est donc ici très implicite et hypothétique.

Une configuration similaire se retrouve apparemment dans le chapitre *Von der unbefleckten Erkenntnis* (De l'immaculée connaissance) où les « purs chercheurs de la connaissance » sont la cible d'une diatribe que Zarathoustra leur adresse en deuxième personne (est-ce une mise en scène ?), mais, là encore, sans aucune mention d'un auditoire premier auquel Zarathoustra proposerait cette mise en scène hypothétique : les « purs chercheurs » ne sont jamais évoqués comme tiers

---

196 *ASZ*, II, p. 125.

197 *Ibid.*, p. 116-120.

en troisième personne. Il y a certes dans le texte des évocations en troisième personne, comme celle du *« schüchterne Nachtschwärmer »* (le noctambule farouche), du *« Mönch im Monde »* (le moine vivant dans la lune), etc. On pourrait donc peut-être penser à des évocations métaphoriques des « purs chercheurs », évocations qui seraient par conséquent adressées à un auditoire premier *autre* que les « purs chercheurs » eux-mêmes. Mais dans le sillage immédiat de ces évocations Zarathoustra déclare : *« Dieses Gleichnis gebe ich euch empfindsamen Heuchlern, euch den «Rein-Erkennenden! »*[198] (Cette parabole, je vous la dédie, hypocrites sensibles, je vous la donne, à vous les « purs chercheurs »). Et en disant cela, c'est incontestablement aux « purs chercheurs » que Zarathoustra s'adresse. C'est à eux et à personne d'autre qu'il propose cette « parabole » (*Gleichnis*). Force est donc de conclure que les évocations métaphoriques, le *« schüchterne Nachtschwärmer »*, et le *« Mönch im Monde »* n'ont rien à voir avec les « purs chercheurs ». De là, la troisième personne n'est aucunement l'indice de l'existence d'un auditoire premier autre que ces « purs chercheurs ». En l'absence de toute harangue formulée, en l'absence de toute certitude concernant l'existence d'un auditoire auquel une harangue hypothétique aurait pu s'adresser, l'appel - s'il existe effectivement - doit être reconstruit de toutes pièces par le destinataire-sujet (appel ipséiste). Avait-il été programmé pour l'être ?

En tout état de cause, s'il est vrai que le trope communicationnel jette un pont entre fiction et réel, rien n'interdit de penser que Nietzsche - philosophe de l'action et du vouloir - ait pu chercher à mettre à contribution la narration et ses artifices (configurations, contrats actantiels, etc.) pour stimuler le vouloir de *son* auditoire, en lui lançant un certain type d'appel. Les configurations communicationnelles sont peut-

[198] *ASZ,* II, p. 126.

être surdéterminées par une dimension philosophique insoupçonnée. Mais encore une fois : rien ne dit ici qu'il y a appel. L'ensemble du chapitre pourrait fort bien n'être qu'un monologue intérieur de Zarathoustra (sans auditoire) présenté sous forme de diatribe. Ici comme dans plusieurs autres chapitres règne incontestablement un certain « flou » communicationnel. C'est sur ce dernier phénomène que nous proposons à présent de revenir dans le détail.

3.1.1.5 Le « flou » communicationnel

Ce relevé (sans doute fort incomplet) des différentes configurations communicationnelles intervenant dans les harangues / diatribes de Zarathoustra montre 1) la grande variété de ces configurations, 2) le « flou » communicationnnel qu'elles génèrent (et que nous avons ponctuellement souligné). Nous reviendrons ultérieurement sur le premier point et nous souhaitons pour l'heure développer le second. De fait, ce qui frappe dans plusieurs des configurations recensées, c'est qu'on ne sait pas vraiment *à qui* parle Zarathoustra ; une grande ambiguïté règne quant à l'identité de son ou de ses interlocuteurs. Soit justement on ne connaît pas leur « nombre » puisque Zarathoustra les interpelle tantôt au singulier, tantôt au pluriel. Soit - en particulier dans le cadre des configurations tripolaires avec mise en scène - le lecteur éprouve des difficultés à identifier exactement l'auditoire premier[199] et le tiers (auquel Zarathousta ne s'adresse en principe que fictivement). Dans de nombreux cas l'un peut être pris pour l'autre. Il est difficile d'établir à qui parle Zarathoustra *de*

[199] Auquel Zarathoustra est censé s'adresser réellement.

facto, parfois peut-être même d'établir s'il parle seulement à quelqu'un[200].

Avant de revenir sur l'interprétation (y compris sur l'interprétation philosophique) que l'on peut donner de ce « flou » communicationnel, nous proposons - pour consolider cette perspective - de donner quelques exemples de chapitres extraits de la première partie du *Zarathoustra* et où ce flou nous semble particulièrement flagrant.

Le chapitre *Vom bleichen Verbrecher* (Du pâle criminel)[201] se présente à première vue comme une diatribe à l'encontre des « juges et sacrificateurs », apostrophés d'entrée de jeu par Zarathoustra suivant un procédé analogue à celui utilisé dans le chapitre *Von den berühmten Weisen* (cf *supra*) : *« Ihr wollt nicht tödten, ihr Richter und Opferer »*[202] (Vous ne voulez pas tuer, vous, les juges et les sacrificateurs). Mais la ténuité des indices communicationnels induit très vite le lecteur à se poser un certain nombre de questions : cette diatribe constitue-t-elle comme c'est souvent le cas dans le *Zarathoustra* une mise en scène proposée par Zarathoustra à un auditoire premier ? S'agit-il d'une diatribe réelle adressée à un auditoire de « juges » effectivement présents ? Ces « juges »-là sont ils des tiers simplement évoqués ou des interlocuteurs directs ? Plus que jamais, il semble ici difficile de répondre à ces questions.

Certes, vers le milieu du chapitre, Zarathoustra se met soudain à évoquer le « juge rouge » en troisième personne, comme s'il s'agissait d'un tiers, à propos duquel il s'entretiendrait avec un *autre* auditoire : *« So spricht der rothe Richter »*[203] (C'est ainsi que parle le juge rouge) / *« seine*

[200] On pense ici à l'« impression » de *monologue intérieur* dans les chapitres *Von der Selbst-Ueberwindung* (Du dépassement de soi) ou *Von der unbefleckten Erkenntnis* (De la connaissance immaculée).

[201] *ASZ*, I, p. 36-39.

[202] *Ibid.*, p. 36.

[203] *Ibid.*, p. 38.

arme Vernunft aber »[204] (mais sa pauvre raison) / *« Was ist dieser Mensch? »*[205] (Qui est donc cet homme ?) Mais Zarathoustra parle d'*un* « juge » (au singulier), alors qu'il s'adressait auparavant à plusieurs « juges ». Même si cela semble *a priori* peu vraisemblable, ne faut-il pas plutôt supposer que Zarathoustra s'adresse ici alternativement et *de facto* à l'assemblée des « juges » et à un « juge » particulier dans cette assemblée ? D'autre part si Zarathoustra - en évoquant le « juge rouge » - s'adresse à un auditoire autre que le ou les « juges », pourquoi n'interpelle-t-il plus cet auditoire par la formule « mon / mes frères » utilisée de façon constante et quasi rituelle dans les chapitres précédents ? De plus, suite à ce bref intermède où le / les « juges » est / sont évoqués en troisième personne, Zarathoustra se remet - de façon tout aussi abrupte et imprévisible - à s'adresser directement aux « juges » en question, et cela jusqu'à la fin du chapitre : *« Aber diess will nicht in eure Ohren »*[206] (Mais cela ne veut pas rentrer dans vos oreilles) / *« Vieles an euren Guten macht mir Ekel »*[207] (Il y a beaucoup de choses qui m'écœurent chez vos gens de Bien) / *« Wahrlich, ich wollte, ihr Wahnsinn hiesse Wahrheit »*[208] (A vrai dire, je voudrais que l'on nomme votre folie vérité).

Il faut avouer que le lecteur, à la recherche d'indices lui permettant de désambiguiser cette configuration communicationnelle, a toutes les raisons de se sentir désemparé. On pourrait au moins trouver au final de ce chapitre une harangue dissuasive du genre « Eloignez-vous / Il faut s'éloigner de ces juges ». Une telle harangue permettrait rétrospectivement d'interpréter la diatribe que Zarathoustra adresse aux « juges » en deuxième personne comme une mise en scène,

---

[204] *ASZ*, I, p. 38.
[205] *Ibid.*
[206] *Ibid.*
[207] *Ibid.*
[208] *Ibid.*, p. 39.

mise en scène censée rendre plus « percutante » une stratégie dissuasive destinée à un autre auditoire. On rejoindrait ainsi le « moule » communicationnel caractéristique d'un certain nombre d'autres chapitres, qui sont des diatribes / harangues fonctionnant sur la base de l'exemple dissuasif avec mise en scène du tiers (cf par exemple : *Von den Tugendhaften* / Des vertueux) // *Von den Abtrünnigen* / Des renégats, etc.).
Mais comme c'est le cas dans d'autres chapitres : *Von den berühmten Weisen* (Des sages illustres) / *Vom lande der Bildung* (Du pays de la culture) / *Von der Selbst-Ueberwindung* (Du dépassement de soi) / *Von der unbefleckten Erkenntnis* (De l'immaculée connaissance), etc., cette harangue finale reste ici absente ou occultée, de sorte que le lecteur continue à hésiter jusqu'au bout : le chapitre est-il une diatribe / harangue dont la harangue serait implicite, ou est-il une diatribe pure ? Mieux : loin d'éclaircir le lecteur par sa clôture, le chapitre s'achève sur une phrase totalement ambiguë : *« Ich bin ein Geländer am Strome: fasse mich, wer mich fassen kann! Eure Krüke aber bin ich nicht. »*[209] (Je suis une rambarde au-dessus du torrent : que celui qui peut me saisir me saisisse ! Mais je ne suis pas votre béquille !). Quel est le destinataire de cet énoncé ? Quel est le référent du possessif *« eure »* (votre) ? Le co-texte en amont de cette formule pourrait suggérer que ce possessif renvoie aux « juges ». Mais cette logique communicative est brouillée par la rupture thématique presque déroutante induite par la phrase ci-dessus : pourquoi tout à coup une telle clémence bienveillante et presque salvatrice (*« fasse mich, wer mich fassen kann! »*) ? Pourquoi Zarathoustra viendrait-il à la rescousse des « juges » après leur avoir adressé tout au long du chapitre une diatribe aussi véhémente et assassine ? Pourquoi voudrait-il « récupérer » ceux qu'il vient de présenter comme « irrécupérables ». Même si cette démarche corrective

---

209 *ASZ*, I, p. 39.

(exemple perfectible) existe effectivement dans certains chapitres comme alternative à la démarche dissuasive (*Vom Freund* / De l'ami // *Vom Kind und Ehe* / De l'enfant et du mariage), il faut bien admettre qu'elle est ici assez incongrue. Au final, le flou communicationnel est donc considérable. Il est possible (mais incertain) que Zarathoustra adresse une simple diatribe aux « juges » effectivement présents ; il est possible (mais tout aussi incertain) que derrière cette diatribe se dissimule une harangue non formulée (sous-entendue) donnée à « reconstruire » à son auditoire habituel (ses « frères » auxquels il s'adressait jusque-là).
En somme le flou et le non-dit communicationnels, dont nous parlions plus haut, convergent partiellement dans leurs effets : si le non-dit (sous-entendu sémantique et / ou pragmatique) suppose de la part du destinataire la reconstruction interprétative d'un message non formulé (interprétation afférente au sens et à la destination pragmatique de ce message), le flou communicationnel demande une reconstruction comparable, mais qui remonte peut-être encore plus loin, puisqu'il faut d'abord établir s'il y a effectivement non dit ou si tout est dit. Avant de statuer sur le sens du sous-entendu, il faut statuer sur son existence. Autrement dit, en l'absence quasi totale d'indices, la démarche décisionnelle du destinataire-sujet intervient plus en amont encore. On pressent le champ philosophique qui s'ouvre là à l'interprétation, au désir et au vouloir.

Dans le chapitre suivant *Vom Lesen und Schreiben* (Lire et écrire), le « flou » est maintenu par l'absence totale d'une quelconque adresse explicite à un auditoire : après un début relativement décontextualisé sur le plan communicationnel, Zarathoustra déclare : *« Ich empfinde nicht mehr mit euch [...] gerade das ist eure Gewitterwolke »*[210] (Je ressens les

[210] *ASZ*, I, p. 40.

choses autrement que vous [...] cela est pour vous une nuée orageuse) / *« ihr seht nach oben »*[211] (vous regardez vers le haut) / *« Wer von euch kann zugleich lachen und erhoben sein? »*[212] (Qui d'entre vous peut en même temps rire et séjourner au sommet) / *« Ihr sagt mir »*[213] (Vous me dites) / *« wozu hättet ihr Vormittags euren Stolz und abends eure Ergebung? »*[214] (A quoi vous serviraient le matin votre fierté et le soir votre résignation ?). Si l'on peut *a priori* supposer que ces pronoms personnels et possessifs renvoient implicitement à l'auditoire « habituel » de Zarathoustra, là encore intervient un brouillage d'un autre type, du fait que Zarathoustra utilise très fréquemment dans ce chapitre - en alternance avec la deuxième personne - la *première* personne du pluriel : *« Muthig, unbekümmert [...] so will uns die Weisheit »*[215] (Courageux et insouciants, c'est ainsi que nous veut la sagesse) / *« Wir sind allesamt hübsche lastbare Esel »*[216] (Nous sommes tous de jolis ânes à bâter) / *« Was haben wir gemein mit der Rosenknospe? »*[217] (Qu'avons-nous en commun avec le bouton de rose ?) etc. Or, ces formules évoquent plutôt des maximes universelles que des propos personnalisés que l'on adresse à un auditoire spécifique. On peut donc penser que le *« wir »* est plus un *« wir »* générique rapporté à l'humanité entière qu'un *« wir »* incluant simplement Zarathoustra et son éventuel auditoire (hypothèse renforcée par la présence du quantificateur *« allesamt »* / tous). De là, les pronoms en deuxième personne (entremêlés dans le texte avec ces *« wir »* génériques) pourraient eux-aussi avoir une

[211] *ASZ*, I, p. 40.
[212] *Ibid.*
[213] *Ibid.*
[214] *Ibid.*
[215] *Ibid.*
[216] *Ibid.*
[217] *Ibid.*

valeur générique[218] et ne renvoyer à aucun auditoire effectif (dans le cadre de la fiction bien entendu). Bref, on ne sait toujours pas véritablement *à qui* Zarathoustra s'adresse.

Mais ce que nous venons d'observer concernant l'indétermination de l'auditoire de Zarathoustra joue aussi parfois d'une autre manière, peut-être plus subtile encore. Par exemple, dans le chapitre *Von den Verächtern des Leibes* (Des contempteurs du corps), qui est à la fois potentiellement une diatribe et une harangue, Zarathoustra invective d'entrée de jeu les « contempteurs du corps », alternativement *avec* (2ème pers.) et *sans* (3ème pers.) mise en scène : *« Den Verächtern des Leibes will ich mein Wort sagen »*[219] / *« Den Verächtern des Leibes will ich ein Wort sagen »*[220] (J'ai un mot à dire aux contempteurs du corps) // *« Aber zu spät ward es ihm jetzt dafür: - so will euer Selbst untergehen, ihr Verächter des Leibes »*[221] (Mais il était trop tard pour cela : - ainsi votre soi veut-il disparaître, ô contempteurs du corps) // *« Ich gehe nicht euren Weg, ihr Verächter des Leibes! Ihr seid mir keine Brücken zum Übermenschen! »*[222] (Je n'irai pas votre chemin, contempteurs du corps ! Pour moi, vous n'êtes pas des passerelles qui conduisent au surhumain). Mais Zarathoustra en appelle aussi à ce qui semble être son auditoire habituel : *« Werkzeug deines Leibes ist auch deine kleine Vernunft, mein Bruder »*[223] (Ta petite raison est aussi un instrument au service de ton corps, mon frère) / *« Hinter deinen Gedanken und Gefühlen, mein Bruder, steht ein mächti-*

---

[218] Que l'on trouve, par exemple, dans certaines maximes : cf la célèbre « morale » de la fable de La Fontaine : « Selon que vous serez puissant ou misérable... ».

[219] *ASZ*, I, p. 32.

[220] *Ibid.*, p. 34.

[221] *Ibid.*

[222] *Ibid.*

[223] *Ibid.*, p. 33.

ger Gebieter, ein unbekannter Weise - der heisst Selbst. In deinem Leibe wohnt er, dein Leib ist er »[224] (Derrière tes pensées et tes sentiments, mon frère, il y a un maître puissant, un sage inconnu qui s'appelle le soi. Il habite dans ton corps, il est ton corps). A ce stade, on pourrait simplement supposer que Zarathoustra s'adresse à son auditoire habituel mentionnant là encore les « contempteurs du corps » comme un tiers, tantôt évoqué en troisième personne, tantôt interpellé en deuxième personne (mise en scène), le tout relevant d'une stratégie de l'exemple dissuasif qui serait une nouvelle fois non dite (absence de harangue explicite).

Mais un nouveau brouillage intervient ici au fil de la lecture : on se demande en effet si Zarathoustra a bien deux interlocuteurs, l'un réel (ses « frères »), l'autre fictif (« les contempteurs du corps » invectivés dans une mise en scène fictionnelle), ou si ces deux interlocuteurs constituent une seule et même entité. Etayée par plusieurs indices, la possibilité se dessine en effet au fil du texte que Zarathoustra s'adresse à un *seul et même* auditoire qui est son auditoire habituel. Par exemple, en même temps qu'il invective les « contempteurs du corps » (diatribe) : *« Noch in eurer Thorheit und Verachtung, ihr Verächter des Leibes, dient ihr eurem Selbst »*[225] (Même dans votre sottise et votre mépris, vous contempteurs du corps, vous êtes au service de votre soi), Zarathoustra enjoint son « frère » à accorder à son propre « soi » la préséance sur tout le reste : *« Hinter deinen Gedanken und Gefühlen, mein Bruder, steht ein mächtiger Gebieter, ein unbekannter Weise - der heisst Selbst »*[226] (Derrière tes pensées et tes sentiments, mon frère, il y a un maître puissant, un sage inconnu qui s'appelle le soi). Tançant les « uns » du fait qu'ils déprécient leur « soi », Zarathoustra encourage les

224 *ASZ*, I, p. 33.
225 *Ibid.*, p. 34.
226 *Ibid.*, p. 33.

« autres » à valoriser ce « soi », et ce en utilisant partiellement les mêmes mots dans des formules sensiblement parallèles. Pareillement, on trouve vers la fin du chapitre la phrase: *« Untergehen will euer Selbst, und darum wurdet ihr zu Ver-ächtern des Leibes! »*[227] (Votre soi veut périr et c'est pour cela que vous êtes devenus des contempteurs du corps), phrase qui suggère que les « contempteurs du corps » ne sont pas tels qu'ils sont « de toute éternité », mais qu'ils sont *devenus* tels qu'ils sont par mutation. Phénomène qui peut lui même suggérer - ou tout au moins n'exclut pas - une mutation inverse : ceux qui déprécient le « soi » pourraient être susceptibles de devenir ceux qui valorisent ce « soi », et qui sont donc aptes à devenir les « frères » de Zarathoustra. De là à penser que les « uns » et les « autres » (« les contempteurs » et les « frères ») sont un seul et même destinataire (projeté dans des « temps » différents), il n'y a donc qu'un pas[228]. Une stratégie corrective directe viendrait ainsi « doubler » virtuellement la stratégie dissuasive indirecte par l'exemple négatif du « tiers ». Dans cette hypothèse, l'appel lancé par Zarathoustra pourrait se résumer par la formule : « corrige-toi toi-même » qui formerait une alternative (ou une surenchère) à la formule : « ne prend pas exemple sur tel ou tel autre » décryptée en première lecture. Malgré le flou, il faut admettre qu'il y a ici un certain guidage indiciel qui oriente vers cette lecture.

Flou communicationnel également dans le chapitre *Von der Keuchheit* (De la chasteté). Zarathoustra lance une violente diatribe aux « hommes lubriques », qu'il met largement en scène (2ème pers.) : *« Rathe ich euch, eure Sinne zu tödten?,*

---

[227] *ASZ,* I, p. 34.

[228] L'ambiguïté n'induit plus seulement ici la possibilité de substitution d'un destinataire à un autre, elle induit la possibilité de fusion de deux destinataires.

etc. »[229] (Est-ce que je vous encourage à tuer vos sens ?). Mais il semble s'adresser aussi à un autre auditoire qui est peut-être son auditoire habituel : *« Und seht mir doch diese Männer an »*[230] (Regardez-moi un peu ces hommes). Tout se passerait donc assez « classiquement » : stratégie dissuasive avec mise en scène du tiers et harangue non formulée. Les choses ne sont pourtant pas si simples. A y regarder de plus près, la formule que nous venons de citer (*« Und seht mir doch diese Männer an »*), la seule dans le chapitre qui puisse suggérer l'existence d'un auditoire premier (3ème pers.), possède en effet un caractère quelque peu stéréotypé. On ne peut s'empêcher de songer ici à des formules tout aussi stéréotypées du genre « regardez-moi ça ! » / « voyez-moi ça ! », formules qui constituent une sorte de « prise à témoin », continuant à fonctionner même s'il n'y a pas de témoin effectif. On peut fort bien, par exemple, faire une remontrance à un enfant en utilisant une telle formule, même s'il n'y a dans le champ communicationnel aucun tiers susceptible d'en être le destinataire.

En conséquence, l'exclamation de Zarathoustra : *« Und seht mir doch diese Männer an! »* est potentiellement compatible avec plusieurs configurations communicationnelles : 1) Zarathoustra s'adresse à un auditoire premier autre que les « hommes » qu'il invective tout au long de ce chapitre, auquel cas on peut supposer que la diatribe adressée aux « hommes lubriques » dissimule une harangue implicite à l'intention de cet auditoire premier, avec les conséquences philosophiques que cela implique (cf *Von den Verächtern des Leibes* / Des contempteurs du corps ; *Vom bleichen Verbrecher* / Du pale criminel...), 2) il n'y a pas d'autre auditoire que ces « hommes lubriques » auxquels Zarathoustra adresse directement sa diatribe, 3) l'auditoire de Zarathoustra n'est

[229] *ASZ*, I, p. 55.
[230] *Ibid.*

pas effectif, mais seulement fictif (Zarathoustra l'imagine). La diatribe de Zarathoustra serait alors une sorte de monologue intérieur (comme dans le chapitre *Von der Selbst-Ueberwindung* / Du dépassement de soi). Dans ce cas de figure Zarathoustra serait lui-même *et* le destinateur *et* le destinataire de son propre message et de sa mise en scène. L'appel transitif, en principe lancé aux autres, deviendrait appel réflexif que Zarathoustra s'adresse à lui-même. De là, le « devoir » véhiculé par cet appel, en principe imposé aux autres, deviendrait « devoir » que l'on s'impose à soi-même, c'est-à-dire « vouloir ». La notion d'appel *ipséiste* prend ici tout son relief (sous réserve, bien sûr, que cette configuration s'actualise).
En bref : le flou fonctionne donc ici encore à plein avec son cortège de prolongements possibles : appel à reconstruction, stimulation du désir et du vouloir, etc.

Toujours en liaison avec le flou communicationnel et dans le registre monologique, on pourrait encore citer certains passages du prologue : que dire, par exemple, d'un destinateur qui profère un discours virulent où se mêlent diatribe et harangue : *« Sie die Guten und Gerechten [...] Siehe die Gläubigen aller Glauben! »*[231] (Vous les bons et les justes [...] Voyez les croyants de toutes les confessions !), discours qui n'est adressé à aucun destinataire, si ce n'est que Zarathoustra se l'adresse à lui-même, ou plus précisément qu'il l'adresse à son propre « cœur », et cela de façon tout à fait explicite cette fois : *« Und also redete er dann zu seinem Herzen »*[232] (C'est alors qu'il se mit à parler à son cœur) / *« Nicht Hirt soll ich sein »*[233] (Je ne dois pas être berger). L'appel lancé sous forme de harangue semblerait donc exiger, ici plus

231 *ASZ*, I, p. 21.
232 *Ibid.*
233 *Ibid.*, p. 22.

qu'ailleurs, un destinateur et un destinataire distincts l'un de l'autre. Paradoxalement, cet appel se polarise pourtant sur l'expression (ICH), créant par là même un certain flottement communicationnel. L'appel est court-circuité et reconduit dans une sorte d'appel ipséiste[234].
Si l'on résume, le flou communicationnel est, pour une bonne partie, le propre d'une certaine configuration « tripolaire » que nous avons qualifiée plus haut de « modèle à harangue implicite ». C'est l'implicite qui très souvent crée l'ambiguïté. Or, cette ambiguïté présente plusieurs avantages sur le plan communicationnel. Elle permet notamment de préserver la face du destinataire : Zarathoustra ne lance pas sa harangue à la face de son auditoire. Un appel trop direct pourrait susciter une réaction de rejet et devenir inopérant. Zarathoustra *sous-entend* donc cette harangue. Il la suggère sans l'imposer. L'auditoire est libre de déchiffrer le sous-entendu, d'en tirer les conséquences et et de s'engager dans le sens de l'appel que lui adresse à demi-mot Zarathoustra ; mais il est libre aussi de ne pas le faire. Contrairement à l'explicite, l'implicite permet toutes les libertés. Ce fonctionnement rejoint d'ailleurs celui du trope communicationnel qui opère potentiellement la transition du fictionnel au réel : Nietzsche ne s'adresse à son lecteur que par le truchement de Zarathoustra et de son auditoire. La communication réelle n'est qu'implicite, lisible en filigrane derrière la communication fictionnelle. L'appel, indirect, n'exige pas d'être perçu et exécuté ; il laisse donc toujours une échappatoire au destinataire.
En revanche, le flou communicationnel, de même que l'implicite et le trope qui lui sont apparentés, s'ils laissent à l'au-

---

[234] On trouve peut-être une variante de ce phénomène dans le passage où Zarathoustra s'adresse au défunt funambule dont il vient de déposer le cadavre dans un tronc d'arbre creux : *« Und du, mein erster Gefährte, gehab dich wohl! »* (Et toi, mon premier compagnon, sois heureux !) (*ASZ, Vorrede*, p. 22). L'appel, dont on n'identifie souvent le destinataire qu'au prix de grandes difficulté est ici carrément suspendu dans le néant.

ditoire la liberté de refuser l'appel, lui permettent aussi d'y adhérer avec d'autant plus de force que cette adhésion est librement consentie et qu'elle est le fruit d'une initiative propre, d'un travail personnel d'interprétation et de reconstruction. Comme le suggère C. Kerbrat-Orecchioni que nous citions dans nos prémisses théoriques, la prégnance de l'appel est toujours plus forte et mieux ancrée quand on décide et que l'on choisit de se laisser convaincre que lorsque notre conviction est forcée.

Et ce primat du libre choix sur la contrainte, qui se manifeste conjointement à plusieurs niveaux (cf par ex. contrat de séduction dans les modèles narratifs) a bien entendu - comme nous l'avons plusieurs fois suggéré - une résonnance philosophique. Bien souvent dans le *Zarathoustra* l'appel stimule le désir plutôt qu'il ne contraint l'obéissance, il est donné à interpréter et à construire par le destinataire-sujet et cette interprétation / construction est le domaine privilégié où le vouloir s'auto-détermine. Le flou, tout comme le trope, le sous-entendu ou le contrat de séduction, élargissent le champ d'autonomie du désir et du vouloir. En appeler à vouloir ne peut être autre chose que laisser vouloir. La nature de l'appel s'efforce de refléter la nature foncièrement *ipséiste* et *intransitive* du vouloir chez Nietzsche : *« Ich bin ein Geländer am Strome: fasse mich, wer mich fassen kann! Eure Krüke aber bin ich nicht »* s'exclame Zarathoustra à la fin du chapitre *Vom bleichen Verbrecher* (Du pâle criminel). Si Zarathoustra n'est pas une « béquille » (*Krüke*), c'est sans doute parce qu'il ne donne aucune recette ni aucun précepte de vie à valeur normative. Loin de contraindre ses « frères » à cesser d'être des « contempteurs du corps », Zarathoustra ne peut que faire en sorte que les « frères » en question décident *par eux-mêmes*[235] de quitter cette position. C'est le prix de la co-

[235] Il faut noter ici au demeurant qu'il y a aussi dans l'œuvre des chapitres (par exemple : *Vom Wege des Schaffenden* / Des voies du créateur, *ASZ*,

hérence entre la théorie et les actes[236]. Zarathoustra est une « rambarde » (*Geländer*) à laquelle il faut s'agripper par ses propres forces. Cette simple métaphore tombant à point nommé (puisque le chapitre est un modèle de flou communicationnel libérateur du vouloir, cf *supra*) explicite peut-être mieux qu'un savant discours la nature de l'appel de Zarathoustra à son auditoire (et de Nietzsche à son lecteur).

3.1.2 Les chants

Une autre configuration communicationnelle semble par ailleurs se faire jour dans ce qu'il est convenu d'appeler les « chants ». Comme nous l'avons relevé dans nos prémisses théoriques, la polarisation ICH / DU / X est un paramètre variable (souvent) révélateur de « tendances fonctionnelles » (expression / appel / information) qui ne sont pas exclusives les unes des autres mais sont toutes présentes à divers degrés dans chaque occurrence en termes de tendance dominante et de tendances subsidiaires. Or, si la polarisation en DU et l'appel sont sans conteste le phénomène marquant dans les

---

I, p. 63-65), où l'illocution est on ne peut plus normative. Mais ces « variations » s'inscrivent dans une stratégie illocutoire complexe sur laquelle nous reviendrons.

[236] Cela rejoint l'une des thèses que nous défendons dans un autre ouvrage, à savoir que chez Nietzsche et en particulier dans le *Zarathoustra*, le philosopher est à la mesure de la philosophie. A l'opposé de ce qui se passe le plus souvent dans la tradition philosophique, le message philosophique n'est pas ici indifférent au type de discours censé le véhiculer. Mieux : ce message philosophique se construit dans et à travers ce discours, comme si la philosophie, la communication de cette philosophie et à la limite la mise en pratique de cette philosophie s'inscrivaient dans une seule et même dimension (cf Botet, Serge, *Le* Zarathoustra *de Nietzsche : une refonte du discours philosophique ?*, *op. cit.*). Le traitement des discours de Zarathoustra sur le plan illocutoire / perlocutoire est peut-être une nouvelle illustration de ce phénomène.

discours de Zarathoustra[237] (bien que les deux autres types de polarisation n'en soient jamais totalement absents), générant précisément cette forme récurrente de la « harangue » et de la « diatribe » (souvent mêlées l'une à l'autre), cette polarisation bascule indéniablement vers le ICH lorsqu'il s'agit des « chants » : *Das Nachtlied* (Nocturne)[238], *Das Tanzlied* (Chanson à danser)[239], *Das Grablied* (Chant sépulcral)[240], *Das andere Tanzlied* (L'autre chanson à danser)[241], *Das Lied der Schwermuth* (Chant de mélancolie)[242], *Das Nachtwandler-Lied* (Le chant du noctambule)[243]. Dans l'ensemble de ces chants, on est effectivement frappé par la forte présence quantitative du pronom en première personne (*ich, mein*, etc.). C'est ici manifestement un sujet autarcique qui s'exprime. S'il fallait étiqueter les « chants » de Zarathoustra en leur donnant une dénomination générique, on pourrait les appeler des « effusions ». Dès le premier chant (*Das Nachtlied*), l'auditoire, encore omniprésent dans le chapitre qui précède, est d'ailleurs nettement relégué à l'arrière-plan. Le chapitre entier se présente comme un monologue intérieur de Zarathoustra. Ce qui était auparavant majoritairement harangue ou diatribe, appel adressé à un auditoire et dirigé vers l'extérieur, se transforme ici en une sorte de discours introverti totalement en repli : *« Aber ich lebe in meinem eigenen Lichte, ich trinke die Flammen in mich zurück, die aus mir brechen »*[244] (Mais je vis dans ma propre lumière, je ravale les flammes qui s'échappent de moi). Comme le titrage

---

237 En particulier au regard de l'écriture philosophique traditionnelle qui privilégie la polarisation en X et l'information.

238 *ASZ*, II, p. 108-109.

239 *Ibid.*, p. 110-112.

240 *Ibid.*, p. 113-116.

241 *ASZ*, III, p. 235-239.

242 *ASZ*, IV, p. 311-319.

243 *Ibid.*, p. 333-341.

244 *ASZ*, II, p. 108.

(chant) et la formule-*leitmotiv* finale modifiée (*« also sang Zarathustra »*[245]) (ainsi chantait Zarathoustra), le suggèrent déjà, Zarathoustra n'a pas ici d'objectif illocutoire / perlocutoire visant à faire penser ou agir son auditoire dans telle ou telle direction déterminée (appel non finalisé)[246]. La démarche est indéniablement plus proche de l'« émouvoir » que du « mouvoir ». S'il y a toujours un appel lancé par Zarathoustra, c'est un appel à écouter et à ressentir avec lui, pour créer avec son auditoire présumé - pour autant que celui-ci existe - une sorte de sympathie ou de symbiose, un *Mitfühlen*. Il s'agit simplement pour cet auditoire de se laisser « prendre » par le « chant », de se fondre en lui pour se mettre à l'unisson de ce que Zarathoustra exprime.

La thématique générale des « chants » confirme d'ailleurs ce changement de registre, avec les motifs récurrents de la fusion ou du désir de fusion, suggérés entre autres par une suite de prédications en forme d'« équation » : *« Und auch meine Seele ist ein springender Brunnen »* (Et mon âme elle aussi est une source jaillissante) / *« Und auch meine Seele ist das Lied eines Liebenden »* (Et mon âme elle aussi est le chant de celui qui aime) / *« Licht bin ich: ach, dass ich Nacht wäre »*[247] (Je suis la lumière : ah, que ne suis-je la nuit). *Idem* pour la thématique cosmique (« soleils innombrables »[248], ombres, ténèbres, etc. : *« Wohl bin ich ein Wald und eine Nacht dunkler Bäume »*[249]) (Sans doute suis-je une forêt et une nuit faite d'arbres sombres), le motif omniprésent du

---

[245] *ASZ*, II, p. 109.

[246] Si le « chant », tel que l'entend Zarathoustra, relève du domaine de l'art, on peut peut-être lui appliquer la célèbre formule de Kant : « La *beauté* est la forme de la *finalité* d'un objet, en tant qu'elle est perçue en celui-ci sans *représentation d'une fin* » (*Critique de la faculté de juger*, trad. Philonenko, Paris, Vrin, 1968, p. 76).

[247] *Das Nachtlied*, ASZ, II, p. 108.

[248] *«Viel Sonnen kreisen im öden Raume», ibid.*, p. 109.

[249] *Das Tanzlied* (La chanson à danser), *ibid.*, p. 110.

désir (énergie effusive et fusionnelle par excellence) sous forme explicite ou métaphorique : *« Ach, Durst ist in mir, der Schmachtet nach eurem Durste! »*[250] (Ah, je sens une soif en moi, avide de votre propre soif !), désir qui vient s'exacerber dans la sensualité presque « torride » du chapitre *Das andere Tanzlied* (L'autre chanson à danser) : *« Zu dir [dem Leben] hin sprang ich [...] und gegen mich züngelte deines fliehenden fliegenden Haars Zunge! [...] da standest du schon, halbgewandt, das Auge voll Verlangen »*[251] (Je m'élançai vers toi [la vie], et les mèches de tes cheveux flottants semblaient, dans leur fuite, des langues dardées vers moi ! [...] déjà tu te tenais là, à demi détournée, le regard embrumé de désir). Tout cela semble aller dans le même sens. Même chose avec le thème de la « dissolution dans le néant », thème cyclique dans *Das Tanzlied* : *« In dein Auge schaute ich jüngst, oh Leben! Und in's Unergründliche schien ich mir da zu sinken »*[252] (Un jour j'ai plongé mon regard dans tes yeux, ô vie, et j'ai cru sombrer dans un abîme insondable) / *« Ach, und nun machtest du wieder dein Auge auf, oh geliebtes Leben! Und in's Unergründliche schien ich mir wieder zu sinken »*[253] (Malheureusement tu rouvris les yeux, vie bien aimée ! Et de nouveau, j'eus l'impression de sombrer dans un puits sans fond). Citons encore dans ce registre les « réminiscences », à l'occasion desquelles (chose assez rare dans l'œuvre) Zarathoustra jette un regard rétrospectif sur son passé, par exemple dans son dialogue « chanté » avec la vie dans *Das Tanzlied* : *« In dein Auge schaute ich jüngst, oh Leben »*[254], ou dans l'intégralité du « chant sépulcral » (*Grablied*), qui est tout à la fois une « effusion » et une « complainte » (Zarathoustra « pleure » rétrospective-

[250] *Das Nachtlied* (Nocturne), *ASZ*, II, p. 109.
[251] *Das andere Tanzlied* (L'autre chanson à danser), *ASZ*, III, p. 236.
[252] *Das Tanzlied*, *ASZ*, II, p. 111.
[253] *Ibid.*, p. 112.
[254] *Ibid.*, p. 111.

ment la perte des « images et visions de sa jeunesse »)[255]. Bref, cette atmosphère introspective / rétrospective / effusive / fusionnelle fait que la tonalité générale de l'appel de Zarathoustra est incontestablement expressive.
Cela n'étonnera pas d'ailleurs si l'on sait que Nietzsche voulait que la langue parlée par Zarathoustra fût le « dithyrambe » : *« Welche Sprache wird ein solcher Geist reden [...] Die Sprache des Dithyrambus. Ich bin der Erfinder des Dithyrambus »*[256] (Quelle langue doit parler un tel esprit [...] La langue du dithyrambe. Je suis l'inventeur du dithyrambe), dithyrambe qui - comme on l'a souvent mentionné - s'exprime de façon privilégiée dans les « chants ». Nietzsche lui-même écrit, se référant explicitement au *Nachtlied* (Nocturne) du *Zarathoustra* : *« Auch die tiefste Schwermut eines solchen Dionysos wird noch Dithyrambus; ich nehme, zum Zeichen, das Nachtlied - die unsterbliche Klage, durch die Überfülle von Licht und Macht, durch seine Sonnen-Natur, verurteilt zu sein, nicht zu lieben. »*[257] (Même dans la plus grande affliction, un tel Dionysos demande le dithyrambe ; je prends pour exemple le Chant Nocturne - cette plainte éternelle d'avoir été condamné à ne pas aimer, à cause de cette lumière et de cette force débordantes, à cause de cette nature solaire). Or, dans la conception nietzschéenne, le dithyrambe est signe de force et d'unité, d'harmonie absolue potentialisée par l'union de toutes les différences et de tous les contraires. La « musique dyonisiaque » est pour lui *« erschütternde Gewalt des Tones [...] einheitlicher Strom des Melos [...] unvergleichliche Welt der Harmonie »*[258] (puissance bouleversante du son [...] fleuve unifié de la mélodie [...] monde

---

255 *« Oh ihr, meiner Jugend Gesichte und Erscheinungen »* (*Das Grablied*, *ASZ*, II, p. 113).
256 *Ecce homo, Werke in drei Bänden,* Carl Hanser Verlag, München, 1960, II, p. 1136.
257 *Ibid.*
258 *Die Geburt der Tragödie*, Stuttgart, Reclam, 1986, § 2, p. 27.

incomparable de l'harmonie). Dionysos lui-même, à qui le dithyrambe est dédié dans la tragédie grecque, est un dieu déchiré par le « principe d'individuation ». Le dithyrambe veut précisément le faire renaître à l'unité et à l'harmonie :

In Wahrheit aber ist jener Held der leidende Dionysos der Mysterien, jener die Leiden der Individuation an sich erfahrende Gott, von dem wundervolle Mythen erzählen, wie er als Knabe von den Titanen zerstückelt worden sei und nun in diesem Zustande als Zagreus verehrt werde: wobei angedeutet wird [...] dass diese Zestückelung, das eigentliche dionysische Leiden *[...] sei, dass wir also den Zustand der Individuation als den Quel und Urgrund alles Leidens [...] zu betrachten hätten [...] Die Hoffnung der Epopten ging aber auf eine Wiedergeburt des Dionysos, die wir jetzt als das Ende der Individuation ahnungsvoll zu begreifen haben*[259].

(En vérité ce héros est le Dionysos souffrant des Mystères, ce dieu qui éprouva sur lui-même les souffrances de l'individuation ; celui dont parlent des légendes merveilleuses, racontant comment il fut, enfant, déchiqueté par les Titans, et comment il est aujourd'hui vénéré dans cet état, en tant que Zagreus : ce qui suggère que [...] cette mutilation est bien l'authentique souffrance dionysiaque [...] que nous devrions donc considérer l'état d'individuation comme la source et la cause principale de toute souffrance [...] Les Epoptes, quant à eux, espéraient une résurrection de Dionysos, qu'il faut comprendre aujourd'hui comme la fin de l'individuation.)

L'enseignement à retirer des « mystères » de la tragédie grecque serait, selon Nietzsche, que l'art puisse être le moyen de retrouver cette unité perdue, par delà le principe d'individuation : *« die Kunst als die freudige Hoffnung, dass der Bann der Individuation zu zerbrechen sei, als die Ahnung einer Wiederhergestellten Einheit »*[260] (l'art, comme joyeuse espérance que la fatalité de l'individuation puisse être enfin exorcisée, comme prémonition d'une unité retrouvée). Pour ces mêmes raisons le « chœur » de la tragédie grecque est au

---

[259] *Ibid.*, § 10, p. 66.
[260] *Ibid.*, § 8, p. 67.

départ masse indifférenciée *« [eine] dionysisch erregte Masse »*[261] (une masse dionysiaque en état d'agitation), et ce chœur est lui-même plus originaire que l'« action dramatique » qui ne vient se greffer sur lui qu'*a posteriori* (*« ursprünglich, ist die Tragödie nur « Chor » und nicht « Drama » /* à l'origine, la tragédie est seulement le *« Chœur » et non le « drame »)*[262], action dramatique qui, elle, repose justement sur la dissection du réel par le principe d'individuation. Pour ces raisons également le chœur efface toutes les différences de statut : *« der dithyrambische Chor ist ein Chor von Verwandelten, bei denen ihre bürgerliche Vergangenheit, ihre soziale Stellung völlig vergessen ist »*[263] (le chœur dithyrambique est un chœur d'hommes métamorphosés dont le passé bourgeois et le statut social ont complètement sombré dans l'oubli). Et pour ces mêmes raisons finalement le chœur efface aussi jusqu'à la ligne de partage qui sépare les acteurs et le public : *« Nur muss man sich immer gegenwärtig halten [...] dass es im Grunde keinen Gegensatz von Publikum und Chor gab »*[264] (Il faut seulement bien garder en mémoire [...] qu'il n'y avait en principe pas de distinction entre le public et le chœur).
Or, ne peut-on pas voir dans les « chants » du *Zarathoustra* - que Nietzsche lui-même dit proches du dithyrambe de la tragédie grecque - une autre manifestation de ce chœur fusionnel voué à Dionysos ? Par rapport à l'appel lancé jusque-là par Zarathoustra à son auditoire, appel où les rôles sont clairement « distribués » (destinateur / destinataire / figure du « tiers » servant de repoussoir, etc.), l'appel dithyrambique des « chants » est appel monolithe, *« einheitliche Strom des Melos »* (c'est ainsi que Nietzsche caractérise la « musi-

---

261 *Ibid.*, p. 56.
262 *Ibid.*, p. 57.
263 *Ibid.*, p. 55.
264 *Ibid.*, p. 53.

que dionysiaque ») où tout se fond et se confond dans une « tempête » créatrice. Comme Dionysos lui-même, incarnation de la volonté de puissance dans tout ce qu'elle a de protéique, de profus et de proliférant, le dithyrambe est force pure où tout se métamorphose et se mêle dans un chaos fécond. Tels sont aussi peut-être les « chants » dithyrambiques du *Zarathoustra*. Ces « chants » ne sont pas un appel, lancé par un individu vers un autre afin qu'il pense ou exécute tel ou tel programme prémédité ; ces « chants » sont l'appel d'un individu qui s'exprime sans retenue, hors cadres, et hors de toute démarche finalisée, pour tenter de créer autour de lui une symbiose universelle, une synergie cosmique sans limites. Le vouloir n'est plus seulement le vouloir de l'un s'opposant au vouloir de l'autre et mesuré à l'aune de leurs pouvoirs et de leurs objectifs respectifs. Vouloir n'est plus une possibilité subordonnée à quoi que ce soit d'extérieur (on veut parce qu'on peut, parce qu'on s'est fixé un objectif, etc.) ; vouloir est une nécessité absolument originaire et première ; c'est vouloir pour vouloir, le vouloir est potentialisé à l'infini : *« Wenn ihr Eines Willens Wollende seid, und diese Wende aller Noth euch Nothwendigkeit heisst: das ist der Ursprung eurer Tugend »*[265] (Quand vous n'avez plus qu'un vouloir unique où ce retournement de toutes les peines devient pour vous une nécessité, c'est à ce moment-là que naît votre vertu).

A la fois polarisé en ICH, et irradiant par delà toutes les limites, l'appel des « chants » est une synthèse d'appel ipséiste et d'appel-dépassement, susceptible - là encore par trope communicationnel - de déborder les marges du récit pour inclure le lecteur dans ce concert généralisé des vouloirs. De la configuration communicationnelle des chants, on pourrait peut-être tirer cet enseignement philosophique : c'est quand il est complètement auto-déterminé, quand il n'est plus que le

[265] *Von der schenkenden Tugend* (De la vertu qui offre), *ASZ*, I, p. 77.

vouloir d'un seul dépassant sans cesse les limites que lui inflige le vouloir des autres (devoir), que le vouloir prend toute sa force et toute son amplitude. Mais ce vouloir n'étant par définition lui-même qu'en *actes* et jamais en *concepts* (vouloir n'est pas savoir)[266], Nietzsche ne pouvait bien évidemment se contenter de thématiser cet enseignement sur un plan simplement théorique, il fallait aussi qu'il l'exerce sur un plan communicationnel. Autrement dit : si philosopher consiste nécessairement à parler ou à écrire, philosopher signifie aussi avant tout pour Nietzsche vouloir et donc agir. Or, la synthèse entre la parole (parlée ou écrite) et l'action ne peut être que l'illocution (parler pour agir et faire agir). Bref, la philosophie de Nietzsche pouvait difficilement se manifester autrement que sous forme d'appel : la communication - loin d'être une dimension accessoire - est ici consubstantielle à l'idée.

3.2 Parcours communicationnel et événementiel

3.2.1 Parcours communicationnel restreint

Toujours dans le cadre du facteur appel et des modèles narratifs, mais faisant intervenir cette fois des structures illocutoires / perlocutoires plus complexes investies dans la dimension transtextuelle (et non plus seulement dans des configurations ponctuelles), il faut mentionner les phénomènes suivants.
Dès la première partie de l'œuvre de Nietzsche (à la suite du prologue), les discours de Zarathoustra (*Die Reden Zaratustra's*[267]) s'enchaînent au style direct sans intervention notoire

---

[266] Nous reviendrons sur ces aspects.
[267] *ASZ*, I, p. 24-80.

du narrateur[268]. Mais cette suite de discours n'en constitue pas moins une forme de narration, même si cette narration est - pour utiliser le vocabulaire des théoriciens du texte littéraire - plus proche du *showing* que du *telling* ou encore plus proche de la mimésis que de la diégésis, cette diégésis (présence explicite du narrateur) n'étant par ailleurs pas totalement absente, en particulier à la fin de cette première partie[269].

Si, comme le soutenait Benveniste, ce qui caratérise le récit est que les événements semblent s'y raconter eux-mêmes, cela est d'autant plus vrai que le narrateur de ce récit est mis en sourdine et que les « personnages » s'y expriment directement. Dans ce cas de figure, qui est celui du *Zarathoustra*, le récit est bien évidemment un récit de paroles, et les paroles, à la différence des événements non verbaux, peuvent être rapportées telles quelles : l'identité de nature entre le médium qui rapporte et le médium rapporté autorise une mimésis maximale. Les paroles se racontent donc pour ainsi dire elles-mêmes, mais elles ne s'en racontent pas moins, fournissant notamment des indices plus ou moins implicites au lecteur sur le destinateur qui les adresse, sur le destinataire qui les reçoit et sur la façon dont elles sont adressées (s'agit-il d'une information, d'un appel ? etc.). Bien que rien ne soit dit explicitement à ce sujet, le défilé des discours de Zarathoustra dessine donc un parcours illocutoire / perlocutoire ou interactif qui peut constituer une véritable histoire *communicationnelle* sous-jacente doublant l'histoire réelle. Ne s'agissant pour l'instant que de la première partie, qui nous semble former un ensemble relativement homogène et autonome, nous parlerons de « parcours communicationnel restreint ».

---

[268] Nous avons détaillé ce phénomène dans un autre travail (*Le Zarathoustra de Nietzsche, une refonte du discours philosophique ?, op. cit.*).

[269] Cf par exemple *Von der schenkenden Tugend* (De la vertu qui offre), *ASZ*, I, p. 75-80 : *«Als Zarathustra von der Stadt Abschied genommen hatte »* (Quand Zarathoustra eut pris congé de la ville), etc.

Comme ce dernier titrage ne l'indique pas, nous aborderons dans un premier temps les phénomènes les plus diffus et les plus épars que nous qualifierons de « nuances », réservant le terme de « parcours » à des phénomènes structurés et orientés couvrant l'ensemble de cette première partie.

3.2.1.1 Les nuances de l'appel

Comme nous l'avons plusieurs fois constaté : l'appel lancé par Zarathoustra à ses disciples est constamment médiatisé par la fiction. Nietzsche ne s'adresse jamais directement à ses lecteurs ; il le fait par l'intermédiaire de Zarathoustra et de son auditoire. C'est une constante illocutoire de l'œuvre : l'appel « réel » au lecteur, s'il existe, est le plus souvent indirect et non normatif, puisque ce lecteur peut fort bien ne pas actualiser le trope communicationnel qui lui est offert à décrypter et laisser la fiction être de la fiction. Rien ne l'oblige à reprendre à son compte l'appel de Zarathoustra.
A l'intérieur de cette fiction, en revanche, l'appel est riche de nuances. Comme nous l'avons vu, il est souvent normatif dans les harangues, parfois véhément et frontal (*Vom Krieg und Kriegsvolke* (De la guerre et des guerriers)[270], ou non normatif, incitatif et oblique, comme c'est le cas dans plusieurs chapitres où se mêlent diatribe et harangue plus ou moins implicite. Mais les nuances se manifestent aussi de bien d'autres façons. Nous nous proposons de présenter succinctement quelques unes d'entre elles.

3.2.1.1.1 Exclusion */vs/* inclusion du destinataire : la connivence

L'appel que Zarathoustra lance à son auditoire dans ses premiers discours est indéniablement marqué par son caractère

---

[270] *ASZ*, I, p. 46-48.

didactique prononcé. A la suite de la profession de foi pédagogique annoncée de façon programmatique et ensuite réitérée sous diverses formes dès le prologue : *« ich lehre euch den Übermenschen »*[271] (je vous enseigne le surhumain), on trouve dans la première partie plusieurs adresses de Zarathoustra à son auditoire qui sont nettement empreintes de ce ton didactique, à commencer par la toute première adresse du premier discours : *« Drei Verwandlungen nenne ich euch des Geistes »*[272] (Je vous nomme trois métamorphoses de l'esprit), suivie par une série de formules qui confirment cette tendance : *« 'Gelbe': so nennt man die Prediger des Todes [...] Aber ich will sie euch in andern Farben zeigen »*[273] (Les 'jaunes' : c'est ainsi que l'on désigne les prédicateurs de mort [...] Mais je veux vous les montrer sous d'autres couleurs) / *« So lasst mich denn euch die Wahrheit sagen! »*[274] (Ainsi laissez-moi vous dire la vérité !) / *« Dieses Zeichen gebe ich euch »*[275] (Je vous donne ce signe) / *« Ich lehre euch den Freund und sein übervolles Herz »*[276] (J'enseigne aussi ce qu'est l'ami et son cœur qui déborde). Associé à ce ton didactique quelque peu impérieux, se dessine donc d'emblée un certain *ethos*[277] du destinateur et du destinataire ainsi que de

---

271 *ASZ*, I, § 3, p. 10.

272 *Von den drei Verwandlungen* (Des trois métamorphoses), *ibid.*, p. 24.

273 *Von den Predigern des Todes* (Des prédicateurs de mort), *ibid.*, p. 44.

274 *Vom Krieg und Kriegsvolke, ibid.*, p. 46 (2 occurrences rapprochées de la même formule).

275 *Vom neuen Götzen* (De la nouvelle idole), *ibid.*, p. 49 (2 occurrences rapprochées de la même formule).

276 *Von der Nächstenliebe* (De l'amour du prochain), *ibid.*, p. 62.

277 Nous utilisons ce terme, au départ emprunté à Aristote, dans l'acception qu'en donne Dominique Maingueneau, à savoir que les protagonistes de l'énonciation ne sont pas des entités désincarnées révélées uniquement par une vocalité « blanche » et exsangue. Ces protagonistes possèdent une personnalité, une psychologie, bref un *ethos* qui se constitue et se modifie au fil du texte (cf « L'énonciation discursive comme institution philosophique » in *Langages* n° 119, septembre 95, Paris, Larousse, p. 57).

leurs rapports, une relation très verticale de type maître / disciple[278].

Mais cet *ethos* de « maître » du destinateur et de « disciple » du destinataire est fort loin d'être monolithe et il s'enrichit lui-même au fil du texte de multiples nuances : par exemple, la relation verticale dont nous parlions, si elle est le plus souvent *exclusive* (Zarathoustra s'adresse à son auditoire comme à un groupe « étranger » dont il ne fait pas partie lui-même : *ihr / euch*) se transforme occasionnellement en relation *inclusive*[279] : *« Was haben wir gemein mit der Rosenknospe? »* (Qu'avons-nous en commun avec le bouton de rose ?) / *« Es ist wahr: wir lieben das Leben »*[280] (C'est vrai : nous aimons la vie) / *« Auf, lasst uns den Geist der Schwere tödten »*[281] (Allons-y, tuons l'esprit de pesanteur) / *« Unser*

---

[278] Dans d'autres travaux, nous avons souligné l'importance de cette composante didactique à propos d'un autre écrit de Nietzsche (*Vom Nutzen und Nachteil der Historie für das Leben*, Ditzingen, Universal-Bibliothek, Reclam, 1985).

[279] Il est bien évident qu'il ne suffit pas de s'adresser à un auditoire en utilisant un pronom à la première personne du pluriel pour que la relation destinateur / destinataire soit inclusive. Comme le suggère E. U. Große dans le cadre de ce qu'il appelle *« Gruppenindizierende Funktion »* (fonction d'indexation de groupe), il existe effectivement un WIR 1 (nous) qui inclut ICH (je) et DU (tu) à l'exclusion de X, mais il existe aussi un WIR 2 qui inclut ICH et X à l'exclusion de DU. Ce dernier *« wir »* peut donc être qualifié d'« exclusif » (cf E. U. Große, *Text und Kommunikation, op. cit.*, p. 35-39). Dans le cas présent, c'est incontestablement le WIR 1, donc le *« wir »* inclusif, que l'on trouve dans la bouche de Zarathoustra : Zarathoustra crée une connivence entre ICH et DU en désignant l'ennemi commun X.

[280] *Vom Lesen und Schreiben* (Lire et écrire), *ASZ*, I, p. 40.

[281] *Ibid.*, p. 41. On pourrait ici objecter que les *« wir »* utilisés par Zarathoustra dans les formules précédant la présente formule n'est pas un *« wir »* inclusif mais un *« wir »* collectif qui serait lui aussi d'une certaine manière inclusif, embrassant l'humanité entière (ce qui, bien sûr ne serait pas significatif : inclure quelqu'un n'a plus de sens dans la mesure où l'on inclut en même temps tous les autres). Au demeurant le dernier *« wir »* / *"uns"* mentionné (*Auf, lasst uns den Geist der Schwere tödten*) semble,

Glaube an Andere verräth, worin wir gerne an uns selber glauben möchten »[282] (Notre foi dans les autres révèle de quelle façon nous aimerions bien croire en nous-mêmes) / *« Sagt mir, meine Brüder: was gilt uns als Schlechtes und Schlechtestes? »*[283] (Dites-moi, mes frères : qu'y a-t-il pour nous de mauvais et de pire ?). Zarathoustra induit par ces formules une *connivence* avec son auditoire, connivence reposant en outre partiellement sur la démarcation vis-à-vis d'un tiers désigné comme ennemi commun[284] (ce qui est bien sûr étroitement lié à la stratégie de l'exemple dissuasif).

On retrouve ce même phénomène dans le chapitre *Das Gesindel* (La canaille) où le pronom à la première personne du pluriel est même très explicitement mis en relief par le graphisme : *« Denn diess ist u n s r e Höhe und unsre Heimat »*[285] (Car ceci est n o t r e grandeur et notre patrie). La solidarité par rapport à l'ennemi commun (opposition « nous / eux ») est ici tout à fait évidente : *« Und wie starke Winde wollen wir über ihnen leben »*[286] (Et tels des vents vigoureux nous voulons souffler au-dessus d'eux).

---

lui, être inclusif dans le premier sens (non collectif) : il inclut Zarathoustra et son auditoire et non l'humanité entière. En d'autre termes le *« wir »* utilisé est ici un WIR 1 (cf note ci-dessus). Par le biais du co-texte (appartenance au même chapitre), on peut donc également considérer les premiers *« wir »* cités comme inclusifs au même titre que le dernier. Ce dernier *« wir »* donne en quelque sorte rétroactivement une clé de lecture concernant l'interprétation des autres.

[282] *Vom Freunde* (De l'ami), *ASZ*, I, p. 56.

[283] *Von der schenkenden Tugend* (De la vertu qui offre), *ibid.*, p. 77.

[284] Cela est d'ailleurs suggéré assez clairement dans la formule que nous venons de citer : *« Unser Glaube an Andere verräth, worin wir gerne an uns selber glauben möchten »*, formule où l'« autre », le tiers, est désigné comme l'opposant.

[285] *ASZ*, II, p. 100.

[286] *Ibid.*, p. 101.

Dans un registre proche, il y a aussi - statistiquement beaucoup plus fréquentes d'ailleurs que les pronoms personnels[287] - les apostrophes adressées par Zarathoustra à son auditoire, de type (par ordre de fréquence) : *« mein Bruder / meine Brüder / mein Freund, meine Freunde »* (mon / mes frères / amis) ou encore (une seule fois dans cette première partie) *« meine Jünger »* (mes disciples). Ces dénominations, qui, elles aussi, établissent une connivence entre Zarathoustra et son auditoire, viennent donc tempérer et relativiser la relation dominante de type maître / élève.

3.2.1.1.2 Les performatifs[288]

Autre nuance qui vient moduler l'appel didactique lancé par Zarathoustra à son auditoire : le contraste qui existe entre 1) le caractère dominant de l'appel qui se veut assez souvent normatif et 2) le caractère suggestif très réservé de la quasi totalité des verbes performatifs utilisés par Zarathoustra dans l'ensemble de la première partie. Après l'annonce on ne peut plus normative faite par Zarathoustra dans le prologue *« Ich lehre euch den Übermenschen »* (Je vous enseigne le surhumain), on est en effet étonné de constater que Zarathoustra dit à plusieurs reprises ne faire que « conseiller » son auditoire : *« Euch rathe ich nicht zur Arbeit [...] Euch rathe ich nicht zum Frieden »*[289] (Je ne vous conseille pas de travailler

---

[287] E. U. Große souligne bien que la *« Gruppenindizierende Funktion »* peut être implicite ou n'être liée à aucune forme grammaticale clairement indentifiable (*Text und Kommunikation, op. cit.*, p. 37).

[288] Sans vouloir entrer dans le débat complexe qui gravite depuis des années autout de la notion de « performatif », nous nous en tenons ici à ce qu'il est convenu d'appeler, à la suite de Austin, les « performatifs explicites », en nous limitant aux verbes performatifs.

[289] *Vom Krieg und Kriegsvolk* (De la guerre et des guerriers), *ASZ*, I, p. 47. Dans ce cas particulier, le contraste dont nous parlions est d'autant plus saisissant que le chapitre dans son ensemble est une harangue extrêment véhémente de Zarathoustra. La citation que nous venons de donner est

[...] Je vous conseille la paix) / *« Rathe ich, euch eure Sinne zu tödten? Ich rathe euch zur Unschuld der Sinne. Rathe ich euch zur Keuchheit? »*[290] (Est-ce que je vous conseille de tuer vos sens ? Je vous conseille de rendre vos sens ingénus. Est-ce que je vous conseille la chasteté ?) / *« Rathe ich euch zur Nächstenliebe? lieber noch rathe ich euch zur Nächsten-Flucht »*[291] (Est-ce que je vous conseille l'amour du prochain ? Je vous conseille plutôt de fuir le prochain) / *« Also rathe ich den Überflussigen »*[292] (Je conseille donc à ceux qui sont superflus) / *« Wahrlich, ich rathe euch [...] »*[293] (Vraiment, je vous conseille [...]).

Quasiment tous les performatifs du chapitre sont simplement suggestifs, la faible normativité étant soulignée par la fréquence des formules interrogatives. On trouve encore dans ce registre deux occurences de *« beschwören »* (conjurer) : *« Aber bei meiner Liebe und Hoffnung beschwöre ich dich »* qui confirment le caractère suggestif des performatifs[294] ;

---

suivie dans le texte par les formules : *« Eure Arbeit sei ein Kampf, euer Friede sei ein Sieg! »* (Faites que votre travail soit un combat, que votre paix soit une victoire). Zarathoustra dit ne faire que conseiller, mais en réalité il ordonne.

290 *Von der Keuchheit* (De la chasteté), *ASZ*, I, p. 55.

291 *Von der Nächstenliebe* (De l'amour du prochain), *ibid.*, p. 61.

292 *Vom freien Tode* (De la libre mort), *ibid.*, p. 72.

293 *Von der schenkenden Tugend* (De la vertu qui offre), *ibid.*, § 3, p. 79.

294 *Vom Baum am Berge* (De l'arbre sur la montagne), *ibid.*, p. 43-44.

Reste à savoir, bien entendu, ce qu'est un performatif « suggestif ». Sans vouloir engager ici de digressions complexes, disons simplement que pour nous, l'archétype d'un tel performatif serait justement le verbe « suggérer » . Si, par nature, le langage est essentiellement dialogique, et si tous les « performatifs » ont indubitablement une visée perlocutoire (produire un effet chez un interlocuteur réel ou potentiel), cette visée a certainement un caractère plus ou moins contraignant ou « normatif ». Pour « ordonner », la visée perlocutoire du locuteur est une adéquation inconditionnelle du comportement du locuteur au contenu du message proféré (normativité) ; dans le cas de « conseiller », l'attente du locuteur est évidemment tout autre. L'exemple de « conjurer » tendrait à montrer

seule exception à cette constante : *« Ich lehre euch den Freund »*[295] (Je vous enseigne ce qu'est l'ami), qui reprend l'annonce initiale. Outre la diversification des nuances de l'appel, cela tendrait peut-être à suggérer une fois de plus que le type d'enseignement que dispense Zarathoustra est par certains aspects directif, mais peut-être aussi et surtout que cet enseignement laisse une large part d'initiative aux disciples qui se « forment » eux-mêmes plus qu'on ne les « forme ». On aurait donc là aussi potentiellement une de ces manifestations du primat philosophique du « vouloir » déjà entrevue, et que nous retrouverons à de multiples reprises dans la suite de cette étude.

3.2.1.1.3 Nuances psychologiques : le *pathos*

Par ailleurs, si l'appel lancé par Zarathoustra à ses disciples se nuance et se diversifie de diverses façons, cet appel n'en donne pas moins l'impression générale d'être relativement désincarné ; l'*ethos* du destinateur et du destinataire restent relativement « creux » et dépourvu d'affects, ce qui est dû en partie à la « personnalité de Zarathoustra », être de paroles[296] qui est finalement sans profondeur, sans psychologie et donc sans sentiments[297], ce qui est dû en partie aussi à l'auditoire

---

que l'impact de la « norme » serait non seulement d'ordre quantitatif, mais aussi qualitatif, en l'occurrence plus ou moins subjective ou objective, plus ou moins polarisée en ICH ou en X, dans la terminologie que nous avons adoptée. Cela anticipe sur le paragraphe suivant qui traite des nuances psychologiques de l'appel.

[295] *Von der Nächstenliebe* (De l'amour du prochain), *ASZ*, I, p. 62.

[296] Nous avons développé ce point dans une autre étude déjà citée : *Le Zarathoustra de Nietzsche : une refonte du discours philosophique ?*

[297] On pourrait bien entendu objecter à cela la « haine » de Zarathoustra, qui s'exprime à travers ses violentes diatribes, par exemple dans sa diatribe contre les « juges » dans le chapitre *Vom bleichen Verbrecher* (mais il y en a bien d'autres) ; mais cette haine, même si elle est inconstestablement souvent teintée de *pathos* subjectif, n'en est pas moins une haine

évanescent, « flottant », et presque toujours « sans réponse » auquel il s'adresse.

Une exception à cela : le chapitre *Von den Predigern des Todes* (Des prédicateurs de mort) où, en partie avec l'aide de la narration « explicite »[298] : *« Zarathustra's Auge hatte gesehn, dass ein Jüngling ihm auswich »*[299] / (L'œil de Zarathoustra avait vu qu'un jeune garçon cherchait à l'éviter), l'interlocuteur de Zarathoustra acquiert une identité plus précise, assortie d'une « personnalité » souffrante et déchirée : *« an einem Baum gelehnt und müden Blickes in das Thal schaute »*[300] (appuyé à un arbre, il regardait d'un un œil las en direction de la vallée) / *« Wie schäme ich mich meines Steigens [...] Wie spotte ich meines heftigen Schnaubens! Wie hasse ich den Fliegenden »*[301] (Comme j'ai honte d'être monté [...] Comme je me ris de mon essoufflement ! Comme je hais celui qui vole) / *« So sprach der Jüngling und weinte bitterlich »*[302] (Ainsi parlait le jeune garçon et il pleurait amèrement). Parallèlement, cette présence souffrante donne au « professeur » Zarathoustra l'une des rares occasions d'exercer sa compassion *in concreto* sur un être de chair et de sang, sur une créature désemparée qui a manifestement un besoin vital de sa tutelle rassurante : *« Zarathustra aber legte seinen Arm um ihn und führte ihn mit sich fort »*[303]

---

d'« évaluateur » qui s'insurge contre des valeurs. Chaque fois que Zarathoustra adore ou abhorre, ce sont des valeurs qui sont en jeu et non des êtres de chair et de sang. Lui-même ne donne jamais l'impression de jouir ou de souffrir intimement. Quelque chose de « détaché » subsiste dans sa démarche.

298 Nous avons vu plus haut que le *Zarathoustra* se caractérise par l'« absence » fréquente du narrateur, par la prépondérance de la mimésis sur la diégésis, ce qui ne signifie pas qu'il n'y ait pas de récit.

299 *ASZ*, I, p. 41.

300 *Ibid.*

301 *Ibid.*, p. 42.

302 *Ibid.*

303 *Ibid.*, p. 43.

(Mais Zarathoustra le prit par la taille et l'amena avec lui). L'appel lancé par Zarathoustra se teinte même en l'occurrence d'une note de *pathos* véritablement humain : *« Ja, ich erkenne deine Gefahr. Aber bei meiner Liebe und Hoffnung beschwöre ich dich: wirf deine Liebe und Hoffnung nicht weg! »*[304] (Oui, je réalise le danger dans lequel tu te trouves. Mais au nom de mon amour et de mon espoir, je t'en conjure : ne jette pas ton amour et ton espoir). Personnalisé et jouant autant sur le registre de l'« émouvoir » que sur celui du « mouvoir », l'appel prend donc ici une nouvelle nuance.

3.2.1.1.4 La « stratégie du fait accompli »

Une autre caractéristique intéressante qui cette fois, au lieu de tempérer et de relativiser la nature normative de l'appel, l'accentue, est ce que nous proposons d'appeler la « stratégie du fait accompli ». Prenons par exemple, dans le chapitre *Von tausend und einem Ziele* (Des mille et une fins) la phrase : *« Schätzen ist Schaffen: hört es, ihr Schaffenden! »* (Evaluer, c'est créer : écoutez cela, vous les créateurs !), phrase reprise sous forme d'écho quelques lignes plus loin : *« hört es, ihr Schaffenden! »*[305]. Zarathoustra qui, dans ce qui précède, interpellait encore son auditoire de façon habituelle (*mein Bruder*), apostrophe ici à deux reprises ce même auditoire d'une façon totalement inédite : « vous les créateurs ». Or, l'argumentation développée par Zarathoustra dans ce

---

[304] *ASZ*, I, p. 43 et *ibid.*, p. 44. Le verbe performatif *« beschwören »* (conjurer) relève de ce que E. U. Große classe parmi les formules introductrices (*Präsätze*) exprimant la demande. Au demeurant, si, comme nous l'avons suggéré plus haut, il est permis de faire une classification sémantique de ces verbes en fonction de la « charge » affective ou du *pathos* qu'ils renferment, il est certain que le verbe *« beschwören »* (conjurer) est beaucoup plus proche d'un pôle subjectif / affectif que, par exemple, le verbe « demander ».

[305] *Von tausend und einem Ziele* (Des mille et une fins), *ASZ*, I, p. 60.

chapitre consiste à dire que ce ne sont pas les valeurs qui déterminent la création, mais que c'est la création qui produit les valeurs ; les interlocuteurs de Zarathoustra, supposés pourvoyeurs de valeurs (bien, mal, etc.), sont donc à ses yeux des « créateurs », chose dont il veut les convaincre (objectif perlocutoire). Zarathoustra anticipe donc ici cet objectif perlocutoire en le présentant comme *déjà réalisé*[306]. Zarathoustra semble à ce stade considérer comme un acquis le fait que ses interlocuteurs sont des « créateurs ». Il réutilise d'ailleurs « tel quel » cet acquis quelques pages plus loin dans le chapitre intilulé *Vom Wege des Schaffenden* (Des voies du créateur[307]). Le destinataire que Zarathoustra, deux chapitres en amont, présumait déjà (ou feignait de présumer) convaincu d'être un évaluateur parce qu'il est un créateur (et non d'être un créateur parce qu'il est un évaluateur) se voit ici en quelque sorte assigner implicitement cette conviction d'entrée de jeu et de façon irrévocable par le titrage.

Mais il y a plus : ce destinataire, tout d'abord nommé « frère », est, dans la suite du même chapitre, affublé à trois reprises d'une nouvelle appellation : *« Einsamer »* (solitaire) *(« Einsamer, du gehst den Weg zur dir selber! »* / Solitaire,

---

[306] On trouverait de multiples exemples d'utilisation de ce procédé dans la vie et dans la conversation courantes, par exemple une personne s'adressant à une autre en utilisant la formule : « mon ami », alors que cet interlocuteur n'est « pas encore » son ami, etc.
Sur le plan fonctionnel, on pourrait rapprocher ce phénomène de la « fonction proclamatoire » de Große, ou de la « fonction déclarative » cataloguée à la fois par Searle, Große et Brinker. Au demeurant, comme nous l'avons dit, cette « fonction déclarative » peut être considérée comme une variante de l'appel dans son acception la plus normative : la normativité signifiant que le monde correspond plus ou moins aux paroles proférées, la « fonction déclarative » correspond au degré suprême de normativité puisque ce qui est énoncé est présenté comme effectivement réalisé (je vous nomme directeur, par la présente, je donne ma démission...).

[307] *ASZ*, I, p. 63-65.

tu suis le chemin qui mène à toi-même ! // *« Einsamer, du gehst den Weg des Schaffenden »* / Solitaire, tu suis le chemin du créateur // *« Einsamer, du gehst den Weg des Liebenden* / Solitaire, tu suis le chemin de ceux qui aiment[308]). Or, cette nouvelle appellation semble bien être une réponse implicite à l'appel que Zarathoustra lançait à son auditoire au début du chapitre : *« Willst du, mein Bruder, in die Vereinsamung gehen? »*[309] (Veux tu, mon frère, te rendre dans la solitude ?). Là encore, Zarathoustra semble - à l'intérieur du même chapitre cette fois - anticiper la réalisation de son objectif perlocutoire en faisant d'autorité de ses interlocuteurs ce qu'il aurait voulu qu'ils soient, à savoir des « solitaires ».
Grâce à cette stratégie du « fait accompli », stratégie de surcroît « suivie », constante et intégrée (comme une sorte de pendant illocutoire / perlocutoire) au raisonnement étagé de Zarathoustra : 1. les évaluateurs sont des « créateurs » dans *Von tausend und einem Ziele* (Des mille et une fins) → *« Ihr Schaffenden »* / 2. les créateurs sont des « solitaires » dans *Vom Wege des Schaffenden* (Des voies du créateur) → *« Einsamer »*), Zarathoustra « force la main » à son auditoire, même s'il le fait de façon insidieuse. L'appel tout en étant très indirect est donc on ne peut plus normatif et finalisé : les interlocuteurs de Zarathoustra n'ont d'autre choix que de devenir effectivement des « créateurs » (de se conduire comme tels) puisqu'il leur suggère qu'ils le sont déjà à ses yeux.

De façon peut-être significative, on trouve d'ailleurs, concentré dans le chapitre *Vom Wege des schaffenden* (Des voies du créateur), tout un échantillonnage d'appels directs / indirects / normatifs / non normatifs diversement nuancés. Par exemple dans le registre direct / normatif : *« So zeige mir dein Recht und deine Kraft dazu! »* (Montre-moi donc si tu en as

[308] *ASZ*, I, p. 65.
[309] *Ibid.*, p. 64.

le droit et la force !) / *« Zeige mir, dass du keiner der Lüsternen und Ehrgeizigen bist! »*[310] (Montre-moi que tu n'es ni un jouisseur, ni un ambitieux), formules qui suggèrent presque la provocation ou le défi. Ou dans le registre indirect / normatif : *« Die Stimme der Herde wird auch in dir noch tönen. Und wenn du sagen wirst [...] so wird es eine Klage und ein Schmerz sein »*[311] (La voix du troupeau retentira encore en toi. Et quand tu diras [...] ce sera pour toi une plainte et une douleur), formules qui sous des extérieurs prophétiques ou divinatoires pourraient bien être un appel déguisé : on présente comme devant se réaliser de façon nécessaire une chose que l'on souhaite ou que l'on veut voir se réaliser[312] (stratégie du « fait accompli » // stratégie du fait « devant s'accomplir »).

3.2.1.2 Parcours didactique

Les phénomènes précédemment décrits ont souvent trait à la relation d'ordre didactique qui lie Zarathoustra à son auditoire. Toutefois, ces phénomènes ne sont pas reliés entre eux de façon suffisamment étroite pour former une trame suivie et orientée, déployée sur l'ensemble de la première partie.
C'est le cas en revanche des phénomènes dont nous traitons dans la suite et que nous avons pour cette raison regroupés dans cette rubrique intitulée « parcours didactique ».

3.2.1.2.1 Des « frères » aux « disciples »

Comme nous l'avons déjà suggéré, tout au long de la première partie, Zarathoustra interpelle le plus souvent son auditoire par *« mein Bruder / meine Brüder »* (mon / mes

[310] *ASZ*, I, p. 65.
[311] *Ibid.*
[312] Par ex. « Tu seras ma femme ».

frère(s)). Mais à partir d'un certain moment, il le gratifie[313] aussi de l'adresse *« mein Freund »* (mon ami), ensuite reprise de façon épisodique jusqu'à la fin de cette première partie, alors qu'elle n'apparaît jamais au début. Il semble donc y avoir évolution du rapport qui lie Zarathoustra à son auditoire, évolution sans doute confirmée par l'appellation *« Jünger »* (disciple), qui fait ensuite son apparition, tout d'abord dans la bouche du narrateur : *« Als Zarathustra diess einmal seinen Jüngern erzählte »*[314] (Quand Zarathoustra raconta un jour cela à ses disciples) / *« folgten ihm viele, die sich seine Jünger nannten »*[315] (beaucoup le suivirent, qui se dénommèrent ses disciples), et finalement, dans celle de Zarathoustra lui-même : *« Wahrlich, ich errathe euch wohl, meine Jünger »*[316] (Vraiment, je crois bien deviner vos pensées, ô mes disciples). Pour Zarathoustra, le « frère »[317] (*Bruder*) est devenu « disciple » (*Jünger*). Or, cette évolution des appellations est sans doute le symptôme d'une transformation orientée de l'appel qui se rapproche graduellement de - et réalise finalement - son objectif perlocutoire. Si Zarathoustra appelle ses interlocuteurs des « disciples » après les avoir appelé des « frères » et des « amis », c'est parce que son appel aboutit et que son enseignement - d'abord inopérant - porte enfin ses fruits. Nous verrons d'ailleurs dans la suite que cet aboutissement supposé n'est qu'une étape, destinée elle aussi à être dépassée. En tout état de cause, le simple jeu des appellations atteste déjà que l'appel de Zarathoustra s'inscrit dans un parcours orienté déployé sur de vastes portions de l'œuvre.

---

313 *Von den Fliegen des Marktes* (Des mouches de la place publique), *ASZ*, I, p. 51.
314 *Vom Biss der Natter* (De la morsure de la vipère), *ibid.*, p. 68.
315 *Von der schenkenden Tugend* (De la vertu qui offre), *ibid.*, p. 75.
316 *Ibid.*, p. 76.
317 Au sens de « congénère ».

3.2.1.2.2 Le jeu du questionnement

On peut peut être aussi - toujours à propos des discours de la première partie - suivre à la trace le parcours didactique de Zarathoustra à travers le jeu extrêmement dense des interrogations. En soi, l'interrogation, et plus spécifiquement ce qu'il est convenu d'appeler la « question rhétorique », est fréquemment associée à l'appel (soit comme « base métapropositionnelle », soit comme indice de « facteur appel », cf Große).
Mais, outre cet enrichissement quantitatif, il nous semble que l'appel lancé par Zarathoustra à son auditoire se nuance grâce à l'enchaînement des interrogations qui dessinent au fil des discours une trame orientée significative.
Si, en l'absence de consensus concernant la définition de cette notion, on convient d'appeler « question rhétorique » une question dont la réponse est connue d'avance par celui qui la formule (et qui peut soit donner cette réponse explicitement à la suite de sa question, soit tenir implicitement cette réponse comme admise par son interlocuteur), on constate que la fréquence des questions rhétoriques est beaucoup plus importante au début qu'à la fin des discours de cette première partie.
Dès le premier chapitre (*Von den drei Verwandlungen* / Des trois métamorphoses), on lit par exemple : (Q)[318] *« Meine Brüder, wozu bedarf es des Löwen im Geiste? Was genügt nicht das lastbare Thier, das entsagt und ehrfürchtig ist? »*[319] (Mes frères, à quoi peut bien servir d'avoir ce lion dans l'esprit ? Pourquoi l'animal docile, résigné et respectueux ne suffit-il pas ?), questions auxquelles Zarathoustra répond dans la suite immédiate point par point et de manière très méthodique, reprenant même partiellement dans la réponse

[318] Pour plus de clarté nous marquons dans nos exemples les questions par l'initiale (Q) et les réponses par l'initiale (R).
[319] *ASZ*, I, p. 25.

les termes de la question : (R) *« dazu, meine Brüder bedarf es des Löwen » / « Dass er sich Freiheit raube von seiner Liebe: des Löwen bedarf es zu diesem Raube »*[320] (C'est pour cela, mes frères qu'il nous faut ce lion / Pour s'arracher à son amour et reconquérir sa liberté : il faut être lion pour oser pareille violence). Le schéma est identique pour le doublé interrogatif qui se trouve dans le sillage du premier : (Q) *« Aber sagt, meine Brüder, was vermag noch das Kind, das auch der Löwe nicht vermochte? Was muss der raubende Löwe noch zum Kinde werden? »*[321] (Mais dites-moi, mes frères, l'enfant peut-il réaliser ce que le lion n'est pas parvenu à accomplir ? Pourquoi un prédateur comme le lion devrait-il se transformer en enfant ?), et auquel font suite les réponses (R) *« Unschuld ist das Kind und Vergessen, ein Neubeginnen » / « Drei Verwandlungen nannte ich euch des Geistes: wie der Geist zum Kameele ward, und zum Löwen das Kameel, und der Löwe zuletzt zum Kinde »*[322] (L'enfant est tout innocence et oubli, un nouveau départ / Je vous ai nommé les trois métamorphoses de l'esprit : comment l'esprit s'est changé en chameau, le chameau en lion, et finalement le lion en enfant). Les questions rhétoriques sont encore une fois suivies de réponses explicites circonstanciées dont le caractère presque « scolaire » est ici renforcé par le fait que la dernière réponse est une reprise faisant écho mot pour mot (à l'exception du verbe au prétérit : *nenne / nannte*) à la formule introductrice du chapitre : *« Drei Verwandlungen nenne ich euch des Geistes »*[323] (Je vous nomme [cite] trois métamorphoses de l'esprit).

On trouve dans la suite du texte plusieurs autres exemples de question rhétoriques assorties de réponses explicites :

[320] *ASZ*, I, p. 25.
[321] *Ibid.*, p. 26.
[322] *Ibid.*
[323] *Ibid.*, p. 24.

(Q) *« Werde ich mich gelüsten lassen meines Nächsten Magd? »* (Devrais-je convoiter la servante de mon voisin ?) (R) *« Das alles vertrüge sich schlecht mit gutem Schlafe »*[324] (Cela serait incompatible avec un bon sommeil) / (Q) *« Doch wem dankten sie ihrer Entrückung Krampf und Wonne? »* (Mais à qui devaient-ils le spasme et la volupté de leur extase ?) (R) *« Ihrem Leibe und dieser Erde »*[325] (A leur corps et à cette terre) / (Q) *« Was ist es, das Achten und Verachten und Werth und Willen schuf? »* (Qu'est-ce qui a créé l'estime et le mépris, la valeur et le vouloir ?) (R) *« Das schaffende Selbst schuf sich Achten und Verachten [...] Der schaffende Leib schuf sich den Geist als eine Hand seines Willens »*[326] (Le soi créateur s'est créé attiré le respect et le mépris [...] Le corps créateur a créé l'esprit pour être la main de son vouloir) / (Q) *« Was ist dieser Mensch? »* (Qu'est cet homme ?) (R) *« Ein Haufen von Krankheiten »* (Un monceau de maladies) / (Q) *« Was ist dieser Mensch? »* (Qu'est cet homme ?) (R) *« Ein Knäuel wilder Schlangen »*[327] (Un grouillement de serpents dangereux) / (Q) *« Was ist doch sonst das Gesicht deines Freundes? »* (Mais à quoi ressemble donc autrement le visage de ton ami ?) (R) *« Es ist dein eigenes Gesicht »*[328] (A ton propre visage) / (Q) *« Rathe ich euch zur Nächstenliebe? »* (Est-ce que je vous encourage à l'amour du prochain ?) (R) *« Lieber noch rathe ich euch zur Nächsten-Flucht »* (Je vous encourage plutôt à fuir le prochain) / (Q) *« Diess Gespenst [...] warum giebst du ihm nicht dein Fleisch und deine Knochen? »* (Ce spectre [...] pourquoi ne lui offres-tu pas ta chair et tes os ?) (R) *« Aber du fürchtest dich und*

---

324 *Von den Lehrstühlen der Tugend,* (Des chaires de la vertu), *ASZ,* I, p. 27.

325 *Von den Hinterweltlern* (De ceux de l'arrière-monde), *ibid.*, p. 31.

326 *Von den Verächtern des Leibes* (Des contempteurs du corps), *ibid.*, p. 34.

327 *Vom bleichen Verbrecher* (Du pâle criminel), *ibid.*, p. 38.

328 *Vom Freunde* (De l'ami), *ibid.*, p. 57.

läufst zu deinem Nächsten »[329] (Mais tu as peur et tu te réfugies auprès de ton prochain) / (Q) *« Sagt mir doch: wie kam Gold zum höchsten Werthe? »* (Dis-moi, comment l'or a-t-il acquis sa valeur supérieure (R) *« Darum, dass es ungemein ist »*[330] (Pour la simple raison qu'il est inhabituel) / (Q) *« Und der Geist - was ist er ihm [dem Leib]? »* (Et l'esprit - qu'est-il donc pour lui [pour le corps] ?) (R) *« Seiner Kämpfe und Siege Herold »*[331] (Il est le héros de ses combats et de ses victoires).

Mais après un premier chapitre à la tonalité pédagogique très prononcée et presque laborieuse, on trouve aussi dans cette première partie du *Zarathoustra* toute une série de questions rhétoriques dont la réponse reste non formulée et implicite : (Q) *« Und warum sollte man nicht wie die Kinder reden? »*[332] (Et pourquoi ne devrait-on pas parler comme les enfants ?) (sous entendu[333] (R) : « il n'y a aucune raison ») /

---

[329] *Von der Nächstenliebe* (De l'amour du prochain), *ASZ*, I, p. 61. Dans la deuxième formule, on pourrait penser que l'on a affaire à une question « ouverte » qui ne serait pas une question rhétorique, suivie d'une digression introduite par *« aber »* : *« warum giebst du ihm nicht dein Fleisch und deine Knochen? Aber [...] »*. Il est cependant plus probable que le *« aber »* (mais) soit ici équivalent de *« weil »* (parce que) et que la « digression » soit tout simplement une réponse à la question posée.

[330] *Von der schenkenden Tugend* (De la vertu qui offre), *ASZ*, I., § 1, p. 76.

[331] *Ibid.*, p. 77.

[332] *Von den Verächtern des Leibes* (Des contempteurs du corps), *ibid.*, p. 33.

[333] C. Kerbrat-Orecchioni opère entre « sous-entendu » et « présupposé » une distinction, selon laquelle les informations transmises par les présupposés *« sont [...] automatiquement entraînées par la formulation de l'énoncé, dans lequel elles se trouvent intrinsèquement inscrites »* [il a cessé de fumer → il fumait avant] (*L'implicite, op. cit.*, p. 25) ; le sous-entendu en revanche *« reste tributaire de certaines particularités du contexte énonciatif »* (*Ibid.*, p. 39). Cette interrogation extraite du *Zarathoustra* (ainsi que la plupart des formules qui suivent) sont quelque peu ambiguës. On ne peut pas dire que le contexte joue un grand rôle, mais on ne peut pas dire non plus plus qu'il n'en joue strictement aucun. Dans le doute, nous adoptons donc la dénomination « sous-entendu ».

(Q) *« Ihr wollt nicht tödten, ihr Richter und Opferer, bevor das Thier genickt hat? »*[334] (Vous ne voulez pas tuer, juges et sacrificateurs, avant que la bête ait courbé l'échine) (sous entendu (R) : « non ») / (Q) *« Wer von euch kann zugleich lachen und erhoben sein? »*[335] (Qui d'entre vous peut en même temps rire et séjourner au sommet) (sous entendu (R) : « personne ») / (Q) *« Was haben wir gemein mit der Rosenknospe, welche Zittert, weil ihr ein Tropfen Thau auf dem Leibe liegt? »*[336] (Qu'avons-nous en commun avec le bouton de rose, qui tremble parce qu'une goutte de rosée repose sur lui ?) (sous entendu (R) : « rien ») / (Q) *« Und auch ihr, denen das Leben wilde Arbeit und Unruhe ist, seid ihr nicht sehr müde des Lebens? Seid ihr nicht sehr reif für die Predigt des Todes? »*[337] (Et vous aussi, dont la vie n'est que travail forcené et inquiétude, n'êtes-vous donc pas très fatigués de vivre ? N'êtes-vous pas tout à fait prêt à entendre la prédication de mort ?) (sous entendu (R) : « si ») / (Q) *« Merktest du nicht [...] wie ihre Kraft von ihnen gieng [...] wie der Rauch von einem erloschenden Feuer? »*[338] (N'as-tu pas remarqué [...] comme leurs forces les quittaient [...] de la même façon que la fumée s'échappe d'un feu en train de s'éteindre ?) (sous entendu (R) : « si ») / (Q) *« Ist es nicht besser, in die Hände eines Mörders zu geraten, als in die*

---

[334] *Vom bleichen Verbrecher* (Du pâle criminel), *ASZ*, I., p. 36.
[335] *Vom Lesen und Schreiben* (Lire et écrire), *ibid.*, p. 40.
[336] *Ibid.*
[337] *Von den Predigern des Todes* (Des prédicateurs de mort), *ibid.*, p. 46. On remarque ici à deux reprises dans la double question que la réponse sous-entendue est due à la forme interro-négative utilisée. Cette forme interro-négative est d'ailleurs utilisée dans plusieurs autres questions rhétoriques que nous mentionnons dans la suite. C'est là l'indice d'un questionnement résolument fermé puisque la réponse « si » est quasiment obligatoire.
[338] *Von den Fliegen des Marktes* (Des mouches de la place publique), *ASZ*, I, p. 54.

Träume eines brünstigen Weibes? »[339] (Ne vaut-il pas mieux échouer entre les mains d'un assassin qu'entre celles d'une femme en chaleur ?) (sous entendu (R) : « si ») / (Q) *« Sahst du deinen Freund schon schlafen? Erschrackst du nicht, dass dein Freund so aussieht »*[340] (As-tu déjà vu ton ami dormir ? N'as-tu pas été effrayé de voir son apparence ?) (sous-entendu (R) : « si ») / (Q) *« Aber sagt mir doch, meine Brüder: wenn der Menschheit das Ziel noch fehlt, fehlt da nicht auch - sie selber noch? »*[341] (Mais dites-moi donc, mes frères : si l'humanité n'a pas encore trouvé de but, ne faut-il pas qu'elle se trouve elle-même ?) (sous-entendu (R) : « si ») / (Q) *« Welches Kind hätte nicht Grund, über seine Eltern zu weinen? »*[342] (Quel enfant n'aurait pas de bonnes raisons de pleurer en voyant ses parents ?) (sous entendu (R) : « aucun »).

Ponctuellement, la réponse sous-entendue est soulignée par un enchaînement : *« Ihr liebt Trauerspiele und alles, was das Herz zerbricht? Aber ich bin misstrauisch gegen eure Hündin »*[343] (Vous aimez les tragédies et tout ce qui brise le cœur ? Mais je me méfie de votre chienne) / *« Rede ich von schmutzigen Dingen? Das ist mir nicht das Schlimmste »*[344] (Est-ce que je parle de choses sales ? Ce n'est pas ce qu'il y a de pire pour moi) / *« Es soll deines Freundes Ehre sein, dass du dich ihm giebst, wie du bist? Aber er wünscht dich darum zum Teufel! »*[345] (Cela est-il censé honorer ton ami que tu t'offres à lui tel que tu es ? Mais c'est justement pour cela qu'il te souhaite d'aller au diable). Dans tous ces cas de figure, la réponse sous-entendue aux questions est évidem-

---

339 *Von der Keuschheit* (De la chasteté), *ASZ*, I, p. 54.
340 *Vom Freunde* (De l'ami), *ibid.*, p. 56.
341 *Von tausend und einem Ziele* (De mille et une fins), *ibid.*, p. 60.
342 *Von Kind und Ehe* (De l'enfant et du mariage), *ibid.*, p. 70.
343 *Von der Keuschheit, ibid.*, p. 54.
344 *Ibid.*
345 *Vom Freunde, ibid.*, p. 57.

ment « oui », puisque cette réponse sert de base à un enchaînement conduit par Zarathoustra. Il est clair, par exemple, qu'à la suite de la question : *« Rede ich von schmutzigen Dingen? »* (Est-ce que je parle de choses sales ?) Zarathoustra ne pourrait proposer l'enchaînement *« Das ist mir nicht das Schlimmste »* (Ce n'est pas le pire pour moi) si une réponse positive à ladite question n'était pas préalablement sous-entendue.

Jusque-là l'appel véhiculé par les questions rhétoriques est nettement finalisé puisque les réponses à ces questions sont soit données, soit sous-entendues. Le guidage du destinataire vers un objectif précis est assez évident. Mais, par une sorte de paradoxe, on remarque également que le questionnement de Zarathoustra, que l'on pourrait - au vu des caractéristiques que nous venons de relever - qualifier de questionnement « fermé », s'« ouvre » progressivement au fil des chapitres. Un moment crucial de ce processus d'ouverture est certainement le chapitre *Von Kind und Ehe* (De l'enfant et du mariage) où Zarathoustra semble justement vouloir thématiser cette problématique du « questionnement ». Du même coup ce questionnement, souvent destiné à un auditoire collectif dans ce qui précède, est cette fois explicitement adressé à un interlocuteur un et unique : *« Ich habe eine Frage für dich allein, mein Bruder »*[346] (J'ai une question qui t'est destinée à toi seul, mon frère). En personnalisant la question, Zarathoustra suggère peut-être qu'il entend impliquer davantage son interlocuteur et lui conférer un rôle actif dans sa démarche. Les questions explicitement centrées sur le destinataire et la présence ponctuelle du performatif *« fragen »* (suggérant que ces questions sont effectives et non simplement rhétoriques) viennent renforcer cet effet : *« Aber bist du ein Mensch, der sich ein Kind wünschen darf? »*[347] (Mais es-tu

[346] *ASZ*, I, p. 70.
[347] *Ibid.*

au moins un homme qui ait le droit de souhaiter un enfant ?) / *« Bist du der Siegreiche, der Selbstbezwinger, der Gebieter der Sinne, der Herr deiner Tugenden? Also frage ich dich »*[348] (Es-tu le vainqueur, maître de toi et de tes sens, seigneur de tes vertus ? Je te le demande). La thématique « réflexive » de cette dernière interrogation, associée à la deuxième personne (*« Bist du [...] Selbstbezwinger » / « Herr deiner Tugenden »*) suggère d'ailleurs peut-être que la réponse à cette interrogation est, cette fois, entre les mains du destinataire. Bref, le questionnement semble s'ouvrir.
Autre fait significatif (en même temps que paradoxal) allant apparemment dans le même sens : dans le chapitre *Vom Wege des Schaffenden* (Des voies du créateur), Zarathousta lance à son auditoire un type d'appel à la fois normatif et finalisé (cf supra : stratégie du fait accompli : *« ihr Schaffenden! »*[349]) (vous, les créateurs !). Mais curieusement il adresse aussi à cet auditoire un questionnement plus ouvert qui semble vouloir rendre aux interlocuteurs l'initiative de la réponse : *« Bist du ein solcher, der einem Joche entrinnen durfte? »*[350] (Es-tu de ceux qui puissent prétendre échapper à un tel joug ?) (sous entendu (R) : « oui ou non »). *Idem* pour l'enchaînement *« Frei vowon? Was schiert das Zarathustra! »*[351] (Libre de quoi ? Quelle importance pour Zarathoustra !), où Zarathoustra déclare se désintéresser de la réponse à la question qu'il vient de poser, suggérant du même coup que cette question est effectivement ouverte.
En somme, au fur et à mesure que Zarathoustra confirme son *ethos* de « professeur » ou de « maître », dispensant (de façon « verticale ») son enseignement à des « élèves » ou à des « disciples » (gradation : *Brüder / Freunde / Jünger // frères*

[348] *ASZ*, I, p. 70.
[349] Les interlocuteurs de Zarathoustra sont proclamés des « créateurs ».
[350] *ASZ*, I, p. 63.
[351] *Ibid.*

/ amis / disciples), son questionnement semble évoluer dans une direction opposée : par définition, le professeur ou le maître sont censés connaître d'avance la réponse aux questions qu'il posent (c'est même là le paradoxe pédagogique bien connu auquel ils sont confrontés dans leur pratique), et ce d'autant plus qu'ils sont aguerris dans leur fonction et confirmés dans leur statut. Ils ne questionnent pas leurs élèves sans savoir ou pour savoir, sous peine précisément d'être déchus de ce statut. Et pourtant, c'est bien ce que Zarathoustra semble faire ici si l'on étudie le trajet de son questionnement : plus il enseigne, plus son questionnement s'imprègne d'incertitude et plus il tend à transférer l'initiative à ceux qui sont censés ne pas savoir.

Dernier phénomène ayant trait aux questions rhétoriques : l'auditoire de Zarathoustra, sans cesse questionné tout au long de la première partie, ne « répond » quasiment jamais (ce qui n'est en soi pas surprenant puisque justement les questions sont rhétoriques), transformant le dialogue présumé de Zarathoustra en une sorte de monologue. Au demeurant, le chapitre *Von alten und jungen Weiblein*[352] (Des femmelettes, jeunes et vieilles), situé plutôt vers la fin de la première partie, constitue une exception, à notre avis significative, à ce scénario : les « frères », constamment interpellés par Zarathoustra dans les chapitres précédents, et qui restent sans réaction et comme sourds à ses appels, posent ici d'emblée une série de questions en rafale à Zarathoustra : *« Was schleichst du so scheu durch die Dämmerung, Zarathustra? / Und was birgst du behutsam unter deinem Mantel? / Ist es ein Schatz, der dir geschenkt ?»*[353] (Pourquoi te glisses-tu si furtivement à travers le crépuscule, Zarathoustra ? Et que dissimules-tu soigneusement sous ton manteau ? Est-ce un trésor que l'on t'a offert ?). Or, ce qui surprend à propos de

---

[352] *ASZ,* I, p. 66-68.
[353] *Ibid.*, p. 67.

ces questions relatives au comportement de Zarathoustra est qu'elles sont totalement décalées au regard des thématiques longuement déployées dans les discours que Zarathoustra adressait à ses « frères » dans les chapitres précédents. Le phénomène fait incontestablement songer à un « dialogue de sourds » qui laisse au lecteur une impression de grande incongruité. Tout se passe comme si l'enseignement de Zarathoustra, abondamment dispensé dans ce qui précède, notamment à travers le jeu des questions rhétoriques, n'avait porté strictement aucun fruit, ne parvenant à susciter que des questions apparemment hors de propos, bref l'incommunication totale entre deux univers clivés. La question ne s'inscrit plus dans aucune logique de pensée. Son sens semble s'épuiser dans le fait brut de questionner pour questionner, sans aucun égard pour le contexte communicationnel antérieur. On ne questionne plus pour répondre à l'autre, pour lui demander de préciser sa pensée, etc. : l'initiative du questionnement revient intégralement au questionneur, en l'occurrence l'interlocuteur ou les interlocuteurs de Zarathoustra devenus l'espace d'un instant totalement libres de leurs actes. On peut donc penser ici à un transfert d'initiative qui viendrait rejoindre dans ses effets le parcours précédemment décrit à propos du questionnement rhétorique (fermé → ouvert).

3.2.1.3 Parcours événementiel restreint

Mais toujours à propos de la première partie du *Zarathoustra* (parcours restreint), il est possible de rattacher le parcours communicationnel didactique qui lie Zarathoustra à son auditoire à un autre parcours que nous avons convenu d'appeler « événementiel ». Nous entendons par là la trame des événements qui se déroulent dans cette première partie, pour autant que ces événements ne soient pas directement d'ordre communicationnel. Si, comme nous l'avons déjà suggéré, les paroles sont des événements dans la mesure où elles s'insèrent dans une situation communicationnelle qui se modifie par leur truchement, nous voulons donc parler ici des autres événements, essentiellement rapportés par le narrateur et qui ne semblent pas *a priori* en liaison directe avec les discours de Zarathoustra.

Or, l'événement décisif de ce parcours est incontestablement le fait que Zarathoustra, après avoir longuement parlé à ses interlocuteurs devenus ses « disciples » et après leur avoir adressé un appel si nourri et si nuancé jouant sur tous les registres (cf *supra* : 3.2.2.1 : Les nuances de l'appel), prend brusquement congé d'eux et les congédie, sans donner d'autre explication que son bon *vouloir* : *« Allein gehe ich nun, meine Jünger. Auch ihr geht nun davon und allein! So **will** ich es »*[354] (A présent je vais seul, mes disciples. Vous aussi, partez maintenant, et seuls ! Tel est mon **vouloir**). On pourrait appeler cela le « paradoxe de l'enseignement de Zarathoustra » : l'appel, parvenu au *summum* de son intensité, s'auto-détruit. Zarathoustra n'aurait ainsi cherché à persuader ses fidèles que d'une seule chose : ne pas se laisser persuader par lui. A la fin de la première partie, il les invite même à le renier : *« Wahrlich, ich rathe euch: geht fort von mir und wehrt euch gegen Zarathustra! Und besser noch schämt euch seiner! »*[355] (Vraiment, je vous le conseille : éloignez-vous de moi et défendez-vous de Zarathoustra ! Mieux encore, ayez honte de lui !) et à le déchoir de son piedestal : *« Und warum wollt ihr nicht an meinem Kranze rupfen? »*[356] (Et pourquoi donc ne voulez-vous pas vous en prendre à ma couronne ?). Ce que l'on pressentait déjà au vu du parcours communicationnel, dans le jeu quelque peu paradoxal des

---

354 *Von der schenkenden Tugend* (De la vertu qui offre), *ASZ*, I, § 3, p. 79. Souligné par nous.

355 *Ibid.*

356 *Ibid.*

interrogations, d'abord plutôt normatives et très finalisées (questions rhétoriques), ensuite progressivement de plus en plus ouvertes (n'est-ce pas le contraire qu'on attendrait ?), tout cela vient s'expliciter dans ce final : *« Man vergilt einem Lehrer schlecht, wenn man immer nur der Schüler bleibt »*[357] (On peut difficilement pardonner à un professeur de devoir toujours rester élève). Cette formule-clé était d'ailleurs déjà inscrite en filigrane dans une série de plusieurs formules situées en amont : *« Also will ich selber sterben, dass ihr Freunde um meinetwillen die Erde mehr liebt »*[358] (Je veux donc mourir, pour que grâce à moi, mes amis, vous aimiez plus la terre), etc., ou encore dans la métaphore de la « balle passée » : *« Wahrlich, ein Ziel hatte Zarathustra, er warf seinen Ball [...] Lieber als Alles sehe ich euch, meine Freunde, den goldenen Ball werfen! »*[359] (A vrai dire, Zarathoustra avait un but, il lança sa balle [...] Plus que tout, mes amis, j'aime à vous voir lancer la balle d'or).

3.2.1.4 Synthèse philosophique

Parcours communicationnel et parcours actantiel restreint se rejoignent donc et c'est ainsi que se solutionne - pensons-nous - le conflit philosophique du *« ich will »* (je veux) et du *« du sollst »* (tu dois) annoncé dès le premier discours de cette première partie (*Von den drei Verwandlungen* / Des trois métamorphoses[360]). Nous nous en expliquons.

Tout le paradoxe du vouloir nous semble résider dans le fait que le *vouloir*, même s'il est au final selon Nietzsche lui-même puissance auto-créatrice, ne peut malgré tout au départ s'exercer de façon autarcique et « dans le vide ». Ce vouloir

---

357 *ASZ*, I, § 3, p. 79.
358 *Vom freien Tode* (De la libre mort), *ibid.*, p. 75.
359 *Ibid.*
360 *Ibid.*, p. 25.

s'incarne donc d'abord dans un rapport de force, dans le *pouvoir* des uns (qui ordonnent) et le *devoir* des autres (qui obéissent). Que serait la force de la volonté si elle ne s'imposait pas aux autres *de facto*, si elle n'était pas là toujours « en actes » en train de se manifester[361] ? Et quelle pourrait être l'expression philosophique de cette même volonté si elle n'était elle-même un acte volontaire, un appel par lequel le vouloir du philosophe vient « se mesurer » à ceux qui l'écoutent (l'auditoire de Zarathoustra) ou qui le lisent (les lecteurs de Nietzsche) ? N'est-ce pas d'ailleurs dans ce sens là que Nietzsche écrit dans *Ecce homo* à propos de son *Zarathoustra* : *« Mein Begriff « dionysisch » wurde hier höchste Tat »*[362] (Mon idée du 'dionysiaque' s'est transformée en acte

[361] Il semble évident que pour Nietzsche, la volonté est toujours « en actes » (cf par exemple l'apologie du corps, le thème souvent évoqué du « corps » comme « grande raison »), elle est un donné absolument premier et irréductible qui ne peut être « virtualisé ». Par comparaison, on pense ici à Schopenhauer qui pensait pouvoir « neutraliser » le « vouloir » (*Wille*) grâce à la « représentation » (*Vorstellung*). Toutes les représentations (y compris les représentations abstraites de la volonté) sont elles-mêmes des manifestations de cette volonté dont le siège est le « corps » : *« Der Leib war's, der am Leibe verzweifelte [...] Und da wollte er mit dem Kopfe durch die letzten Wände [...] hinüber zu 'jener Welt' »* (*Von den Hinterweltlern, ASZ*, I, p. 30) / (C'est le corps qui se mit à désespérer du corps [...] Et là il voulut frapper de la tête les ultimes murailles [...] afin d'atteindre 'ce monde-là'). Tout est toujours volonté et la volonté est toujours tout en tout lieux et en tous temps : bref, la volonté est toujours « en actes ».

[362] *Werke in drei Bänden, op. cit.*, p. 1134. Le contexte de cette citation met d'ailleurs nettement en exergue une ambiance de concurrence et de rivalité : *« Lassen wir die Dichter beiseite: es ist vielleicht überhaupt nie etwas aus einem gleichen Überfluss von Kraft heraus getan worden » (ibid.)* (Laissons les poètes de côté : il n'est peut-être rien qui eût jamais été créé à partir d'un tel débordement de force). Nietzsche se comparant aux « poètes » les plus renommés (il cite dans la suite Shakespeare, Dante et Goethe) semble vouloir les toiser, se mesurer à eux (on remarque au passage que Nietzsche ne fait pas allusion aux œuvres, mais aux

au sens le plus noble). De façon significative, Nietzsche ne semble pas ici vouloir parler pas du contenu notionnel, mais de l'impact physique de son œuvre : la « notion » (*Begriff*) « devient » (*wurde*) « action » (*Tat*).

Le vouloir du « maître » Zarathoustra vient donc lui aussi d'abord s'incarner dans un rapport de forces : Zarathoustra vient jauger son pouvoir en lançant à son auditoire de « disciples » cet appel si riche de nuances, à la fois normatif et suggestif, direct et insidieux, distant et personnel, froid et humain, provocateur et compatissant. Zarathoustra teste donc l'emprise et l'impact de cet appel, qui - comme nous l'avons suggéré à plusieurs reprises - médiatise sans doute lui-même par trope communicationnel l'appel de Nietzsche à son lecteur. Si le vouloir en actes est d'abord un rapport de force, l'exercice oral de ce vouloir face à un public (ce que fait Zarathoustra) et l'écriture philosophique de ce vouloir pour un lecteur (ce que fait Nietzsche) sont aussi un rapport de force. L'appel protéiforme lancé par Zarathoustra, dont nous avons tenté dans ce qui précède de détailler les multiples facettes, n'est que le substrat de l'appel protéiforme lancé par Nietzsche, qui met en quelque sorte son activité de philosophe au diapason de sa philosophie, une philosophie consacrant un vouloir hégémonique et omniprésent au point d'épuiser tous

---

créateurs de ces œuvres) ; il se situe donc incontestablement vis-à-vis d'eux dans un rapport de force :

Dass ein Goethe, ein Shakespeare nicht einen Augenblick in dieser ungeheueren Leidenschaft und Höhe zu atmen wissen würde, dass Dante, gegen Zarathustra [...] bloss ein Gläubiger ist [...] Dass die Dichter des Veda [...] nicht einmal würdig [sind] die Schuhsohlen eine Zarathustra zu lösen (ibid.) / (Qu'un Goethe, un Shakespeare ne seraient pas à même de respirer un seul instant à ces hauteurs et dans une telle passion, que Dante comparé à Zarathoustra [...] n'est qu'un vulgaire créancier [...] Que les poètes des Véda [...] ne sont pas même dignes de défaire les sandales d'un Zarathoustra)

Ce rapport de force qui l'oppose à ses « confrères » oppose aussi probablement Nietzsche à ses lecteurs.

les aspects du réel : tout est vouloir et le vouloir est tout, et surtout le vouloir s'« agit » et ne se « pense » pas[363].

Mais - nous l'avons dit - le vouloir, pour ne pas se déliter en pouvoir (générateur de nihilisme), pour rester puissance auto-créatrice, doit continuellement se dépasser et se défaire de ses acquis, des objets et des projets où il s'investit, la mesure du vouloir étant précisément l'aptitude de chacun à se délester de ces acquis sécurisants, alors même qu'ils semblent les plus assurés[364]. Il y a incontestablement chez Nietzsche, liée à son vitalisme sans compromis, cette idée de remise en question perpétuelle, de destruction et de reconstruction, de perte et de regain, de chute et de résurrection sans fin[365]. Tout cela est d'ailleurs étroitement associé à l'idée de

---

[363] *« Wo ich Lebendiges fand, da fand ich Willen zur Macht »* (*Von der Selbstüberwindung / Du dépassement de soi, ASZ*, II, p. 118) / (Partout où j'ai trouvé la vie, j'ai trouvé la volonté de puissance) // *« Das ist euer ganzer Wille, ihr Weisesten, als ein Wille zur Macht; und auch wenn ihr vom Guten und Bösen redet und von den Werthschätzungen »* (*ibid.*, p. 116) / (Tout ce que vous recherchez, ô vous sages parmi les sages, c'est la volonté de puissance, même lorsque vous parlez du Bien et du Mal ou des valeurs). Même là où on pourrait croire que le vouloir cède le pas à la pensée, à la représentation, dans le monde prétendu transcendant des « sages parmi les sages » qui cogitent nos valeurs, même là, c'est encore le vouloir qui est en fait à pied d'œuvre : la valeur est vouloir.

[364] C'est le thème récurrent chez Nietzsche de l'*amor fati*. L'éternel retour est également lié à cette idée d'abandon (mais un abandon volontaire et actif) au destin et au hasard, avec en plus l'idée - en quelque sorte hyperbolique - d'un abandon à ce qu'il y a de « pire » dans ce destin et dans ce hasard. Soit dit en passant : on pense ici bien sûr à un possible parallèle avec Descartes : la *raison* s'aiguise avec l'incertitude du « doute hyperbolique » (permis par l'hypothèse du malin génie) ; la *volonté* s'aiguise avec la souffrance de l'« éternel retour » (qui n'est d'ailleurs lui aussi - comme on l'a parfois défendu - qu'une hypothèse philosophique, que K. Jaspers, par exemple, qualifiait de *« Glaubenssymbol »*).

[365] *« Ja, viel bitteres Sterben muss in eurem Leben sein, ihr Schaffenden! Also seid ihr Fürsprecher und Rechtfertiger aller Vergänglichkeit »* (Oui, il faut qu'il y ait beaucoup de mort et d'amertume dans vos vies, créateurs ! Car vous êtes des partisans et des défenseurs de tout ce qui est

l'« éternel retour » : pour « vouloir » vraiment, il faut être prêt à vouloir à tout instant le meilleur comme le pire[366], et

---

passé) / « *Wahrlich, durch hundert Seelen gieng ich meinen Weg und durch hundert Wiegen und Geburtswehen. Manchen Abschied nahm ich schon, ich kenne die herzbrechenden letzten Stunden* » (*Auf den glücklichen Inseln, ASZ,* II, p. 87 / Sur les îles bienheureuses) (Vraiment, mon chemin est passé par cent esprits, des centaines de berceaux et de douleurs d'accouchement. J'ai souvent dû prendre congé des choses, je connais bien ces toutes dernières heures qui vous brisent le cœur). On trouve encore : *« mein alter Wille [...] Immer noch brachst du dich durch alle Gräber! [...] Ja, noch bist du mir aller Gräber Zertrümmerer [...] Und nur wo Gräber sind, giebt es Auferstehungen »* (*Das Grablied* / Chant sépulcral, *ibid.,* p. 116) (Ma vieille volonté [...] Tu te brisais encore et toujours sur toutes les tombes ! [...] Oui, tu es toujours une destructrice de tombes [...] Et il faut qu'il y ait des tombes pour qu'il y ait des résurrections).

366 Dans le chapitre *Der Wanderer* (Le voyageur), Zarathoustra fait peut-être - à mots couverts comme toujours - l'expérience de l'éternel retour : *« Es kehrt nur zurück, es kommt mir endlich heim - mein eigen Selbst, und was von ihm lange in der Fremde war und zerstreut unter alle Dinge und Zufälle »* (*ASZ,* III, p. 157) (Il me revient, il rentre à la maison, mon propre soi, avec tout ce qui de lui était parti en terre étrangère, dispersé parmi les choses et les hasards), expérience qu'il semble présenter comme l'acceptation d'un danger, d'un risque de mort imminent : *« Du gehst deinen Weg der Grösse! nun ist deine letzte Zuflucht worden, was bisher deine letzte Gefahr hiess! »* (*ibid.*). C'est face au péril toujours réitéré que la volonté s'affirme, quand il n'y a plus d'assurance, plus de retraite possible, que la volonté s'affirme le mieux ; c'est ce que dit d'ailleurs la métaphore de l'« escalade » : *« Du gehst deinen Weg der Grösse: das muss nun dein bester Muth sein, dass es hinter dir keinen Weg mehr giebt! »* (*ibid.*). Pour escalader les plus haut sommets, il faut être prêt à affronter le vide ; pour tout gagner, il faut être prêt à tout perdre. L'éternel retour ressemble à une sorte de jeu de quitte ou double : « Die Frage bei allem und jedem: *'willst du dies noch einmal und noch unzählige Male?' würde als das grösste Schwergewicht auf deinem Handeln liegen! Oder wie müsstest du dir selber und dem Leben gut werden, um nach nichts* mehr zu verlangen *als nach dieser letzten ewigen Bestätigung und Besiegelung? »* (*Die fröhliche Wissenschaft* (Le gai savoir), *Werke in drei Bänden, op. cit.*, II, § 341, p. 202) (La question qui revient toujours à propos de tout : 'veux tu que cela revienne et revienne encore une infinité de

ce pour l'éternité. C'est face au défi de l'éternel retour que la volonté s'exacerbe et se surpasse elle-même[367].

En tout état de cause, le sacrifice des acquis est - chez Nietzsche - consubstantiel au vouloir. Et c'est bien ce qui se vérifie dans le *Zarathoustra*. N'est-ce pas - encore une fois - par un acte de vouloir avéré et explicite que Zarathoustra renonce à la compagnie de ceux qui viennent juste de devenir ses « disciples » et aux fruits laborieusement récoltés de son enseignement : *« Allein gehe ich nun, meine Jünger. Auch ihr geht nun davon und allein!* So will ich es »[368]. C'est donc ainsi que l'appel protéiforme de Zarathoustra, parvenu au point culminant de sa montée en puissance, s'auto-détruit et se retourne contre lui-même, suggérant peut-être - plus clairement encore - ce que nous avons appelé l'*appel-dépassement*. C'est ce retournement que l'on peut lire dans le parcours communicationnel / actantiel paradoxal de Zarathoustra qui renonce délibérément et apparemment sans raison au statut privilégié du « maître » et à un enseignement qui paraissait encore extrêmement prometteur. C'est là d'ailleurs peut-être aussi la clé de lecture de l'énigmatique exclamation de Zarathoustra (il fait mine de ne pas comprendre lui-même pourquoi il agit ainsi) : *« Ach meine Freunde! Ich hätte euch noch etwas zu sagen, ich hätte noch Etwas zu geben! Warum gebe ich es nicht? Bin ich denn geizig? »*[369] (Ah, mes amis, j'aurais eu encore quelque chose à vous dire,

---

fois?' serait une énorme chappe qui entrave ton action ! Ou comment t'y prendrais-tu pour te rendre justice à toi-même et à la vie, afin de ne rien demander d'autre que cette ultime et éternelle confirmation et certitude).

[367] Comme l'écrit Jacques Sojcher (dans un tout autre registre), l'acceptation de l'éternel retour est « hyperbole de l'affirmation » , « outrepas du vouloir » (Nietzsche, *La question et le sens*, Paris, Aubier, Montaigne, 1972, p. 46).

[368] *Von der schenkenden Tugend* (De la vertu qui offre), *ASZ*, I, § 3, p. 79. Souligné par nous.

[369] *Die stillste Stunde* (L'heure du plus grand silence), *ASZ*, II, p. 154.

j'aurais encore quelque chose à vous donner. Pourquoi ne le donnai-je pas ? Suis-je donc avare ?). Si Zarathoustra ne comprend pas son acte, c'est parce que c'est un acte de vouloir et non un acte de raison ; et par définition, le vouloir à l'état pur est libre et souverain, donc immotivé et imprévisible. C'est encore ce retournement que l'on pressent dans le jeu modulé du questionnement, qui tout en restant globalement normatif et finalisé (questions rhétoriques) semble à partir d'un certain moment vouloir *s'ouvrir*, inversant sans raison apparente les rôles de l'enseignant et de l'enseigné. Retournement peut-être encore dans l'injonction à la solitude lancée par Zarathoustra à son auditoire (*« Einsamer, du gehst »*[370] / Solitaire, tu pars), sachant que cette injonction, si elle était entendue, rendrait au final caduque sa propre activité didactique, résultat qui serait d'autant plus paradoxal que l'impact perlocutoire de l'appel lancé par Zarathoustra est justement dans ce chapitre à son paroxysme (stratégie du fait accompli / appel fortement normatif et finalisé).
Paradoxalement, l'appel de Zarathoustra semble imploser sous l'effet de sa propre force. Si curieux que cela paraisse, le paradoxe est ici le catalyseur du vouloir. Ce n'est d'ailleurs peut-être pas si curieux que cela si l'on considère que le vouloir, s'il a besoin du pouvoir, du devoir et du savoir comme il a besoin d'une substance dans laquelle il prend corps et s'actualise, ne se révèle en tant que tel et dans toute sa force que dans la négation radicale de cette altérité : c'est en retournant la *doxa* instituée qu'il avait lui-même contribué à mettre en place que le vouloir éclate dans toute sa force. De là, peut-être, cette omniprésence, ce culte du paradoxe sous toutes ses formes (pas seulement illocutoire) dans l'œuvre de Nietzsche. Ce point mériterait certainement d'être approfondi.

---

[370] *Vom Wege des Schaffenden* (Des voies du créateur), *ASZ*, I, p. 65.

3.2.2 Parcours communicationnel et événementiel général

3.2.2.1 L'appel-dépassement

Pour conclure ce chapitre, il faut bien entendu mentionner cet appel, lui aussi investi dans des structures communicationnelles / événementielles, et qui résonne à travers la totalité de l'œuvre (nous n'avions jusqu'à présent parlé que de la première partie et du premier départ de Zarathoustra). C'est l'appel ponctué par la succession des départs et des retours de Zarathoustra qui, quittant sa caverne pour aller « mener campagne » pour le « surhomme » auprès des hommes, revient à deux reprises sur ses pas et se réfugie dans la solitude[371]. L'entreprise communicationnelle de Zarathoustra « échoue » de façon répétée, ou plus exactement il la fait échouer. Son appel, qui à chaque fois résonne dans le vide, est donc lui-même une parabole (étendue à l'œuvre entière) de l'appel-dépassement qui tire sa force de son propre reniement.

---

[371] Zarathoustra, parti de sa caverne - où il avait séjourné seul des années durant - pour aller enseigner aux hommes le « surhomme », leur fausse une première fois compagnie pour retourner au point de départ : « *Hierauf gieng Zarathustra wieder zurück in das Gebirge und in die Einsamkeit seiner Höhle und entzog sich den Menschen* » (*Das Kind mit dem Spiegel* / L'enfant au miroir, *ASZ*, II, p. 83) (Là-dessus, Zarathoustra regagna la montagne et, retrouvant la solitude de sa caverne, il prit congé des hommes). Reparti vers les hommes après un long séjour solitaire, Zarathoustra s'embarque ensuite pour les « îles fortunées » pour y rejoindre ses « amis » ; mais il quitte encore une fois les îles et ses amis (début de la troisième partie) pour se retrouver à nouveau - après quelques pérégrinations parmi les hommes - dans sa caverne : « *Eines Morgens, nicht lange nach seiner Rückkehr zur Höhle* » (*Der Genesende* / Le convalescent, *ASZ*, III, § 1, p. 225) (Un matin, peu de temps après avoir regagné sa caverne).

3.2.2.1.1 L'enseignement du « surhomme »

Reprenons l'exemple de l'un des enseignements de Zarathoustra : le « surhomme ». *« Ich lehre euch den Übermenschen. Der Mensch ist Etwas, das überwunden werden soll. Was habt ihr gethan, ihn zu überwinden? »*[372] (Je vous enseigne le surhumain. L'homme est une chose qui doit être dépassée), telle est l'annonce programmatique faite par Zarathoustra au début de l'œuvre. Face à de tels propos on pourrait penser que Zarathoustra est disposé à assumer le rôle d'un « guide », prêt à diriger l'action future des hommes, à lancer un appel ou une série d'appels nettement finalisé(s) par la réalisation de l'« objectif surhomme ». Mais nous l'avons vu à propos de la première partie : cette annonce n'est pas suivie des directives attendues. Et cela semble se vérifier également à l'échelle de l'œuvre entière et du parcours didactique général. Ces « directives » sans cesse prorogées au fil de l'œuvre semblent devoir rester au stade de l'annonce et du projet. Alors que le prologue est déjà bien entamé, les déclarations de Zarathoustra sont toujours désespérément prospectives : *« den Regenbogen will ich ihnen zeigen und alle die Treppen des Übermenschen »*[373] (je veux vous montrer l'arc-en-ciel et toutes les marches qui conduisent au surhumain). La réalisation toujours différée du « dépassement » met en quelque sorte le « dépassement » en abyme. Et curieusement, dans l'un des rares passages où Zarathoustra paraît vouloir donner quelque information positive sur la nature de l'appel qu'il lance aux hommes à travers son enseignement du « surhomme », il déclare : *« als Dichter [...] lehrte ich sie an der Zukunft schaffen und [...] Das Vergangene am Menschen zu erlösen [...] bis der Wille spricht: Aber so wollte ich es! So*

---

[372] *Vorrede* (Prologue), *§ 3, ASZ*, I, p. 10.
[373] *ASZ*, I, p. 22.

werde ich's wollen –»[374] (En tant que poète [...] je leur ai appris à œuvrer pour l'avenir [...] à se défaire de ce qui attache l'homme au passé [...] jusqu'au jour où le vouloir parle : « C'est ce que j'ai voulu ! C'est ce que je voudrai - »). Le prétérit utilisé dans l'ensemble du passage suggère que Zarathoustra aurait cette fois renoncé à son enseignement et à son appel aux hommes. Paradoxalement, c'est justement au moment où il semble prendre corps que l'enseignement de Zarathoustra s'annule : « Avant il est encore trop tôt, après il est déjà trop tard », telle est la formule qui résume peut-être le mieux la situation.

Plus loin dans le texte, on lit encore - toujours en liaison avec l'enseignement de Zarathoustra : *« Und auch das Lernen sollt ihr erst von mir lernen, das Gut-lernen »*[375] (Et c'est moi également qui dois vous apprendre à apprendre, à bien apprendre). Zarathoustra - à un point étonnamment avancé de ses discours - entend « apprendre aux hommes à apprendre », mais il ne leur apprend toujours rien, comme si l'appel qu'il leur adresse était encore une fois mis en abyme pour ne pas devoir se finaliser.

3.2.2.1.2 L'enseignement de l'« éternel retour »

Mêmes réflexions à propos d'un autre enseignement : celui de l'« éternel retour » (que nous avons déjà évoqué plus haut). Au début du chapitre *Die stillste Stunde* (L'heure du plus grand silence) où Zarathoustra annonce l'imminence d'un nouveau départ, il avoue que cette décision lui a été dictée durant son sommeil par l'« heure du plus grand silence » : *« Gestern gen Abend sprach zu mir meine stillste*

---

[374] *Von alten und neuen Tafeln* (Des tables anciennes et nouvelles), *ASZ*, III, § 3, p. 206.

[375] *Ibid.*, § 16, p. 215.

Stunde: das ist der Name meiner furchtbaren Herrin »[376] (Hier soir j'ai parlé avec mon heure du plus grand silence : tel est le nom de ma terrible maîtresse). Et là Zarathoustra est confronté à la pensée qui l'effraie le plus et qu'il se refuse à exprimer : la pensée de l'éternel retour (ce n'est pas dit explicitement, mais c'est implicite). Dans le rêve de Zarathoustra, l'« heure du suprême silence » lui intime en vain l'ordre d'exprimer cette pensée : « *Sprich dein Wort und zerbrich!* »[377] (Enonce ta parole et brise-toi !), mais Zarathoustra se mure dans son silence, silence qui - comme la critique l'a souvent observé - environne toujours l'évocation de l'éternel retour dans l'ensemble de l'œuvre. Bien que l'éternel retour soit le cœur de son enseignement, Zarathoustra défaille donc quand il s'agit de l'enseigner : « *Ja, ich weiss es, aber ich will es nicht reden!* »[378] (Oui, je sais cela, mais je ne veux pas le dire !). A un autre moment crucial de son parcours (l'épisode du serpent et du berger : *Vom Gesicht und Räthsel* / De la vision et de l'énigme), il est significatif que Zarathoustra fasse l'aveu de son ignorance à propos de l'« énigme » dont il fut pourtant le témoin le plus direct. De là, les questions fébriles et désemparées qu'il adresse à l'auditoire qui l'entoure (et qui ne sont pas cette fois des questions rhétoriques !) : « *Ihr Kühnen um mich! Ihr Räthsel-Frohen! [...] So rathet mir doch das Räthsel, das ich damals schaute [...] Und wer ist, der einst noch kommen muss? Wer ist der Hirt [...]* »[379]. (Vous hommes audacieux qui m'entourez ! Vous les amateurs d'énigmes ! [...] Dites-moi donc le secret de l'énigme que je vis alors [...] Et qui est celui qui doit venir un jour ? Qui est ce pâtre [...]). Nouveau paradoxe : c'est quand l'attente est la plus forte, quand il devrait savoir « le plus » que

---

376 *ASZ*, II, p. 151.
377 *Ibid.*, p. 152.
378 *Ibid.*
379 *ASZ*, III., p. 165.

le « professeur » Zarathoustra en sait « le moins ». Et comme précédemment dans son « rêve », le savoir présumé de Zarathoustra sur l'éternel retour, qu'illustre ici la symbolique du « portique » (*Thorweg*), est « déréalisé » par le fait qu'il s'agit seulement d'une « vision » : *« das ich damals **schaute** »*[380] (que je **vis** alors).

Même cas de figure beaucoup plus loin dans l'œuvre avec le chapitre *Der Genesende* (Le convalescent) où Zarathoustra sombre sept jours durant - chiffre significatif s'il en est - dans un état semblable à la mort et ne se réveille que pour se laisser enseigner le sens de cette expérience par ses...animaux. Et le sens de cette expérience est évidemment que Zarathoustra est l'« enseignant » du retour éternel : *« siehe,* du bist der Lehrer der ewigen Wiederkunft -, *das ist nun dein Schicksal! »*[381] (Vois, tu es l'enseignant de l'éternel retour -, c'est désormais ton destin !). Parvenu quasiment au terme de son parcours didactique, Zarathoustra doit s'entendre dire par ses « animaux » en quoi consiste son rôle! Zarathoustra aurait donc enseigné pendant tout ce temps sans savoir ce qu'il enseignait ! On remarque au passage la gradation : dans les deux premières « expériences » de l'éternel retour que nous venons d'évoquer (*Die stillste Stunde* / L'heure du plus grand silence) // *Vom Gesicht und Räthsel* / De la vision et de l'énigme), Zarathoustra raconte lui-même quelque chose qu'il a vécu malgré lui dans un état second. La « perte de contrôle » est donc déjà flagrante. Mais il y a mieux : dans la troisième expérience (*Der Genesende* / Le convalescent), Zarathoustra ne parvient même plus à verbaliser lui-même l'expérience qu'il a vécue, la perte de contrôle est cette fois devenue totale. En somme : plus Zarathoustra enseigne, moins il sait qu'il enseigne et moins il sait ce qu'il enseigne. L'appel de Zarathoustra est ici encore mis en abyme, pris

380 Souligné par nous.
381 *ASZ*, III, § 2, p. 231.

dans une dialectique sisyphéenne du faire et du défaire qui suggère le dépassement de tous les acquis.
C'est d'ailleurs dans ce contexte que l'annonce faite par Zarathoustra dans le chapitre *Von alten und neuen Tafeln* (Des anciennes et des nouvelles tables) prend tout son sens, annonce où il révèle son intention de retourner parmi les hommes pour y « mourir » : *« Denn noch Ein mal will ich zu den Menschen: unter ihnen will ich untergehen, sterbend will ich meine reichste Gabe geben! »*[382] (Car je veux retourner encore une fois vers les hommes : c'est en leur sein que je veux disparaître, en mourant, je veux leur faire le don le plus somptueux). Cette mort clairement annoncée finit - semble-t-il - par se produire dans le dernier chapitre de l'œuvre (*Das Zeichen* / Le signe), une mort « flamboyante » face au « soleil », qui réduit définitivement à néant l'entreprise de Zarathoustra et l'appel qu'il lance aux hommes. Mais comme le suggère le caractère grandiose de ce final, ce retour au néant est en même temps apothéose de la vie. En partant définitivement, Zarathoustra ne fait encore une fois rien d'autre qu'exemplifier et sceller - de façon d'autant plus radicale que ce départ est cette fois sans retour - le cœur de son enseignement : le dépassement (de soi).
Mais le plus intéressant est peut-être la manière étonnante dont Zarathoustra évoque sa mort prochaine, en dressant d'abord - dans les paragraphes 2 et 3 du chapitre *Von alten und neuen Tafeln* (Des tables anciennes et nouvelles) - une sorte de bilan circonstancié de son « enseignement » (utilisation du prétérit)[383]. On pourrait aisément prendre ce bilan

---

[382] *ASZ*, III, § 3, p. 206.

[383] *Als ich zu den Menschen kam, da fand ich sie sitzen auf einem alten Dünkel [...] diese Schläferei störte ich auf, als ich lehrte: was gut und böse ist [...] Und ich hiess sie ihre alten Lehr-Stühle umwerfen [...] ich hiess sie lachen über ihre grossen Tugend-Meister und Heiligen und Dichter und Welt-Erlöser. Über ihre düsteren Weisen hiess ich sie lachen [...] schrie ich Zorn und Zeter über all ihr Grosses und Kleines* (*Ibid.*, § 2,

pour un regard rétrospectif de Zarathoustra sur son œuvre accomplie, on pourrait penser que la mort est une rupture empêchant la poursuite de cette œuvre, une mort scandaleuse qui privera les disciples de Zarathoustra d'un précieux enseignement. Mais rien de tout cela : cette mort est au contraire proposée comme une « offrande » (la plus riche - *reichste* - de toutes) : *« sterbend will ich ihnen meine reichste Gabe geben! »*[384]. De façon encore une fois paradoxale, la mort même de Zarathoustra, annoncée dans la foulée immédiate de ce « bilan pédagogique », semble faire partie intégrante des enseignements eux-mêmes. C'est quand il cesse radicalement d'enseigner que le sens de l'enseignement de Zarathoustra se révèle enfin[385]. Comme nous l'avons vu, ce sens se donne dans le tout dernier chapitre de l'œuvre, sous forme

---

p. 204-205) (Quand je suis arrivé parmi les hommes, je les ai trouvé installés dans leur morgue séculaire [...] je les ai réveillés de leur somnolence en leur enseignant le bien et le mal [...] Puis je leur ai intimé de renverser leurs vielles chaires [...] je leur ai dit de rire de leurs grands maîtres, modèles de vertu, de leurs saints, de leurs poètes et de leurs rédempteurs. Je leur ai dit de se rire de leurs sages sinistres [...] j'ai crié mon courroux sur toutes leurs réalisations, les grandes et les petites).
Wahrlich, auch neue Sterne liess ich sie sehen [...] Ich lehrte sie all mein Dichten und Trachten [...] als Dichter [...] lehrte ich sie an der Zukunft schaffen [...] diess hiess ich ihnen Erlösung-, Diess allein lehrte ich sie Erlösung heissen (*ASZ*, III, § 3, p. 206) (Pour sûr, je leur ai fait voir aussi des astres nouveaux [...] Je leur ai enseigné toute ma poésie et transmis mon élan [...] En tant que poète [...] je leur ai enseigné à œuvrer pour l'avenir [...] j'appelai cela rédemption-, c'est cela et rien d'autre que je leur ai appris à nommer rédemption).

[384] *Ibid.*

[385] On peut d'ailleurs voir dans ce phénomène un parallélisme avec la mort de Jésus, à propos de laquelle Nietzsche lui-même écrit dans l'*Antéchrist* : *« An sich konnte Jesus mit seinem Tode nichts wollen als öffentlich die stärkste Probe, den Beweis seiner Lehre zu geben »* (*Werke in drei Bänden, op. cit.*, II, § 40, p. 1202) (En mourant, Jesus n'avait d'autre intention que de fournir publiquement la preuve la plus contraignante de ja justesse de son enseignement).

de retrait définitif de toute espèce de sens. L'appel sombre dans le silence, mais c'est là précisément la vocation dernière de cet appel : se dépasser jusque dans son anéantissement pour mieux renaître de ses cendres.
Dans cette même optique, l'avant-dernier chapitre de l'œuvre *Das Nachtwandler-Lied* (La chanson du noctambule), est aussi très intéressant du fait qu'il « concentre » en quelque sorte la thématique de l'éternel retour éparpillée dans toute l'œuvre. On retrouve dans ce chapitre la crête élevée « entre deux mers » : *« Auf hohem Joche, wie geschrieben steht, zwischen zwei Meeren »*[386] (Sur une crête élevée entre deux mers, ainsi qu'il est écrit), qui est un écho lointain à la « crête » que gravissait Zarathoustra lorsqu'il quittait les « îles bienheureuses » au début de la troisième partie : *« Und als er auf die Höhe des Bergrückens kam, siehe, da lag das andere Meer vor ihm ausgebreitet »*[387] (Et lorsqu'il fut parvenu au sommet de la crête, là s'étendait devant lui l'autre mer). De même, son « esprit », « suspendu » comme un « lourd nuage » « entre le passé et l'avenir » : *« Zwischen Vergangenem und Zukünftigem als schwere Wolke wandelnd »*[388], renvoie en amont au chapitre *Die Sieben Siegel* (Les sept sceaux) : *« Und wahrlich, lange muss als schweres Wetter am Berge hängen, wer einst das Licht der Zukunft zünden soll! »*[389] (Il est vrai que celui qui veut faire jaillir un jour la lumière du futur doit longtemps rester accroché à flanc de falaise, tel un lourd nuage orageux), ce doublé « passé / avenir » évoquant lui-même - plus en amont encore - l'image du « portique » (*Thorweg*) dans le chapitre *Vom Gesicht und Räthsel*[390] (De la vision et de l'énigme). Or, dans tous ces chapitres la thématique de l'éternel retour est -

[386] *ASZ*, IV, § 2, p. 335.
[387] *Der Wanderer* (Le voyageur), *ASZ*, III, p. 158.
[388] *Das Nachtwandler-Lied* (La chanson du noctambule), *ASZ*, IV, p. 334.
[389] *ASZ*, III, § 1, p. 240.
[390] *Ibid.*, p. 160.

comme nous le disions - très présente, ce qui crée un entrelacs intéressant. De plus, toujours dans le chapitre intitulé *Das Nachtwandler-Lied* (La chanson du noctambule), on retrouve les images de la « lune », du « chien hurlant » et de l'« araignée » : *« Ach! Ach! Der Hund heult, der Mond scheint [...] Spinne, was spinnst du um mich? »*[391] (Ah ! ah ! Le chien hurle, la lune luit [...] Araignée, que tisses-tu donc autour de moi ?), images déjà présentes dans le chapitre *Vom Gesicht und Räthsel*, dans un contexte qui était, là encore, dominé de manière évidente par l'éternel retour : *« Und diese langsame Spinne, die im Mondscheine kriecht, und dieser Mondschein selber, und ich und du im Thorweg [...] müssen wir nicht alle schon dagewesen sein?»*[392] (Et cette araignée nonchalente, qui se déplace sous le clair de lune, et ce clair de lune lui-même, et moi et toi sous ce portique [...] ne faut-il pas que nous nous soyons déjà trouvés là ?). Et ce « chien hurlant », loin d'avoir dit « son dernier mot » dans le § 4 de *Das Nachtwandler-Lied*, réapparaît encore une fois dans le § 8 du même chapitre : *« der Hund heult, der Wind : '-ist der Wind nicht ein Hund'? »*[393] (le chien hurle, le vent : '-le vent n'est-il pas un chien ?). Ajoutons que l'image du « chien hurlant », telle qu'elle est évoquée dans *Vom Gesicht und Räthsel* (De la vision et de l'énigme) et reprise plusieurs fois dans *Das Nachtwandler-Lied* (La chanson du noctambule), est - dans *Vom Gesicht und Räthsel* - le support de ce que G. Genette appelle une « métaphore diégétique »[394], à savoir que le véhicule de ce type de métaphore est « emprunté à la diégèse

[391] *ASZ*, IV, § 4, p. 336.
[392] *ASZ*, III, p. 163-164.
[393] *ASZ*, IV, p. 338.
[394] Nous avons, en d'autres lieux évoqué ce phénomène, cf Botet, Serge, « L'écriture métaphorique dans le Zarathoustra de Nietzsche », *Lectures d'une œuvre, Also sprach Zarathustra*, ouvrage collectif coordonné par G. Merlio, Paris, Editions du Temps, 2000, p. 207-220.

[...] à l'univers spatio-temporel du récit »[395]. Das le cas présent, la perception du « chien hurlant » fait songer Zarathoustra à un autre « chien hurlant » rencontré dans son enfance : *« Hörte ich jemals einen Hund so heulen? mein Gedanke lief zurück. Ja! Als ich als Kind war, in fernster Kindheit »*[396] (Ai-je déjà entendu un chien hurler de cette façon ? mes pensées remontaient le temps. Oui ! Lorsque j'étais enfant, très loin dans mon enfance).
En somme, il semble que *Das Nachtwandler-Lied* soit une sorte de point focal où viennent converger en faisceau plusieurs éléments étroitement associés à la thématique de l'éternel retour. L'éternel retour est ici 1) évoqué par ce jeu de renvois narratifs que nous venons de décrire et dont ce chapitre est le point de convergence, 2) suggéré par l'« ambiance » du chapitre : motifs omniprésents du silence, de l'obscurité, de la profondeur et du mystère, 3) thématisé de façon dense par le contenu du chapitre en général : *« wolltet ihr jemals Ein Mal Zwei Mal [...] so wolltet ihr Alles zurück! Alles von neuem, Alles ewig. Alles verkettet, verfädelt, verliebt »* (avez-vous jamais souhaité qu'une fois devînt deux fois [...] alors vous avez désiré le retour de toutes choses ! Que tout soit de nouveau là, enchaîné, enchevêtré, amoureusement lié) / *« was will nicht Lust! sie ist durstiger, herzlicher, hungriger [...] als alles Weh, sie will sich, sie beisst in sich, des Ringes Wille ringt in ihr »* (Que ne veut le plaisir ! Il est plus assoiffé, plus chaleureux, plus affamé [...] que tous les maux, il se désire lui-même, il mord dans sa propre chair, il est animé de l'intérieur par le cercle éternel) / *« sie will Liebe, sie will Hass, sie ist überreich »* (Il veut l'amour, il veut la haine, il déborde de richesse) / *« so reich ist Lust, dass sie nach Wehe durstet, nach Hölle, nach Hass, nach*

[395] Cf Genette, Gérard, *Figures III*, Paris, Seuil, Poétique, 1972, p. 48.
[396] *Vom Gesicht und Räthsel* (De la vision et de l'énigme), *ASZ*, III, p. 164.

Schmach, nach dem Krüppel »[397] (le plaisir est si riche qu'il a soif de souffrance, soif d'enfer, de haine, de honte, d'infirmité). On note d'ailleurs dans ces derniers passages que l'éternel retour est associé directement à l'« amour » et au « désir », souvent synonymes chez Nietzsche de « vie » et de « volonté de puissance ». On voit aussi peut-être plus clairement qu'ailleurs l'imbrication étroite qui existe entre le vouloir et le cycle éternel : *« des Ringes Wille ringt in ihr »*. C'est en s'auto-détruisant et en revenant éternellement que le vouloir (ici le désir mord dans sa propre chair, il veut la haine, il a soif de souffrance, d'enfer, de honte et d'infirmité) se maintient et s'exacerbe.

Mais si *Das Nachtwandler-Lied* (La chanson du noctambule) constitue effectivement, à la fin de l'œuvre, un point de convergence où se cristallise le cœur de l'enseignement de Zarathoustra, ce chapitre est aussi celui où la tension entre accomplissement et destruction atteint son paroxysme. Comme le suggère le thème récurrent de la « perfection » dans ce chapitre : *« Ward meine Welt nicht eben vollkommen? »*[398] (Mon monde, à l'instant, n'était-il pas parfait ?) / *« Eben ward meine Welt vollkommen, Mitternacht ist auch Mittag »*[399] (Mon monde était, à l'instant, parfait, minuit se confond avec midi), on peut avoir le sentiment que le projet d'enseignement de Zarathoustra connaît une issue positive. Zarathoustra enseigne même aux hommes un ultime refrain dont le titre (*« Name »*) est *« Noch ein Mal »* (encore une fois) et dont le sens (*« Sinn »*) est *« in alle Ewigkeit! »*[400] (en toute éternité), refrain qui semble vouloir couronner et sanctifier son enseignement de l'éternel retour. Plus que jamais,

---

[397] *Das Nachtwandler-Lied* (La chanson du noctambule), *ASZ*, IV, § 10-11, p. 340.

[398] *Ibid.*, § 7, p. 337.

[399] *Ibid.*, § 10, p. 339. L'allusion à l'« éternel retour » est ici suffisamment claire.

[400] *Ibid.*, § 12, p. 341.

on a l'impression que l'appel que Zarathoustra adresse aux hommes depuis le début de ses discours touche sa cible et réalise son objectif. Or, c'est justement là, au seuil du parfait accomplissement, que l'œuvre de Zarathoustra sera définitivement détruite. Au début du tout dernier chapitre *Das Zeichen* (Le signe), Zarathoustra abandonne brutalement son auditoire pour la dernière fois : *« Des Morgens aber nach dieser Nacht sprang Zarathustra von seinem Lager auf und kam heraus aus seiner Höhle »*[401] (Mais au matin, au terme de cette nuit-là, Zarathoustra sauta de sa couche et sortit de sa caverne). Dans cette dernière citation, l'adversatif *« aber »* souligne bien l'attitude imprévisible et paradoxale de Zarathoustra. Juste avant il adulait son auditoire : *« Oh meine neuen Freunde [...] ihr Wunderlichen, ihr höheren Menschen, wie gut gefallt ihr mir nun »*[402] (Ô vous, mes nouveaux amis [...] vous êtres remarquables, vous hommes supérieurs, combien vous me plaisez à présent) / *« Oh wie gut sie mir nun gefallen, diese höheren Menschen! »*[403] (Combien me plaisent maintenant ces hommes supérieurs !) ; juste après il le répudie sans ménagement : *« Wohlan! sie schlafen noch, diese höheren Menschen, während ich wach bin: das sind nicht meine rechten Gefährten! »*[404] (Mais ils dorment encore, ces hommes supérieurs, alors que je suis éveillé : ce ne sont pas mes véritables compagnons !). Il y a ici véritablement *collision directe* entre le parfait accomplissement et l'anéantissement total : Zarathoustra renonce sans autre explication ni raison apparente à son auditoire pourtant conquis et disparaît corps et bien dans le néant. Il le fait parce qu'il le *veut* (comme ç'était déjà le cas lors de son premier « départ » à la fin de la première partie : *« so ich will es »*[405]). Telle est

---

[401] *Das Zeichen* (Le signe), *ASZ*, IV, p. 341.
[402] *Das Eselsfest* (La fête de l'âne), *ibid.*, § 3, p. 332.
[403] *Das Nachtwandler-Lied* (La chanson du noctambule), *ibid.*, § 1, p. 333.
[404] *Das Zeichen, ibid.*, p. 342.
[405] *Von der schenkenden Tugend* (De la vertu qui offre), *ASZ*, I, § 3, p. 79.

donc la volte-face que Zarathoustra « exécute » à la fin de son parcours communicationnel, volte-face radicale à laquelle font d'ailleurs écho ses propres propos : *« Was vollkommen ward, alles Reife - will sterben! »*[406] (Tout ce qui est parfait, tout ce qui est mûr - demande à mourir !). Vouloir c'est aussi - et c'est surtout - vouloir n'avoir plus rien quand on a tout et n'être plus rien quand on est tout, continuer à vouloir de toute éternité, sans chercher à se poser dans les hâvres lénifiants du pouvoir, du devoir ou du savoir, où justement le vouloir s'étiole. Le vouloir s'incarne dans un geste à la fois gratuit, immotivé et libérateur, un geste qui vient en somme « racheter » une perte apparemment irréparable[407]. Et ce geste n'est relié à rien, ni en amont ni en aval, il n'est hypothéqué par rien, aucune cause, aucun but, aucun précepte, aucun espoir, il brise, d'une pirouette, la fatalité des contingences[408], il s'écrit sur une page blanche et c'est de cette virginité que le vouloir tire justement toute sa force paradoxale.

---

[406] *Das Nachtwandler-Lied* (La chanson du noctambule), *ASZ*, IV, § 9, p. 339.

[407] C'est dans ce sens que François Guery écrit : « La volonté, cette force étrangère, mais bienveillante, vient relayer les relations inabouties, elle sauve d'une perte ressentie comme insurmontable » (« *Also sprach Zarathustra* comme tout de la pensée nietzschéenne », *Lectures d'une œuvre Also sprach Zarathustra, op. cit.*, p. 204)

[408] F. Guery parle d'une « transmutation » dont le secret demeure indicible », ajoutant, « cette transmutation fait du plus subi non seulement l'accepté ou l'assumé, mais le voulu, le posé, ce que la volonté pose comme son propre voulu et l'effet de sa causalité » (*Ibid.*). La volonté « pose » effectivement quelque chose comme son « propre voulu » ; c'est d'une donation qu'il s'agit, une donation qui éclate dans toute sa force dans le paradoxe : ce que la volonté « pose » comme son « propre voulu » est précisément ce qu'elle est censée avoir le moins voulu, elle endosse les contingences *a priori* les plus « adverses », non pas de façon négative, en s'en détournant et en les ignorant (cf Schopenhauer), mais en les affirmant ; il n'y a dans cette démarche aucune trace de fuite ou de résignation stoïque ; le geste paradoxal du vouloir est élan jubilatoire de part en part, tout est positif, rien n'est négatif, tout est action, rien n'est réaction.

Et c'est en effet peut-être dans cette fin de l'œuvre que le « paradoxe de l'enseignement de Zarathoustra », déjà relevé à propos de la première partie, se manifeste de la façon la plus « paroxystique », dans une série de décalages et d'incongruités. On pourrait en énumérer une longue série.

Il y a par exemple incongruité dans le fait que toute la « perfection » présumée atteinte dans *Das Nachtwandler-Lied* (nous avons développé ce point ci-dessus) se communique justement par un chant d'ivresse ; Zarathoustra lui-même est « ivre » et perd une fois de plus la maîtrise de la parole : *« Zarathustra aber [...] stand da, wie ein Trunkener: Sein Blick erlosch, seine Zunge lallte, seine Füsse schwankten »*[409] (Mais Zarathoustra [...] se tenait là comme un homme ivre : son regard se voilait, sa langue fourchait, ses pieds vacillaient). Zarathoustra confesse n'être qu'une « douce lyre enivrée », condamnée à parler à des « sourds » : *« Was bin ich! Eine trunkene süsse Leier, aber welche reden muss, vor Tauben »*[410]. Il reproche même directement aux « hommes supérieurs » de ne pas le comprendre : *« Denn ihr versteht mich nicht! »*[411] (Car vous ne me comprenez pas). D'une façon générale, la « perfection » et l'« harmonie communicationnelle » que Zarathoustra paraît avoir atteintes dans *Das Nachtwandler-Lied* (La chanson du noctambule) et dans les quelques chapitres qui précèdent est mise en porte-à-faux de diverses manières par les attitudes et les paroles de Zarathoustra qui se positionnent sans cesse en contrepoint de cette harmonie. Comme le suggère l'image de la « douce lyre énivrée », Zarathoustra se berce peut-être une ultime fois d'illusions. Avant que son vouloir souverain ne fasse définitivement table rase de tout, y compris de sa propre existence, Zarathoustra s'invente un dernier hâvre lénifiant où règne

---

409 *ASZ*, IV, § 2, p. 334.
410 *Ibid.*, § 8, p. 338.
411 *Ibid.*

l'harmonie, peut-être justement pour que le revirement final apparaisse comme encore plus abrupt, pour que l'acte ultime du vouloir qui annihilera cette pseudo-harmonie soit encore plus implacable.

A plusieurs reprises, on a d'ailleurs l'impression dans les chapitres qui précèdent que ce préambule « harmonieux » au grand *salto finale* de Zarathoustra est totalement inauthentique. Zarathoustra construit cette harmonie de toutes pièces grâce à une série de manipulations. Inapte à gagner la conviction des hommes par la force de son appel, Zarathoustra se met à les séduire par la ruse, employant, comme il le dit lui-même, des stratagèmes : *« Und wieder kam da das Geschrei und Gelächter der höheren Menschen aus der Höhle [...] Sie beissen an, mein Köder wirkt, es weicht aus ihnen ihr Feind »* (Et à nouveau on entendit dans la caverne les cris et les rires des hommes supérieurs [...] Ils mordent à l'hameçon, mon appât est efficace, leur ennemi s'éloigne d'eux) / *« Meine Manns-Kost wirkt, mein Saft und Kraft-Spruch »*[412] (Ma solide nourriture, mes paroles gorgées de sève et de vigueur agissent sur eux). A ce point instrumentalisés, l'enseignement et l'appel de Zarathoustra perdent une grande partie de leur crédit[413]. En même temps Zarathoustra, voué à

[412] *Die Erweckung* (Le réveil), *ASZ*, IV, § 8, p. 326.

[413] La « maxime de qualité », stipulant entre autres : « N'affirmez pas ce que vous croyez être faux », est une « maxime conversationnelle » fondamentale dont dépend étroitement le succès d'une interaction (Cf Kerbrat-Orecchioni, *L'implicite, op. cit.*, p. 195). On se demande si Zarathoustra ne prêche pas délibérément le faux pour parvenir à ses fins : guérir les hommes supérieurs. La critique a parfois souligné ce caractère « roué » de Zarathoustra utilisateur d'expédients ; on l'a même comparé (avec une certaine exagération à notre avis) à la figure du *Picaro*. Rüdiger Braun, par exemple, signale que dans le chapitre *Der Nothschrei* (Le cri de détresse), le « magicien » en conversation avec Zarathoustra le traite de « fripon » : *« Oh Zarathustra, du bist ein Schelm »*, *ASZ*, IV, p. 254 ; *idem* dans le chapitre *Das Eselsfest* (La fête de l'âne) où « le plus hideux des hommes » profère la même exclamation : *« Oh Zarathustra [...] du*

ces stratégies captieuses, apparaît lui-même comme le jouet de l'illusion qu'il s'est évertué à dénoncer tout au long de ses discours. C'est donc là un nouveau paradoxe. Est-ce un dernier sursaut du nihilisme, un nihilisme immanent, encore plus pernicieux et qui assaillirait cette fois Zarathoustra de l'intérieur ? Est-ce ici encore une fois pour magnifier par contraste le triomphe final du vouloir libéré que Nietzsche nous montre une dernière fois Zarathoustra esclave ?

Toujours dans le registre des incongruités : dans « La chanson du noctambule », le narrateur dont l'attitude est tout au long de l'œuvre neutre et objective fait une intervention tout à fait inhabituelle. Après l'évocation de la « danse du prophète », ce narrateur déclare en effet : *« Es giebt sogar Solche, die erzählen, dass damals der Esel getanzt habe »* (Il en est même qui racontent que l'âne aurait alors dansé) / *« Diess mag sich so verhalten oder auch anders »* (Il est possible que cela ce soit passé comme ça, ou bien d'une autre manière) / *« was liegt daran »*[414] (qu'importe). Tout se passe comme si pour la première fois le narrateur cessait de ne rapporter que ce qu'il voit ou ce qu'il entend, suggérant par là même - et cela à la fin de l'œuvre - qu'en fait il ne voit pas et n'entend pas, mais qu'il...suppose et imagine. Bref, le narrateur paraît lui-aussi gagné par l'impuissance qui affecte Zarathoustra. Par corollaire, cette défection du narrateur contribue à déréaliser et à décridibiliser ce qui est narré, phénomène qui, s'ajoutant aux autres, contribue lui-aussi à mettre en porte-à-faux l'apparent succès communicationnel de Zarathoustra thématisé dans l'avant-dernier chapitre de l'œuvre.

En conclusion, l'appel lancé par Zarathoustra aux hommes est poussé ici jusqu'à ses dernières limites, son impact

---

bist ein Schelm », ASZ, IV, § 1, p. 331 (*Quellmund der Geschichte, Nietzsches poetische Rede in Also sprach Zarathustra*, Frankfurt a/M, Berlin, Bern, New York, Paris, Wien, Peter Lang, 1998, p. 174-176).

414 *Das Nachtwandler-Lied* (La chanson du noctambule), *ibid.*, p. 334.

maximal : sans les quelques incongruités que nous venons de mentionner (et qui sont en fait les signes avant-coureurs d'un dénouement paradoxal), on pourrait croire que le pouvoir de Zarathoustra sur les « hommes supérieurs » est total ; Zarathoustra est le chef d'orchestre et son auditoire paraît prêt à reprendre en chœur son refrain (*« Noch ein Mal »* (Encore une fois) / *« In alle Ewigkeit »* (Jusqu'à la fin des temps), obéissant à ses moindres coups de baguette. L'impact perlocutoire de l'appel est en apparence optimal. Zarathoustra a *voulu* et il a *pu*. Les « hommes supérieurs » semblent acquis à l'éternel retour. Leur vouloir semble cette fois définitivement « galvanisé ». On les dirait enfin prémunis contre toutes les stagnations et toutes les rechutes possibles dans le nihilisme[415]. Mais précisément, l'appel, dans la mesure où il a l'air d'avoir abouti, doit être retiré. Les acquis sont les pires ennemis des actes. Le vouloir transformé en pouvoir tue le vouloir. Plus le pouvoir est grand, plus la menace est grande pour le vouloir. Et plus la menace est grande, plus grand est le vouloir qui la surmonte. C'est au paroxysme du pouvoir que se trouve le paroxysme du vouloir...dans la destruction de ce pouvoir. Et le vrai paroxysme du vouloir est de vouloir *et* le pouvoir *et* sa destruction et de vouloir que ce cycle se reproduise une infinité de fois. C'est peut-être ce que nous disent les derniers chapitres du *Zarathoustra*.

Bref, c'est une étourdissante mise en abyme de l'appel de Zarathoustra qui se révèle ici, déployée au niveau du parcours communicationnel et événementiel général, et réitérée

---

[415] Toute la quatrième partie est une suite de « rechutes » : par exemple le « chant mélancolique » du « magicien » (*Das Lied der Schwermuth* / Le chant de la mélancolie, *ASZ*, IV, p. 311-315) qui profite d'une brève absence de Zarathoustra pour entonner un « chant des sirènes » destiné à séduire et à dévoyer les « hommes supérieurs » qui l'écoutent ; de la même façon, dans le chapitre *Die Erweckung* (Le réveil), les « hommes supérieurs », qui semblent pourtant être à même de se libérer du nihilisme, se mettent à adorer l'« âne » comme un dieu (*Ibid.*, p. 325-328).

en condensé dans les quelques chapitres terminaux (principalement *Das Nachtwandler-Lied* / La chanson du noctambule et *Das Zeichen* / Le signe). On retrouve au niveau de l'œuvre entière la prégnance d'un phénomène déjà mis en évidence dans la première partie : *l'appel-dépassement*. Dans les deux cas l'appel-dépassement s'articule (malgré de multiples variantes) autour d'un paradoxe communicationnel récurrent : d'un côté l'indicible force prosélyte[416] des enseignements de Zarathoustra, l'affirmation d'un appel qui cherche son acmé dans l'impact perlocutoire qu'il produit, de l'autre la négation de cet appel. Cet appel, tiraillé entre l'être et le néant, actualise donc la force du vouloir souverain qui - à travers l'anéantissement apparemment parfaitement gratuit et immotivé de ses productions et de ses projets - décuple son intensité. Si vouloir signifie : « vouloir quelque chose avec un maximum de force », vouloir signifie aussi par corollaire : « ne *plus* vouloir cette chose avec une force tout aussi grande », tout cela dans un cycle sans fin.

3.2.2.2 L'appel ipséiste

Mais dans cet appel qui s'affirme et se rétracte tout au long de l'œuvre, on trouve aussi indéniablement la composante ipséiste, déjà relevée à plusieurs reprises, et qui se manifeste suivant diverses modalités. Nous tenterons dans ce qui suit d'en recenser quelques unes.

3.2.2.2.1 La réduction de l'auditoire

Sur un plan événementiel, force est de reconnaître que Zarathoustra au fil des pages en appelle de moins en moins aux autres : s'adressant d'abord aux « hommes » sans discrimination aucune, il semble ensuite parler à un groupe d'hommes

---

[416] La volonté d'enseigner est presque obsessionnelle chez Zarathoustra.

plus limité (ses « amis » des « îles fortunées »). Dans la quatrième partie enfin, ses seuls interlocuteurs sont ceux qu'il identifie comme « les hommes supérieurs ». De plus, pour la première fois dans cette quatrième partie, Zarathoustra ne quitte plus sa retraite pour aller vers les hommes ; ce sont eux qui le rejoignent dans sa grotte. Finalement, il congédie même ces derniers compagnons :

Wohlan! sie schlafen noch, diese höheren Menschen [...] das sind nicht meine rechten Gefährten [...] sie verstehen nicht, was die Zeichen meines Morgens sind, mein Schritt - ist für sie kein Weckruf[417].

(Mais ils dorment encore, ces hommes supérieurs [...] ce ne sont pas mes véritables compagnons [...] ils ne comprennent pas les signes annonciateurs de mon aurore, mon pas ne les réveille pas.)

Les « hommes supérieurs » sont pour Zarathoustra un auditoire inadéquat ; il n'ont fait que le détourner de son œuvre en suscitant en lui la pitié : « Mitleiden! das Mitleiden mit dem höheren Menschen! *schrie er auf, und sein Antlitz verwandelte sich in Erz. Wohlan!* Das - *hatte seine Zeit* »[418] (La pitié, la pitié pour l'homme supérieur, s'exclama-t-il, et son visage sembla se changer en airain. Le temps n'est plus à cela). Son tout dernier appel, Zarathoustra ne l'adresse plus à personne, sauf à lui-même, ou plus précisément à son cœur : *« Diess hatte Zarathustra zu seinem Herzen gesprochen »*[419] (En disant cela, Zarathoustra s'était adressé à son cœur).

3.2.2.2.2 Un tournant du parcours communicationnel, les « chants » ?

Par ailleurs, nous l'avons vu à propos des « configurations communicationnelles » : il existe dans le *Zarathoustra* un

[417] *Das Zeichen* (Le signe), *ASZ*, IV, p. 342.
[418] *Ibid.*, p. 344.
[419] *Ibid.*, p. 342.

clivage assez net entre 1) ce que nous avons appelé les harangues / diatribes et 2) les « chants ». Même si par de multiples aspects les harangues / diatribes relèvent de ce que nous avons qualifié d'appel ipséiste, ce sont les « chants », placés comme nous l'avons vu sous le signe de l'effusion et du dithyrambe, qui sont les plus proches de ce type d'appel. Avec les « chants » du *Zarathoustra* les composantes fusionnelles prennent le pas sur le « principe d'individuation ». A l'instar de ce qui se passe dans le chœur tragique, les protagonistes de la communication fusionnent dans une même extase. L'altérité et les limites se fondent dans un seul et même espace de jouissance.

Or, au plan du parcours communicationnel général, il nous semble que l'avènement des trois premiers « chants » (*Nachtlied* / Nocturne, *Tanzlied* / Chanson à danser, *Grablied* / Chant sépulcral) constitue un point de rupture. Si cette métaphore est permise : *avant* les « chants » l'« atmosphère» communicationnelle du *Zarathoustra* peut être qualifiée d'*extravertie* ; *après* les « chants », cette « atmosphère » devient progressivement de plus en plus *introvertie*. Ainsi dès la deuxième partie et jusqu'à la fin de la troisième partie, on constate qu'il y a quantitativement de moins en moins de harangues. En somme, l'avènement des chants constitue un tournant du parcours communicationnel.

3.2.2.2.3 Dialogues factices, rétrospections et « repli communicationnel »

Parallèlement, au plan du parcours communicationnel, la première personne reprend ses droits au fil de l'œuvre, alors que les deuxièmes et troisièmes personnes, largement dominantes au début des « discours », cèdent du terrain. Dès la fin de la deuxième partie, les soliloques et autres dialogues sans auditoire se multiplient jusqu'à devenir omniprésents dans la troisième partie.

Par exemple, dans le chapitre *Die stillste Stunde* (L'heure du plus grand silence), Zarathoustra semble s'adresser à un auditoire « réel » (ses amis), mais dans cette adresse il relate un dialogue qui l'oppose à ce qu'il désigne comme l'« heure du plus grand silence », entité parfaitement impersonnelle qui, de surcroît, lui « parle sans voix » : *« Dann sprach es ohne Stimme zu mir »*[420] (Ensuite, la chose me parla sans voix). Autre effet « déréalisant » : l'ensemble de ce dialogue n'est que le récit d'un « songe », que Zarathoustra qualifie explicitement de « parabole » : *« Dieses sage ich euch zum Gleichnis »*[421] (Je vous dis cela sous forme de parabole).

Et l'on peut sans difficulté enchaîner les exemples : dans le chapitre *Der Wanderer* (Le voyageur), Zarathoustra tient un dialogue avec lui-même : *« Also sprach Zarathustra im Steigen zu sich »*[422] (Ainsi, tout en grimpant, Zarathoustra se parlait à lui-même).

Dans le chapitre qui suit, *Vom Gesicht und Räthsel* (De la vision et de l'énigme), Zarathoustra, tout en s'adressant à l'auditoire des « matelots », relate un dialogue avec l'« esprit de pesanteur » apparaissant sous les traits d'un « nain » et qu'il apostrophe comme « son diable et ennemi fieffé » : *« dem Geiste der Schwere, meinem Teufel und Erzfeinde »*[423]. L'étrange interlocuteur de Zarathoustra n'est sans doute qu'un *alter ego* symbolisant la part de nihilisme qu'il porte en lui. Et là encore le pseudo-dialogue n'est qu'une vision (effet déréalisant).

Dans le sillage du précédent, le chapitre *Von der Seligkeit wider Willen* (De la félicité involontaire) nous montre Zarathoustra en dialogue avec sa « conscience » ou avec ses « pensées » : *« Und damals redete Zarathustra also zu sei-*

---

[420] *ASZ*, II, p. 152.
[421] *Ibid.*
[422] *ASZ*, III, p. 158.
[423] *Ibid.*, p. 161.

nem frohlockenden Gewissen »[424] (A cette époque, Zarathoustra parla donc à sa conscience jubilante) / *« Ach, abgründlicher Gedanke, der du mein Gedanke bist! »*[425] (Ah, pensée vertigineuse, qui est ma propre pensée !).
Dans le chapitre suivant *Vor Sonnen-Aufgang* (Avant le lever du soleil), Zarathoustra, se retournant sur son passé, en appelle cette fois au « cieux » qui sont son seul interlocuteur: *« Oh Himmel über mir, du Reiner, Tiefer! Du Licht-Abgrund! »*[426] (Ô cieux au-dessus de nous, vous si purs, si profonds ! Vous êtes un abîme de lumière) / *« Oh Himmel über mir, du Reiner! Hoher! »*[427] (Ô vous cieux au-dessus de moi, vous si purs ! si hauts !).
L'incommunication semble encore règner - quoique d'une autre manière - dans le chapitre qui suit : *Von der verkleinernden Tugend* (De la vertu amoindrissante). Il est ici question d'un « discours » que l'on suppose effectivement tenu par Zarathoustra face à un auditoire : *« Desselbigen Tages aber redete er seine Rede über die verkleinernde Tugend »*[428] (Le même jour, il tint son discours sur la vertu amoindrissante). Devant cet auditoire supposé, Zarathoustra parle d'un « peuple » (*« ich gehe durch diess Volk »*[429] (je me mêle à ce peuple), soit en utilisant la troisième personne, soit en l'apostrophant directement dans une série de diatribes véhémentes. Cela pourrait suggérer un retour à la stratégie de l'« exemple dissuasif » (fréquente dans la première partie), où le peuple serait le « tiers » (le repoussoir), tantôt désigné comme tel (troisième personne), tantôt « mis en scène » (deuxième personne) face à l'« auditoire premier ». Mais tout le problème est ici que cet « auditoire premier », non seulement n'est pas

---

[424] *ASZ*, III, p. 166.
[425] *Ibid.*, p. 168.
[426] *Ibid.*, p. 169.
[427] *Ibid.*, p. 172.
[428] *Ibid.*, § 1, p. 173.
[429] *Ibid*, § 2, p. 174.

« harangué » suivant le schéma classique (injonction dissuasive à ne pas imiter ou suivre le tiers vilipendé), mais il n'est jamais même apostrophé au cours des trois paragraphes du chapitre. En somme, son existence ne se déduit que de l'utilisation de la troisième personne : quand on dit « il », c'est qu'il y a implicitement - mais implicitement seulement - un « tu » auquel on s'adresse. L'existence de ce « tu » n'est qu'une existence « en creux » qui se déduit plus qu'elle ne s'éprouve. On peut donc se demander pourquoi Zarathoustra s'adresse à cet auditoire qui - s'il existe - est pour le moins « fantômatique ». Et chose significative : ce que Zarathoustra thématise face à cet auditoire dont on se demande jusqu'au bout s'il est vraiment là, c'est justement l'*incommunication* : *« sie reden von mir, aber Niemand denkt - an mich! »*[430] (ils parlent de moi, mais personne ne pense - à moi !) / *« ich gehe durch dieses Volk und lasse manches Wort fallen: aber sie wissen weder zu nehmen noch zu behalten »*[431] (je me mêle à ce peuple et lance parfois des propos : mais ils ne savent ni les recevoir, ni les conserver) / *« Doch was rede ich, wo Niemand meine Ohren hat! Und so will ich es hinaus in alle Winde rufen »*[432] *« Doch was rede ich, wo Niemand meine Ohren hat »*[433]. Zarathoustra, se pensant privé d'« oreilles » disposées à l'entendre, finit par « crier son message à tous les vents » (*« in alle Winde rufen »*).

Autre exemple dans la suite du texte : le chapitre *Vom Vorübergehenden*[434] (De celui qui passe son chemin), où tout donne à penser que le « singe de Zarathoustra », qui le suit et l'imite en toutes circonstances et avec lequel il s'entretient sur un ton polémique, n'est peut-être lui aussi - comme le

---

430 *ASZ*, III, § 2, p. 174.
431 *Ibid.*, p. 176.
432 *Ibid*, § 3, p. 177.
433 *Ibid.*, p. 177.
434 *Ibid.*, p. 182.

« nain » dans le chapitre *Vom Gesicht und Räthsel* (De la vision et de l'énigme) - que l'un de ses *alter ego*.

Dans le chapitre *Die Heimkehr* (Le retour au pays), Zarathoustra se « dédouble » et s'apostrophe lui-même : *« Oh Zarathustra, Alles weiss ich: und dass du unter den Vielen verlassener warst, du Einer, als je bei mir! »*[435] (Oh Zarathoustra, je sais tout cela : que tu étais plus seul encore parmi la multitude que tu ne l'as jamais été chez moi).

Le chapitre *Von den drei Bösen* (Des trois maux), dont les accents évoquent une diatribe / harangue adressée à un auditoire déterminé, est en fait une effusion onirique : *« Im Traum, im letzten Morgentraume stand ich heut auf einem Vorgebirge, - jenseits der Welt »*[436] (En rêve, lors d'un ultime rêve de l'aube, je me trouvais aujourd'hui debout sur un promontoire, - au-delà du monde).

Cette prégnance du *Selbstgespräch* (dialogue avec soi-même maquillé en dialogue) se vérifie jusqu'à la fin de la troisième partie : *« Herauf, abgründlicher Gedanke, aus meiner Tiefe »*[437] (Sors donc, pensée abyssale, des tréfonds de moi) / *« Vielmehr lag er still [...] ob er schon nicht schlief: denn er unterredete sich eben mit seiner Seele »*[438] (Il était plutôt calme [...] ne dormait-il pas déjà : car il s'entretenait à présent avec son âme). A ce stade - comme le clame Zarathoustra - il n'y a effectivement pas de « monde extérieur » : *« Für mich - wie gäbe es ein Ausser-mir? Es giebt kein Aussen! »*[439] (Comment y aurait-il pour moi un monde en dehors de moi ? Il n'y a pas d'extérieur !).

Bref, il y a, tout au long de cette troisième partie, une nette prédominance des soliloques et dialogues sans auditoire. Le phénomène est d'ailleurs renforcé par la thématique omni-

---

435 *ASZ*, III, p. 190.
436 *Ibid.*, p. 194.
437 *Der Genesende* (le convalescent), *ibid.*, § 1, p. 225.
438 *Ibid.*, § 3, p. 232.
439 *Ibid.*, § 2, p. 227.

présente de la *solitude*, patente dès le début de l'œuvre et qui ici s'exacerbe : *« Eben begann meine letzte Einsamkeit »*[440] (C'est ainsi que débuta ma dernière solitude) / *« Allein bin ich wieder und will es sein »*[441] (Je suis à nouveau seul et je désire l'être) / *« Oh Einsamkeit! Du meine Heimat Einsamkeit! »*[442] (Ô solitude ! Toi ma patrie, solitude !). Le *« repli communicationnel »* est donc ici flagrant. Et ce repli se manifeste aussi avec ce que l'on pourrait appeler les *« rétrospections »* de Zarathoustra, dont on voit aussi progressivement augmenter la fréquence jusqu'à la fin du troisième chapitre. Il faut cependant noter qu'on trouve un tel exemple de rétrospection - au demeurant parfaitement isolé et ponctuel dans un contexte de diatribe / harangue - dès l'amorce des premiers discours : *« also dünkte mich einst die Welt. Also warf ich auch einst meinen Wahn jenseits des Menschen »*[443] (c'est ainsi que m'apparaissait alors le monde. A cette époque j'ai lancé ma folie au delà des hommes). Ensuite, après un long oubli de « soi » voué à l'action (didactique), Zarathoustra renoue avec les rétrospections dans la deuxième partie. Dans le chapitre *Von den Gelehrten* (Des érudits), il déclare : *« Zu lange sass meine Seele hungrig an ihrem Tische [...] Freiheit liebe ich [...] »*[444] (Mon âme est restée trop longtemps inassouvie à leur table [...] c'est la liberté que j'aime [...]). Les rétrospections, plus ou moins associées à un ton confidentiel, voire effusif, qui fait peut-être écho à celui des trois « chants » (*Tanzlied, Nachtlied, Grablied* / Chanson à danser, Nocturne, Chant sépulcral), esquissent ensuite une montée en puissance, parfois sous forme de bilan: *« Oh Nachmittag meines Lebens! Was gab ich nicht hin, dass ich Einst hätte »* (Ô après-midi de mon existence ! Que n'ai-je

---

440 *Der Wanderer* (Le voyageur), *ASZ*, III, p. 158.
441 *Von der Seligkeit wider Willen* (De la félicité involontaire), *ibid.*, p. 166.
442 *Die Heimkehr* (Le retour au pays), *ibid.*, p. 190.
443 *Von den Hinterweltlern* (De ceux de l'arrière-monde), *ASZ*, I, p. 29-30.
444 *ASZ*, II, p. 129-130.

pas donné que je possédais antan) / « *Also bin ich mitten in meinem Werke* »[445] (J'en suis donc arrivé à la moitié de mon ouvrage) / « *Und wahrlich, Zeit war's, dass ich gieng* »[446] (Et c'est bien sûr, il était temps que je parte) / « *Und all mein Wandern und Bergsteigen: eine Noth war's [...] und wen hasste ich mehr* »[447] (Et tout ces voyages, ces escalades : ils étaient une nécessité pour moi [...] et qui haïssai-je plus). Dans ce registre, le chapitre *Die Heimkehr* (Le retour au pays), constitue peut-être, comme le titre le suggère (« retour chez soi » = retour sur soi), une sorte de point culminant : « *Oh Einsamkeit! Du meine Heimat Einsamkeit!* »[448] (Ô solitude ! Toi ma patrie, solitude !) / « *Und weisst du noch, oh Zarathustra? Als du auf einer Insel sassest* » (Et te souviens-tu, oh Zarathoustra ? Lorsque tu séjournais sur une île) / « *Und weisst du noch, oh Zarathustra? Als deine stillste Stunde kam* »[449] (Et te souviens-tu, oh Zarathoustra ? Quand sonna ton heure du plus grand silence) / « *Oh Menschenwesen, du Wunderliches! Du Lärm auf dunklen Gassen! Nun liegst du wieder hinter mir: meine grösste Gefahr liegt hinter mir!* »[450] (Ô être humain, merveilleuse créature ! Tu es comme le tumulte des ruelles sombres ! A présent tu te trouves à nouveau derrière moi : mon plus grand péril est derrière moi !). Comme il le dit lui-même en d'autres lieux[451], Zarathoustra revient ici sur ses pas, il se remémore, il sonde

[445] *Von der Seligkeit wider Willen* (De la félicité involontaire), *ASZ*, III, p. 166.
[446] *Ibid.*, p. 167.
[447] *Vor Sonnen-Aufgang, ibid.*, p. 170.
[448] *Ibid.*, p. 190.
[449] *Ibid.*, p. 191.
[450] *Ibid.*, p. 192.
[451] « *Und dass also, dass er von sich selber im Scherze sagte: ,siehe einen Fluss, der in vielen Windungen zurück zur Quelle fliesst!'* » (*Von der verkleinernden Tugend, ibid.*, §1, p. 172) (Et qu'il dit ainsi de lui-même en plaisantant : 'voyez le fleuve qui retourne à sa source par de nombreux méandres !')

et réfléchit son expérience, adoptant parfois presque le ton de la confidence : *« und log ich je, so log ich aus Liebe. Deshalb bin ich froh auch im Winter-Bette. Ein geringes Bett wärmt mich mehr als ein reiches »*[452] (et si j'ai jamais menti, c'est par amour que je le fis. C'est pourquoi je suis heureux dans mon lit, même l'hiver. Un lit modeste me réchauffe plus qu'un lit somptueux). Ou donnant libre cours à ses conflits intérieurs en les ornant d'emphase poétique : *« Oh Nachmittag meines Lebens! Oh Glück vor Abend [...] Oh! Friede im Ungewissen! Wie misstraue ich euch Allen! »* (Ô après-midi de mon existence ! Ô bonheur qui précède l'arrivée du soir [...] Ô sérénité dans l'incertitude ! Comme je me méfie de vous tous !) / *« Hinweg mit dir, du selige Stunde! Mit dir kam mir eine Seligkeit wider Willen! »*[453] (Hors de ma vue, heure bienheureuse ! C'est avec toi que m'est venue cette félicité involontaire !). Ou encore libérant le désir fusionnel dans les épanchements lyriques les plus débordants : *« Oh Himmel über mir, du Reiner! Tiefer! Du Licht-Abgrund! Dich schauend schaudere ich vor göttlichen Begierden »*[454]. (Ô cieux au-dessus de nous, vous si purs, si profonds ! Vous êtes un abîme de lumière ! En vous regardant, je frissonne d'amour divin). Comme dans les trois premiers chants de la première partie, ce désir fusionnel perd toute retenue et brise toutes les limites pour devenir désir cosmique dans les deux chants[455] qui clôturent la troisième partie : *« singen, mit brausendem Gesange, bis alle Meere still werden, dass sie deine Sehnsucht zuhorchen »*[456] (Chanter, d'un chant tumul-

---

[452] *Auf dem Oelberge* (Sur le mont des oliviers), *ASZ*, III, p. 179.
[453] *Von der Seligkeit wider Willen* (De la félicité involontaire), *ibid.*, p. 169.
[454] *Vor Sonnen-Aufgang* (Avant le lever du soleil), *ibid.*
[455] Le chapitre *Von der grossen Sehsucht* (De la grande nostalgie) est effectivement un « chant » : *« dass ich dich singen hiess, siehe, das war mein Letztes! »* (*Ibid.*, p. 235) (tu vois, je t'ai demandé de chanter, c'était ma dernière volonté).
[456] *Ibid.*, p. 234.

tueux, jusqu'à ce que toutes les mers s'apaisent pour écouter ta nostalgie) / *« In dein Auge schaute ich jüngst, oh Leben: Gold sah ich in deinem Nacht-Auge blinken, - mein Herz stand still vor dieser Wollust »*[457] (Un jour j'ai plongé mon regard dans tes yeux, ô vie : j'ai vu l'or briller dans tes yeux sombres, - mon cœur s'est arrêté de battre face à une telle volupté). Le moi intime entre en fusion avec l'univers entier, mais il n'y a pas altérité.

En somme, il y a bien dans le *Zarathoustra*, tout au moins jusqu'à la fin de la troisième partie, un repli communicationnel progressif, l'appel se fait progressivement de plus en plus *ipséiste*.

Une exception marquante cependant, tout au moins en apparence : le chapitre *Von alten und neuen Tafeln* (Des anciennes et nouvelles tables), qui est manifestement composé de diatribes / harangues[458], dans lesquelles Zarathustra semble d'ailleurs récapituler quasiment point par point les diatribes / harangues déjà proférées antérieurement[459]. Mais malgré les

---

[457] *Das andere Tanzlied* (L'autre chanson à danser), *ASZ*, III, § 1, p. 235.

[458] Par exemple le paragraphe 11 : diatribe : *« 'Du sollst nicht rauben! Du sollst nicht todtschlagen!' - solche Worte hiess man einst heilig [...] Aber ich frage euch: wo gab es je bessere Räuber und Todtschläger in der Welt, als es solche heilige Worte waren?' »* ('Tu ne dois pas voler ! Tu ne dois pas tuer !' - on a autrefois qualifié ces paroles de saintes [...] Mais je vous pose la question : quand trouva-t-on jamais meilleurs voleurs et meilleurs tueurs, que quand on déclara saintes ces paroles ?) / harangue : *« Oh meine Brüder, zerbrecht, zerbrecht mir die alten Tafeln! » (Ibid.*, § 10, p. 210) (Ô mes frères, brisez, brisez donc pour moi ces tables anciennes). Ou encore : diatribe : *« 'Wozu leben? Alles ist eitel!' [...] Solch altertümliches Geschwätz gilt immer noch als 'Weisheit »* ('A quoi bon vivre ? Tout est vanité' [...] des palabres pareilles, vieilles comme le monde, passent encore aujourd'hui pour de la 'sagesse') / harangue : *« Zerbrecht, zerbrecht mir die Tafeln der Nimmer-Frohen! » (Ibid.*, § 13, p. 212-213) (Brisez, brisez pour moi les tables de ceux qui sont à jamais mécontents !).

[459] Le § 4 du chapitre *Von alten und neuen Tafeln* : *« schone deinen Nächsten nicht! »* (p. 207) (n'épargne pas ton voisin) renvoie au chapitre

apparences, on peut se demander si les propos tenus par Zarathoustra dans ce chapitre sont réellement des diatribes / harangues. Un indice significatif se trouve au tout début du chapitre, où Zarathoustra déclare : *« Inzwischen rede ich als einer, der Zeit hat, zu mir selber. Niemand erzählt mir Neues: so erzähle ich mir mich selber »*[460] (Désormais je parle comme quelqu'un qui a le temps, je me parle à moi-même. Personne ne me raconte jamais rien de nouveau : aussi je me raconte moi-même à moi-même). On sait d'entrée de jeu que Zarathoustra n'adresse pas ses harangues à un auditoire « réel », mais qu'il se les adresse à lui-même dans un soliloque, pratiquant une sorte d'introspection / rétrospection qui, si elle relève toujours de l'appel, se retourne encore une fois nettement en appel *ipséiste*. Contrairement à l'appel tonitruant qui résonne à travers une grande partie de l'œuvre, l'appel se mue ici en appel feutré et circonspect, simplement chuchoté en pensées dans l'intimité de soi à soi, sous la forme d'une interrogation timide : *« 'Was geschieht mir?' dachte Zarathustra in seinem erstaunten Herzen »*[461] ('Qu'est-ce qu'il m'arrive ?' pensa Zarathoustra en son cœur étonné). L'appel lancé aux *autres* au fil de l'œuvre dans les différentes diatribes / harangues semble être - nous l'avons dit - récapitulé point par point et de façon systématique, mais c'est pour mieux être reconduit dans l'*intériorité* d'une conscience. Le retournement de l'altérité en *ipséité*, le recentrage de l'appel sur le pôle ICH / expression sont ici particulièrement flagrants.

Von der Nächstenliebe (De l'amour du prochain) (*ASZ*, I, p. 61-63) ; le § 9 évoque les *« Wahrsager »* (p. 210), les *« prophètes »*, déjà vilipendés dans la deuxième partie (*Der Wahrsager, ASZ*, II, p. 139-142) ; *idem* pour le § 11 : *« Diess ist mein Mitleid [...] »* (*Ibid.*, p. 89-91) (Telle est ma pitié) qui renvoie aux *« Mitleidigen »* (miséricordieux) de la deuxième partie, etc., etc.

[460] *ASZ*, III, § 1, p. 204.

[461] *Ibid.*

3.2.2.3 Synthèse

Au travers de ce parcours communicationnel et événementiel s'affirment donc à nouveau - de manières différentes - les deux types d'appel déjà évoqués à plusieurs reprises dans ce qui précède : l'*appel-dépassement* et l'*appel ipséiste*. Le premier exacerbe le « vouloir » en le confrontant à son paradoxe. On ne peut vouloir qu'en niant ce qu'on a voulu et obtenu. Le vouloir est création continuée : il ne perdure qu'en faisant table rase de ses acquis et il prospère d'autant plus qu'il est est apte à sacrifier - et cela une infinité de fois - ses réalisations les plus remarquables, ses biens les plus précieux et jusqu'à sa propre existence. Le second type d'appel, l'appel ipséiste, suggère qu'il n'est d'autre moyen de susciter le vouloir d'autrui que de le laisser vouloir par lui-même.

Mais tout le problème est alors la transmission de ce vouloir à autrui : comment le lui dire ? Faut-il lui donner l'ordre de « vouloir » ? Un tel ordre dénaturerait ce vouloir en le transformant en devoir. Faut-il conceptualiser ce vouloir et démontrer ses avantages sur le plan théorique ? Ce serait encore dénaturer le vouloir en le transformant en savoir. Or, comme nous l'avons dit, le vouloir est toujours en actes : « savoir qu'on veut » n'est pas « vouloir ». Ainsi, si ni le devoir ni le savoir n'ont d'emprise sur le vouloir, ce vouloir ne peut être suscité que par le vouloir lui-même. Ce qui revient à dire que l'appel se transmet de façon privilégiée - non par injonction ou par cognition - mais par suggestion et empathie. Par l'appel qu'il lance aux hommes à travers un parcours communicationnel complexe, Zarathoustra ne fait rien d'autre qu'exercer et exacerber son propre vouloir pour le donner en modèle aux autres, ou plus précisément : pour susciter une *contagion* du vouloir.

Le double mouvement inverse, voire paradoxal, d'affirmation et de retrait, qui sous de multiples variantes, caractérise globalement l'appel de Zarathoustra tout en s'accentuant jusqu'au retrait final, n'est que la manifestation d'un vouloir libéré[462] : « le vouloir n'est jamais là, il est toujours plus loin » (dépassement), le « vouloir n'est jamais ailleurs, il est toujours en moi » (ipséité). Et ce vouloir libre, matérialisé par l'appel même de Zarathoustra (appel-dépassement / appel ipséiste) libère d'un même geste le vouloir des autres.

Par définition, le vouloir libre des uns implique le vouloir libre des autres ; car qui veut l'esclavage et la soumission aliène par là même sa propre liberté[463]. La liberté des uns *commence* où *commence* celle des autres. En se transmettant par suggestion et empathie du destinateur au destinataire au fil d'un long parcours communicationnel, le *« ich will »* (je veux) ne se dénature pas en *« du sollst »* (tu dois). Pour une fois le vouloir génèrerait le vouloir : certes Zarathoustra *veut*, mais tout ce qu'il veut en définitive, c'est que l'autre *veuille. Le « ich will »* de l'un ne vient pas annuler, mais stimuler le *« ich will »* de l'autre dans la continuité retrouvée des vouloirs qui se « contaminent » et s'amplifient mutuellement.

Cela ne signifie pas bien entendu que l'harmonie règne en permanence entre Zarathoustra et son auditoire. Comme nous l'avons mainte fois observé, la communication entre eux est souvent conflictuelle. Selon une dialectique incontournable et inhérente au vouloir lui-même, Zarathoustra, avant de libérer le vouloir de ses interlocuteurs, cherche à asservir ce vouloir autre que le sien. C'est à ce prix que son propre vouloir peut s'affirmer, d'abord comme pouvoir imposant à autrui un devoir.

---

462 Nietzsche écrit dans *Ecce homo* : *« Wer den Ernst kennt, mit dem meine Philosophie den Kampf mit den Rach-und Nachgefühlen bis in die Lehre vom* ‚freien Willen' *hinein aufgenommen hat [...] wird verstehen »* (*Werke in drei Bänden, op. cit.*, II, § 6, p. 1078. Souligné par nous) (Me comprendra qui connaît le sérieux avec lequel ma philosophie a engagé la lutte contre les sentiments de vengeance et de rancœur et jusque dans l'enseignement de la volonté libre).

463 On pense ici à la dialectique hegelienne du maître et de l'esclave.

Mais c'est justement du dépassement continuel de cette phase nihiliste (ou de ces phases nihilistes récurrentes) aliénantes pour l'un et l'autre protagoniste que vient la libération. Cette libération ne peut être qu'un procès graduel. L'appel de Zarathoustra, le jeu alterné de l'affirmation et du retrait, le retrait définitif au final, déployés au plan du parcours communicationnel et événementiel général, sont le *medium* de cette libération. Ponctuellement, l'appel n'est peut-être pas - et ne peut pas être - toujours appel ipséiste (je veux que l'autre veuille par lui-même), mais globalement, il l'est à coup sûr.

Et la « contagion » des vouloirs ne s'arrête pas là : par un second glissement dû au trope communicationnel (destinateur → destinataire fictionnels // destinateur → destinataire réel), le *« ich will »* du destinateur (l'énonciateur nietzschéen) vient potentiellement contaminer le *« ich will »* du destinataire (le lecteur). La transmission du vouloir s'effectue en prise directe, conformément à la nature même du vouloir qui n'existe qu'autant qu'il s'exerce *de facto*. Le vouloir est procès en marche et la philosophie en tant qu'entreprise communicationnelle actualise ce vouloir : le philosophe veut et agit sur un lecteur qui lui-même veut et réagit. Par rapport aux philosophies traditionnelles, le centre de gravité se déplace radicalement : l'essentiel n'est plus l'idée, mais la transmission de cette idée. La philosophie ne *détient* plus la « vérité », elle l'*exerce*. L'œuvre même n'est plus seulement œuvre (*Werk*), mais aussi et surtout « action » (*Tat*)[464].

[464] Dans *Ecce homo*, Nietzsche utilise en liaison avec le *Zarathoustra* la formule *« höchste Tat »* (action au sens le plus noble du terme), *Werke in drei Bänden, op. cit.*, p. 1134.

4. La « mise en valeur »

Si comme nous l'avons plusieurs fois souligné, l'appel cristallisé dans un texte ne se réduit pas à la somme arithmétique des illocutions individuelles, si le « sens » de cet appel est donné prioritairement par les présigaux, par les indicateurs contextuels et par les structures illocutoires complexes qui embrassent de grandes portions ou la totalité du texte considéré, il n'en reste pas moins que ces illocutions individuelles forment pour une bonne part la texture de cet appel au fil des pages. Dans le registre des « illocutions indirectes », nous nous proposons donc d'étudier dans un dernier temps à propos du *Zarathoustra* quelques manifestations de ce que Große qualifie de « facteur appel » et dont nous avons regroupé les effets sous la notion de « mise en valeur ».

4.1 Les évaluations axiologiques

Nous commencerons par les évaluations axiologiques, en nombre incalculable dans le *Zarathoustra.* Nous en donnons quelques exemples qui nous paraissent significatifs d'une manière d'abord extensive (inventaire), avant de nous concentrer sur le cas particulier que constituent les verbes *« nennen / heissen »* (nommer / appeler).

4.1.1 Inventaire

Un relevé exhaustif étant ici totalement impossible, cet inventaire propose un certain nombre d'occurrences significatives qui apparaissent dans la linéarité du texte. La présentation quelque peu inhabituelle des commentaires, sous forme de notes de bas de page, permettra au lecteur qui le souhaite une lecture continue des occurrences relevées, susceptible de donner d'emblée la mesure de la densité de l'évaluation dans le *Zarathoustra.*

Dans le chapitre *Vom Krieg und Kriegsvolk*, on trouve par exemple: *« ich **liebe**[465] euch von Grund aus »* (je vous **aime** fondamentalement) / *« Ihr seid nicht **gross**[466] **genug** »* (2 occurrences)[467] (Vous n'êtes pas **suffisamment grands**) / *« sonst **schwätzt**[468] [...] man »* (autrement, on ne fait que **bavarder**) / *« **grosse** Dinge »* (de **grandes** choses) / *« Tapfer sein ist **gut** »* (Etre courageux est une **bonne chose**) / *« **gut** sein ist, was **hübsch** [...] und **rührend** ist »* [469] (ce qui est bon est ce qui est **beau** [...] et **émouvant**) / *« euer Herz ist **ächt** »* (votre cœur est **authentique**) / *« ich **liebe** die Scham »* (j'**aime** la honte) / *« Ihr schämt euch eurer **Fluth**, und andere schämen sich ihrer **Ebbe** »*[470] (Vous avez honte de votre **surabondance**, d'autres ont honte de leur **indigence**) / *« Ihr*

---

[465] Axiologico-affectif. Nous soulignons les éléments sur lesquels l'évaluation est focalisée. Il en sera de même dans la suite. Chaque référence de page donnée en note s'applique à la dernière citation ainsi qu'à toutes celles qui précèdent et qui ne sont pas munies de notes indiquant une référence dans le texte.

[466] *« Gross »* (grand) est dans son acception première un adjectif non axiologique. Ici (comme presque partout ailleurs dans le *Zarathoustra*) on peut cependant le considérer comme un axiologique (non affectif) impliquant un jugement du locuteur en termes de « bien / mal ; bon / mauvais ».

[467] *ASZ*, I, p. 46.

[468] Verbe intrinsèquement subjectif.

[469] *« Rührend »* et *« hübsch »* sont clairement des axiologico-affectifs. Même si ces adjectifs apparaissent ici dans du discours qui « fait mine d'être » attribué aux « petites filles », c'est manifestement Zarathoustra qui parle en leur nom.

[470] Dans sa traduction française, Geneviève Blanquis rend (très judicieusement) ces deux termes (très métaphoriques en allemand) respectivement par « surabondance » et « indigence », qui sont de toute évidence des évaluatifs axiologiques se positionnant sur un axe bon / mauvais. La métaphore leur confère peut être une nuance subjective / affective supplémentaire.

seid ***hässlich****?* » (Vous êtes **hideux**) / *« wenn eure Seele* ***gross*** *wird, so wird sie* ***übermüthig*** » (Lorsque votre âme **grandit**, elle devient **arrogante**) / *« in eurer Erhabenheit ist* ***Bosheit*** » (dans votre noblesse, il y a de la **méchanceté**) / *« In der* ***Bosheit*** *begegnen sich der* ***Übermütige*** *mit dem* ***Schwächlinge*** » (**L'arrogant** et **le faible** se rencontrent dans leur **méchanceté**) / *« Feinde, die* ***zu hassen sind*** »[471] (Des ennemis **à haïr**) / *« Feinde* ***zum Verachten*** »[472] (des ennemis **méprisables**) / *« ich* ***liebe*** *euch von Grund aus* »[473] (je vous **aime** fondamentalement).

Dans le chapitre suivant *Vom neuen Götzen* (De la nouvelle idole), on rencontre les occurrences suivantes : *«* ***Das kälteste aller kalten*** *Ungeheuer* » (**Le plus froid de tous les** monstres froids) / *«* ***Kalt lügt*** *er auch* »[474] (Il **ment** aussi **froidement**) / *«* ***Falsch*** *ist alles an ihm* » (Tout est **faux** en lui) / *«* ***Falsch*** *sind selbst seine Eingeweide* » (Même ses

---

471 *ASZ*, I, p. 47.

472 Les deux dernières formules *« zu hassen sein »* / *« zum Verachten »* sont sur le plan fonctionnel et sémantique approximativement équivalentes aux adjectifs de nom *« hassenswert »* / *« verachtenswert »*- *« verächtlich »* (haïssable / méprisable). Dans l'un et l'autre cas, l'évaluation est de type axiologico-affectif. Cependant, alors que les adjectifs n'impliquent qu'une *possibilité* d'ordre général (*hassenswert* = digne d'être haï / *verachtenswert* = digne d'être méprisé), les formules verbales correspondantes (*zu hassen sein* = à haïr / *zum Verachten* = à mépriser) semblent impliquer une *consigne* directe du locuteur, ce qui peut renforcer leur caractère subjectif.

473 *ASZ*, I, p. 48.

474 *« Lügen »* (mentir) peut être considéré comme un évaluatif axiologique subjectif qui s'oppose à *« nicht die Wahrheit sagen »* (ne pas dire la vérité) ; alors que cette dernière expression fonctionne sur la base de l'opposition vrai /faux, *« lügen »* fonctionne sur la base de l'opposition « bien / mal ; bon / mauvais » ; le caractère - jugé « mauvais » par le locuteur - du « mensonge » provient en l'occurrence de la mauvaise foi de l'agent, qui est soupçonné par le locuteur de ne pas dire la vérité et le faire en connaissance de cause, chose qu'il est souvent - sinon toujours - très difficile de vérifier « objectivement ».

entrailles sont **fausses**) / « ***Sprachverwirrung** des **Guten** und **Bösen*** » (Les **confusions** de langage entre le **bien** et le **mal**) / « ***Viel zu viele** werden geboren* » (Il en est **beaucoup trop** qui voient le jour) / « *für die **Überflüssigen*** » (pour ceux qui sont **superflus**) / « *wie er sie an sich **lockt**, die **Viel-zu-Vielen*** » (comme il les **appâte**, ces hommes **beaucoup trop nombreux**) / « *ist nichts **Grösseres** als ich* » (il n'est rien de **plus grand** que moi) / « ***brüllt** das **Unthier*** » (**gronde** le **monstre**) / « *ihr **grossen** Seelen* » (vous **grandes** âmes) / « *seine **düsteren Lügen*** » (ses **sinistres mensonges**) / « *die **reichen Herzen**, die gerne sich **verschwenden*** »[475] (les cœurs **regorgeant de richesse**, qui la **répandent** volontiers) / « *das **kalte Unthier*** »[476] (le **monstre froid**) / « ***Ködern** will er mir euch die **Viel-zu-Vielen*** »[477] (Il veut aussi **appâter** ceux qui sont **beaucoup trop nombreux**) / « *ein **Höllenkunststück*** » (une **ruse diabolique**) / « *das sich selber [...] **preist*** » (qui se **flatte** lui-même) / « *wo alle **Gifttrinker** sind, **Gute und Schlimme*** » (là où se trouvent tous les **buveurs de poison**, les **bons** et les **mauvais**) / « ***Ungemach*** » (monstre) / « *sie*

---

[475] Au milieu d'une diatribe adressée aux partisans de la « nouvelle idole » et donc parsemée d'évaluations négatives, on a là, semble-t-il, une évaluation positive « *die reichen Herzen* ». Mais le plus intéressant est peut-être ici que cette évaluation positive semble se répercuter sur le verbe « *veschwenden* » situé dans la suite immédiate. « *Verschwenden* » (gaspiller) est un verbe intrinsèquement subjectif porteur d'une évaluation négative ; or, dans le cas présent cette évaluation paraît s'inverser sous l'influence du co-texte. C'est peut-être là un exemple d'un procédé qui n'est pas rare chez Nietzsche et qui consiste à inverser les pôles évaluatifs : le bon devient le mauvais, le mauvais devient le bon. Sa philosophie ne s'inscrit pas seulement « par delà le Bien et le mal », elle retourne aussi le Bien en Mal et le Mal en Bien.

[476] *ASZ*, I, p. 49.

[477] Le substantif « *Die Viel-zu-Vielen* » est, en même temps qu'un néologisme étonnant, un évaluatif axiologique fort intéressant puisqu'il semble « superlativiser » le substantif « *Die Überflüssigen* » souvent utilisé par ailleurs.

erbrechen ihre Galle[478] *und nennen es Zeitung »* (ils **vomissent leur bile** et ils appellent cela un journal) / *« diese **Unvermögenden** »* (ces **impuissants**) / *« diese **geschwinden Affen** »* (ces **singes pleins de hâte**) / *« zerren sich [...] in **den Schlamm** »*[479] (ils se traînent dans la **boue**) / *« kletternde **Affen und Überheisse** »* (des **singes** qui grimpent **surexcités**) / *« **Übel riecht** mir ihr Götze, das **kalte Unthier** »* (Leur idole, ce **monstre froid, sent mauvais**) / *« ersticken im **Dunste ihrer Mäuler** und Begierden »* (ils étouffent dans **les relents de leurs gueules** et les **miasmes** de leurs désirs) / *« dem **schlechten Geruche** »* (la **mauvaise odeur**) / *« der **Götzendienerei der Überflüssigen** »*[480] (**l'idolâtrie des superflus**) / *« dem **Dampfe**[481] dieser Menschenopfer »*[482] (les **vapeurs** que dégagent ces sacrifices humains).

Chapitre *Von den Fliegen des Marktes* (Des mouches de la place publique) : *« **feierlichen Possenreissern** »* (**bouffons solennels**) / *« Das Volk **rühmt sich**[483] seiner **grossen** Männer »* (Le peuple **se flatte** de ses **grands** hommes) / *« Dieser **Unbedingten und Drängenden** halber »*[484] (A cause de ces **intransigeants** et de ces **impatients**) / *« dieser **Plötzlichen** »*

---

478 C'est ici bien évidemment la métaphore qui génère l'évaluation (de type axiologico-affectif) qui n'existerait pas sans cela : *« sie erbrechen ihre Galle »* = « ils écrivent des articles très critiques ».

479 La métaphore joue également dans les deux derniers exemples : *« Affe »* (singe) désignant un être humain est un terme dégradant, *« Schlamm »* (boue) désignant une situation est porteur d'une évaluation très négative connotée culturellement dans de nombreuses langues.

480 *ASZ*, I., p. 50 (on note ici le caractère évaluatif (négatif) du suffixe allemand *-ei*).

481 Là aussi l'évaluation est générée par métaphore.

482 *ASZ*, I, p. 51.

483 *« Sich rühmen »* (se vanter, se flatter) : verbe intrinsèquement subjectif (évaluation négative).

484 S'il y a de façon évidente évaluation axiologique pour *« Drängenden »*, il n'en va pas de même *a priori* pour *« Unbedingten »*. Il semble y avoir ici un phénomène de contamination co-textuelle comparable à celui que nous avons déjà observé pour *« verschwenden »* (cf ci-dessus).

(de ces **impulsifs**) / « *alles* ***Grosse*** »[485] (tout ce qui est **grand**) / « *den* ***Kleinen und Erbärmlichen*** » (aux **petits**, aux **pitoyables**) / « *diese* ***Kleinen und Erbärmlichen*** » (ces **petits, ces pitoyables**) / « ***giftige*** *Fliegen* »[486] (des mouches **venimeuses**) / « ***Giftwurm*** » (**vermine empoisonnée**) / « *diese* ***Naschhaften*** » (ces **gloutons**) / « *ihr* ***giftiges Unrecht*** » (leur **injustice empoisonnée**) / « ***Zudringlichkeit*** *ist ihr* ***Loben*** » (leur **louange** est **importunité**) / « *Sie* ***schmeicheln***[487] *dir* » (ils te **flattent**) / « ***Liebenswürdige*** » (**aimables**) / « *die* ***Feigen*** » (les **lâches**) (2 occurrences) / « ***bedenklich*** » (**douteux**) (2 occurrences)[488] / « ***gerechten*** *Sinnes* » (dans un sens **équitable**) / « *alles* ***grosse*** *Dasein* » (toute existence **noble**) / « *von dir* ***verachtet*** » (**méprisé** par toi) / « *deine* ***Wohltat*** » (ton **bienfait**) / « *sie* ***frohlocken*** »[489] (ils **jubilent**) / « ***eitel*** » (**vaniteux**) / « ***klein*** » (**petit**) / « *ihre* ***Niedrigkeit*** » (leur **bassesse**) / « *das* ***böse*** *Gewissen* » (la **mauvaise** conscience) / « *sie sind deiner* ***unwerth*** » (ils sont **indignes** de toi) / « ***giftige*** *Fliegen* » (des mouches **venimeuses**) / « *was* ***gross*** *ist* » (ce qui est **grand**) / « *muss sie* ***giftiger*** *machen [...]* ***fliegenhafter*** »[490] (doit les rendre encore plus **venimeuses** [...] **plus semblables à des mouches**).

On pourrait bien évidemment multiplier les exemples. Ce qui ressort de ces évaluations axiologiques, c'est, outre leur quantité, le fait qu'elles sont des illocutions indirectes. Comme pour les illocutions investies dans les superstructu-

---

485 *ASZ*, I, p. 52.

486 L'évaluation est générée par la métaphore : *Fliegen* = êtres humains.

487 « *Schmeicheln* » (flatter) : verbe intrinsèquement subjectif (évaluation négative).

488 *ASZ*, I, p. 53.

489 Verbe intrinsèquement subjectif (évaluation négative).

490 *ASZ*, I, p. 54. Le néologisme « *fliegenhaft* » (semblable aux mouches) n'est ici porteur d'une évaluation négative de type subjectif qu'en fonction du co-texte (« *giftige* » *Fliegen* / mouches « venimeuses » , etc.).

res narratives (parcours communicationnels) dont nous parlions plus haut, on peut supposer que ces illocutions opèrent largement par empathie : proposées par Zarathoustra à son auditoire (niveau intra-diégétique), elles sont aussi indirectement proposées par Nietzsche au lecteur (niveau extra-diégétique). Ce lecteur est donc susceptible - par suggestion - de répondre positivement à l'appel critique (critique des valeurs) lancé par Zarathoustra en se laissant éventuellement gagner à son point de vue.

Mais l'appel cristallisé dans ces incessantes évaluations axiologiques possède - si on le prend comme un phénomène global - une autre dimension qui rejoint l'appel-dépassement, plusieurs fois mis en évidence dans les superstructures. Les évaluations axiologiques que l'on pourrait s'attendre à trouver dans un texte philosophique « traditionnel » sont de toute évidence des évaluations axiologiques de type vrai / faux[491], plus proches du pôle « objectif » que du pôle « subjectif » ; en termes de fonctionnalité, ce type d'évaluation renvoie donc plus à l'*information* qu'à l'*appel* (nous avons évoqué ces aspects dans nos prémisses théoriques). Or, il est frappant que les évaluations axiologiques proposées par Zarathoustra soient très fréquemment subjectives et qu'elles se donnent constamment comme telles (fréquence des axiologico-subjectifs). A aucun moment Zarathoustra ne cesse d'évaluer pour tirer - comme on pourrait s'y attendre - un *bilan* de ces évaluations et poser une « vérité » qu'il présenterait au final comme vérité « objective », valable pour tous en tous lieux et en tous temps (ce que fait presque systématiquement la philosophie classique). Il n' y a dans le *Zarathoustra* aucune démarche *objectivante*.

---

[491] L'objectif premier de la philosophie - du moins d'une grande partie de celle-ci - est la recherche du « vrai » par opposition au « faux ». Un grand nombre de dichotomies philosophique reflète cette opposition fondamentale : être / apparaître, essence / accident, etc.

Ce à quoi Zarathoustra appelle, c'est - semble-t-il - à évaluer toujours plus, et à évaluer pour soi et par soi, indépendamment de toute tutelle ou allégeance. Tout se passe comme si Zarathoustra accompagnait chacune de ses évaluations de la formule « c'est ce que je pense », sous entendant : « mais je t'incite de ton côté à penser autrement ». Zarathoustra évalue, non pour *établir* une norme qui dispense les autres d'évaluer, mais justement pour *supprimer* une telle norme. L'appel est donc encore une fois appel ipséiste. On retrouve le thème du vouloir libre et libérateur. Evaluer (comme le fait Zarathoustra) c'est vouloir, mais c'est aussi vouloir que les autres veuillent, sans normes ni contraintes, une nouvelle fois pour éviter le clivage du pouvoir et du devoir où le vouloir fatalement se délite.

La seule « vérité », c'est la vie, et la vie n'est pas autre chose que l'évaluation elle-même, faite par tous au nom de tout et de son contraire : *« Gut und Böse, und Reich und Arm, und Hoch und Gering, und alle Namen der Werthe: Waffen sollen sie sein und klirrende merkmale davon, dass das Leben sich immer wieder selber überwinden muss! »*[492].

(Le bien et le mal, la richesse et la pauvreté, la grandeur et l'insignifiance, et tous les noms désignant toutes les valeurs : toutes ces choses doivent être des armes et des indices retentissants que la vie doit sans cesse se dépasser elle-même).

Evaluer équivaut chez Nietzsche à réévaluer, à « dépasser » les acquis. Appel ipséiste et appel-dépassement convergent dans ce phénomène d'évaluation axiologique.

Les interlocuteurs de Zarathoustra (niveau intra-dégétique) - et par trope communicationnel - les lecteurs du *Zarathoustra* (niveau extra-diégétique) sont invités à évaluer *pour et par eux-mêmes* et à évaluer *sans fin*. Pour Nietzsche, la « vérité » est le contraire d'une opinion sélectionnée entre toutes, idéalisée et vénérée comme unique et irremplaçable ; cette « vé-

---

492 *Von den Taranteln* (Des tarentules), *ASZ*, II, p. 103.

rité » est faite du chaos incessant de toutes les opinions qui s'entrechoquent sans discernement ; pour s'en rapprocher, le philosophe doit quitter sa tour d'ivoire et lui-même se jeter dans cette mêlée. Bref, pour se rapprocher de la « vérité », le philosophe, doit cesser de penser et de contempler ; il doit vouloir et agir. Non s'abstraire de lui-même, de sa subjectivité et de son corps, mais au contraire les affirmer : dire « je crois » ou « je ressens » plutôt que « je pense » ou « je conçois ». C'est là peut-être le sens profond de l'appel véhiculé par Zarathoustra *alias* Nietzsche.

4.1.2 Le cas de *« nennen / heissen »*

Ces conclusions concernant l'évaluation axiologique semblent d'ailleurs confirmées par un autre phénomène que nous exposons brièvement. On constate que Zarathoustra dans ses « discours » utlilise fréquemment le verbes *« nennen »* et un peu moins souvent *« heissen »* (indifféremment traduisibles par « appeler »).

Or le verbe *« nennen »* est, sinon toujours, du moins dans beaucoup de cas un évaluatif axiologique qui permet au locuteur d'évaluer une information en termes de vrai / faux, cette évaluation vrai / faux étant étroitement liée à la personne à laquelle le verbe est utilisé : 1) *« Das nenne ich ein Auto »* (J'appelle cela une auto) → présupposé : « c'est vrai, c'est une auto » , 2) *« Das nennst du / nennt er ein Auto »* (Tu, il appelle(s) cela une auto) → présupposé : « ce n'est pas vrai, ce n'est pas une auto »[493]. Zarathoustra, lorsqu'il

[493] Ces observations semblent également s'appliquer au réflexif *« sich nennen »* « nominatif » (servant à « nommer »), ou définitoire dans le sens de « s'appeler » → *« Das / es nennt sich ein Auto »* (Et ça s'appelle une voiture) ; *« diese Art Auto nennt sich ein Cabrio »* (Et ce genre de voiture s'appelle un cabriolet) où le verbe *« nennen»* peut être un évaluatif axiologique (présupposé : ce n'est pas vrai). La seule différence est

utilise le verbe *« nennen »*, met donc à profit ces caractéristiques axiologiques pour stigmatiser subrepticement comme « faux » le point de vue de son interlocuteur ou, plus souvent, celui du tiers dont il s'entretient avec lui : *« Bildung nennen sie ihren Diebstahl »*[494] (Culture, c'est ansi qu'ils appellent leur brigandage) / *« sie erbrechen ihre Galle und nennen es Zeitung »*[495] (ils vomissent leur bile et ils appellent cela un journal) / *« eine Wahrheit [...] nennt er Lüge und Nichts »*[496] (il appelle une vérité un mensonge ou alors rien du tout), etc.

Le fonctionnement du verbe *« heissen »* est à peu près similaire, à cette différence près qu'il peut être divalent et associé à une rection casuelle à l'accusatif ou, plus rarement[497], trivalent et associé à une double rection datif / accusatif : 1) *« das heisse ich ein Auto »* (présupposé : vrai) */vs/ « das heisst du / er ein Auto »* (présupposé : faux) ; 2) *« das heisst mir ein Auto »* (présupposé : vrai) */vs/ « das heisst dir / ihm ein Auto »* (présupposé : faux). Et comme pour *« nennen »*, *« heissen »* évaluatif se rencontre souvent dans les propos de Zarathoustra qui utilise ce verbe pour dénigrer le point de vue des autres : *« Umwerfen - das heisst ihm: beweisen. Toll machen - das heisst ihm überzeugen »*[498] (Bouleverser - cela signifie pour lui : démontrer. Rendre fou - cela signifie pour lui convaincre) / *« was unerlässlich und schwer, heisst gut »*[499] (il appelle bon ce qui est contraignant et lourd).

---

qu'aucun locuteur particulier (*du, er*) n'est ici tenu pour « responsable » de la « fausse » appellation.

494 *Vom neuen Götzen* (De la nouvelle idole), *ASZ*, I, p. 50.

495 *Ibid.*

496 *Von den Fliegen des Marktes* (des mouches de la place publique), *ibid.*, p. 52.

497 Mais parfois chez Nietzsche.

498 *Von den Fliegen des Marktes, ASZ*, I, p. 52.

499 *Von tausend und einem Ziele* (Des mille et une fins), *ibid.*, p. 59. Dans la toute dernière formule citée, la rection casuelle au datif est absente (il n'y a pas : *« heisst* mir *gut »*). S'il y a évaluation axiologique

Mais le plus intéressant est sans doute que Zarathoustra utilise aussi ponctuellement les évaluatifs axiologiques *nennen / heissen* à la *première* personne. Le verbe *« nennen »* est même le tout premier verbe utilisé par Zarathoustra dans son premier « discours », et c'est à la première personne qu'il l'utilise : *« Drei Verwandlungen nenne ich euch des Geistes »*[500] (Je vous nomme trois métamorphoses de l'esprit). Cette dernière formule est d'ailleurs réitérée au prétérit en fin de chapitre : *« Drei Verwandlungen nannte ich euch des Geistes »*[501] (Je vous ai nommé trois métamorphoses de l'esprit) comme pour souligner cette « nomination ». Zarathoustra utilise donc de façon stratégique - et en tous cas fort insistante - l'évaluatif axiologique *« nennen »* : il évalue implicitement comme « vrais » ses *propres* propos, et cela d'entrée de jeu.

On trouve dans la suite quelques autres occurrences de *nennen / heissen* en première personne, par exemple : *« Staat nenne ich's, wo alle Gifttrinker sind »*[502] (J'appelle cela l'Etat, l'endroit où tous les buveurs de poison se retrouvent). Le point de vue « vrai » de Zarathoustra s'oppose ici - toujours par l'intermédiaire de *« heissen / nennen »* - au point de vue « faux » des « autres » : *« Bildung nennen sie ihren Diebstahl »*[503] (La culture, c'est ainsi qu'ils appellent leur brigandage). De façon à première vue assez curieuse pour un texte philosophique, le débat ne se situe manifestement pas au niveau des « réalités », mais au niveau de l'« appellation » de

---

(présupposé : faux), celle-ci ne devrait donc en principe (nous le disions plus haut) pas être imputée au locuteur du message. Il nous semble cependant que dans ce cas précis un phénomène de contagion co-textuelle peut jouer, étant donnée la proximité de la formule *« das heisst* ihm *überzeugen »*, qui, elle, comporte un pronom personnel au datif.

500 *Von den drei Verwandlungen* (Des trois métamorphoses), *ASZ*, I, p. 24.

501 *Ibid.*, p. 26.

502 *Vom neuen Götzen* (De la nouvelle idole), *ibid.*, p. 50.

503 *Ibid.*

ces réalités. On peut donc se poser la question : qu'induit ce débat « nominaliste » articulé autour de *« nennen » / « heissen »* ? Que suggère ce retournement impromptu du « vrai » en « faux », que rien ne semble motiver, sinon un simple *« shifting »* de... personne : « j'appelle » = « j'ai raison » ; « tu / il appelle(s) » = « tu / il a tort » ? Tout cela suggère bien évidemment en premier lieu la relativité de tout point de vue[504], y compris celui de Zarathoustra et, par extension, celui de Nietzsche : le point de vue « vrai » n'est que celui d'un « je » qui l'évalue comme tel ; le point de vue « faux » n'est en fait *que* celui que ce « je » prête aux opposants que sont les « autres ». La « vérité » n'est que l'expression de la force de celui qui - dans le combat vital - peut dire « j'appelle ceci le vrai ». Mais cette appellation-évaluation s'annule pour ainsi dire en se posant, puisqu'un autre peut dès cet instant la reprendre à son compte (« il appelle ceci le vrai »), et que sa charge axiologique s'en trouve automatiquement retournée. Et cela s'intègre à nouveau dans le schéma communicationnel à deux étages déjà plusieurs fois évoqué : à un premier niveau Zarathoustra évalue tout en permanence, mais c'est de toute évidence pour inciter son auditoire à évaluer également. A un second niveau, Nietzsche, en vertu d'un possible fonctionnement tropique de l'illocution, lui aussi évalue, suggérant à son lecteur de prendre à son tour en mains cette évaluation. L'appel-ipséiste et l'appel-dépassement se confirment donc, articulés cette fois autour de ce *« shifter »* axiologique qu'est le doublet *« nennen / heissen »*.

---

504 Cette relativité de tout point de vue est d'ailleurs souvent thématisée chez Nietzsche. Dans le *Zarathoustra* même le chapitre *Von tausend und einem Ziele* (Des mille et une fins) (*ASZ*, I, p. 58-60) est entièrement voué à cette thématique. Il n'est donc pas étonnant d'y trouver plusieurs occurrences de *« nennen / heissen »* (cf ci-dessus).

4.2 La rhétorique

Toujours dans le cadre de ce que Große qualifie de « facteur appel » et de ce que nous avons appelé la « mise en valeur » (produisant un « effet de présence »), il faut également mentionner les figures de rhétoriques, omniprésentes dans le *Zarathoustra*. Nous nous contenterons de donner deux exemples significatifs 1) le chapitre *Von den drei Verwandlungen* (Des trois métamorphoses) qui constitue le tout premier « discours » de Zarathoustra et possède peut-être à ce titre une valeur emblématique, 2) le premier « chant » qu'est *Das Nachtlied* (Nocturne). Pour des définitions plus complètes ou plus précise des figures évoquées dans ce qui suit, nous renvoyons à nos prémisses théoriques. Dans les commentaires, nous reprenons la classification de l'ensemble des figures donnée dans ces prémisses. Nous soulignons les éléments sur lesquels se focalisent les figures.

Dans *Von den drei Verwandlungen*, la première phrase : *« **Drei Verwandlungen** nenne ich euch **des Geistes** »*[505] (Je vous nomme trois métamorphoses de l'esprit) contient une « hyperbate » (éloignement de deux termes unis par la syntaxe). Cette hyperbate est d'ailleurs intégrée à un « parallélisme » si l'on considère que cette même formule est reprise quasiment telle quelle à la fin du même chapitre *« Drei verwandlungen nannte ich euch des Geistes »*[506] (Je vous ai nommé trois métamorphoses de l'esprit). Dans la même phrase, on relève une autre figure reposant sur le positionnement des éléments qui est l'« inversion » (ici redoublée) : *« wie der Geist zum Kameel wird, und **zum Löwen das Kameel**, und **zum Kinde** zuletzt der **Löwe** »*[507] (si l'on traduit littéralement, on obtient : comme **l'esprit devient chameau**,

[505] *ASZ*, I, p. 24.
[506] *Ibid.*, p. 26.
[507] *Ibid.*

et **lion le chameau**, et **enfant** finalement **le lion**). La phrase suivante présente une figure d'ordre sémantique et basée sur le cumul qui est la « gradation » (coordination d'un adjectif non gradué et du même adjectif au degré II) : *« dem **Schweren** und **Schwersten** »*[508] (au **lourd** et au **plus lourd** à porter). Cette gradation est ensuite reprise et intégrée à un parallélisme ; on lit ainsi à deux lignes d'intervalle : *« **Was ist schwer**? »* (**Qu'est-ce qui est lourd** à porter ?) / *« **Was ist das Schwerste**? »*[509] (**Quest-ce qui est le plus lourd** à porter ?), ces deux formules pouvant par ailleurs être considérées comme deux questions rhétoriques puisque la réponse est fournie dans la suite du texte (sous forme d'autres questions rhétoriques) : *« Ist es nicht das: sich erniedrigen [...] Oder ist es das [...]? »*[510] (N'est-ce pas cela : se rabaisser [...] ou est-ce plutôt ceci [...] ?). Ce même passage contient en outre une figure d'ordre sémantique basée sur la substitution d'éléments qui est la « prosopopée » (personnification d'une abstraction), figure elle-même réitérée à l'identique et intégrée à un parallélisme qui se greffe sur le parallélisme et la gradation mentionnés antérieurement : *« Was ist schwer? **So fragt der tragsame Geist** »* (Qu'est-ce qui est lourd à porter ? **demande l'esprit transformé en bête de somme**) / *« Was ist das Schwerste [...] **so fragt der tragsame Geist** »*[511] (Qu'est-ce qui est le plus lourd à porter [...] **demande l'esprit transformé en bête de somme**). La même séquence contient aussi une « comparaison » : *« dem **Kameele***

---

508 *ASZ*, I, p. 26.
509 *Ibid.*
510 Au demeurant, comme nous l'avons déjà relevé dans nos prémisses théoriques, on peut considérer que la « question rhétorique », en tant qu'interrogation, relève non du « facteur appel », mais des types de « phrases sémantiques ». Nous nous permettons de les mentionner pour souligner la densité rhétorique du passage.
511 *ASZ*, I, p. 26.

gleich *»*[512] (**semblable au chameau**) qui est également une « allégorie » (représentation d'un concept par un être animé) prolongeant la prosopopée précédente, puisque c'est encore l'« esprit » qui est comparé à un « chameau ». On relève à la fin de ce même passage une autre hyperbate : *« Was ist das* ***Schwerste*** *[...] so fragt der tragsame Geist,* ***dass ich es auf mich nehme*** *»*[513] (Qu'est-ce qui est le plus lourd à porter [...] demande l'esprit transformé en bête de somme, **que je puisse le charger sur mon dos**) (la disjonction syntaxique est ici accentuée par l'absence de guillemets).
Le passage qui suit débute avec une « personnification » : *« um seinen* ***Hochmuth Wehe zu tun*** *»*[514] (pour **blesser son orgueil**) qui pourrait aussi être considérée comme une « métonymie » (l'orgueil auquel « on fait mal » est une qualité présumée de la personne à laquelle réfère le possessif *« seiner »*). *Idem* pour la formule *« um* ***seiner Weisheit zu spotten*** *»*[515] (pour **tourner sa sagesse en ridicule**), donnée dans la foulée de la précédente. En dehors de ces figures d'ordre sémantique relevant de la substitution d'éléments, on trouve au début de ce même passage une « ellipse » soulignée par un double point : *« Ist es nicht das: sich erniedrigen »*[516]. L'ellipse est ensuite répercutée à cinq reprises dans cinq formules réitérées à l'identique à deux lignes d'intervalle, et qui structurent elles-mêmes un « parallélisme » quintuple, mis en relief par autant d'« anaphores » : *«* ***Oder*** *ist es das » [...] «* ***Oder*** *ist es das »*[517] (**Ou bien** est-ce cela [...] **ou bien** est-ce cela, etc.). Le premier membre de ce parallélisme contient une nouvelle figure basée sur le positionnement des éléments qui est la « dérivation » (proximité de termes remontant à la

512 *ASZ*, I, p. 26.
513 *Ibid.*
514 *Ibid.*
515 *Ibid.*
516 *Ibid.*
517 *Ibid.*

même racine lexicale) : *« um den* ***Versuche*** *zu* ***versuchen*** *»*[518] (littéralement : pour **essayer l'essai**), peut-être encore souligné par l'allure pléonastique de la formule. Le deuxième membre du parallélisme contient manifestement une figure d'ordre « phonique / graphique » basée sur le cumul qui est l'« homéotéleute » (rapprochement de mots ayant les mêmes finales) : *« sich von Eicheln und Gras der Erkenntnis nähr**en** und um der Wahrheit will**en** an der Seele Hunger leid**en** »*[519]. Même chose pour le cinquième membre du parallélisme : *« Die lieb**en**, die uns veracht**en**, und dem Gespenste die Hand reich**en**, wenn es uns fürcht**en** mach**en** will »*[520]. Au plan du cumul lexical et syntaxique on a peut-être aussi, dans le quatrième membre du parallélisme, un exemple de « polysyndète » (suite de termes coordonnés) : *« wenn es das Wasser der Wahrheit ist,* ***und*** *kalte Frösche* ***und*** *heisse Kröten nicht von sich weisen »*[521]. Toujours dans le cadre de ce parallélisme, la figure de substitution sémantique la plus connue (et sans doute la plus répandue dans l'œuvre), à savoir la « métaphore », est bien évidemment représentée : *« von* ***Eicheln und Gras*** *der Erkenntnis »*[522] (**des glands et de l'herbe** de la connaissance) (*« Eichel und Gras »* se substitue ici à *« Baum »* dans la formule consacrée « arbre de la connaissance ») / *«* ***Wasser*** *der Wahrheit »*[523] (Eau de la vérité). Finalement l'ensemble du parallélisme avec les alternatives qu'il propose (*Oder...Oder*, etc) est repris par la formule synthétique *« Alles diess Schwerste »*[524] (Toutes ces choses des plus lourdes), ce qui ressemble fort à ce que Perelman qualifie de « congérie », à savoir une figure

518 *ASZ*, I, p. 26.
519 *Ibid.*
520 *Ibid.*
521 *Ibid.*
522 *Ibid.*
523 *Ibid.*
524 *Ibid.*, p. 25.

d'ordre sémantique reposant sur le cumul et qui énumère les parties d'un tout avant de les synthétiser. Les « répétitions » sont bien entendu dans tout le chapitre à la mesure des autres figures qui les impliquent (parallélisme, anaphore) ; autre exemple de répétition, dans le sillage immédiat du passage structuré par le parallélisme : *« Dem Kamel gleich, das beladen in die **Wüste** eilt, also eilt er aber in seine **Wüste**. Aber in der einsamsten **Wüste** »* (Semblable au chameau chargé qui se presse de rejoindre son **désert**, il se hâte lui aussi de gagner son **désert**. Mais dans cette **solitude**[525] extrême) / *« will er mit dem **grossen Drachen** ringen. Welches ist der **grosse Drache**, den der Geist nicht mehr Herr und Gott heissen mag? ‚Du-sollst' heisst der **grosse Drache** »*[526] (il veut combattre le **grand dragon**. Quel est ce **grand dragon** que l'esprit ne veut plus appeler son maître et son dieu ? 'Tu dois' s'appelle le **grand dragon**). Dans la suite immédiate, on trouve encore une prosopopée : *« Aber der **Geist** des Löwen **sagt ‚ich will'** »*[527] (Mais **l'esprit du lion dit 'je veux'**), une personnification : *« und also spricht der mächtigste aller Drachen » / « Also spricht der Drache »*[528] (et alors le plus puissant de tous les dragons prend la parole / alors le dragon prend la parole), une « régression » (reprise de mots dans un ordre inverse à l'intérieur d'une phrase) : *« **Aller Werth** ward schon **geschaffen**, und **aller geschaffene Werth** »*[529], une « antithèse » intégrée à un parallélisme : *« Neue Werthe schaffen - das **vermag** die Macht des Löwen **noch nicht**: aber Freiheit sich schaffen zu neuem Schaffen - das **vermag** die Macht des Löwen »*[530] (Créer de nouvelles valeurs, cela l'esprit du lion ne **peut pas encore le faire** : mais se créer la

---

[525] *Solitude* traduit ici le mot *Wüste*.
[526] *ASZ*, I, p. 25.
[527] *Ibid.*
[528] *Ibid.*
[529] *Ibid.*
[530] *Ibid.*

liberté de créer à nouveau - cela le pouvoir du lion **peut le faire**). A la fin du chapitre, on relève encore, dans le registre du cumul lexical, une étonnante « énumération » de type asyndétique : *« Unschuld ist das Kind und Vergessen, ein Neubeginnen, ein Spiel, ein aus sich rollendes Rad, eine erste Bewegung, ein heiliges Ja-sagen »*[531] (L'enfant est innocence et oubli, un nouveau départ, un jeu, une roue qui se meut d'elle-même, un premier mobile, une sainte affirmation).

On trouve la même richesse rhétorique dans le chapitre *Das Nachtlied* (Nocturne). Le « chant » débute par un *parallélisme* complexe souligné par une double *anaphore* :

« **Nacht ist es: nun** *reden lauter alle* ***springenden Brunnen***.
Und auch meine Seele ist *ein* ***springender Brunnen***.
Nacht ist es: nun *erst erwachen alle* ***Lieder der Liebenden***.
Und auch meine Seele ist ***das Lied eines Liebenden*** »[532]

(Il fait nuit ; voici que parle plus fort la voix des fontaines jaillissantes.
Et mon âme elle aussi est fontaine jaillissante.
Il fait nuit ; voici que s'éveillent les chants des amoureux.
Et mon âme aussi est un chant amoureux).

Comme c'est assez souvent le cas dans le *Zarathoustra*, l'ensemble du passage est reproduit tel quel à la fin du chapitre (parallélisme multidimensionnel). Outre les « allitérations » et « assonances » : *« springender Brunnen »* et surtout *« Lied der / eines Liebenden »*, ce passage révèle certaines constan-

---

[531] *ASZ*, I, p. 26.
[532] *ASZ*, II, p. 108. Nous soulignons en gras non italique les éléments du parallélisme opérant sur les quatre lignes et en italique gras les éléments du parallélisme qui n'incluent qu'un doublé de lignes.

tes rythmiques : 12 syllabes dont 4 accentuées dans les deux premières lignes (*nun [...] Brunnen / Und [...] Brunnen*) ; 14 syllabes dont 5 accentuées dans les deux dernières (*Nun [...] Liebenden / Und [...] Liebenden*). En somme l'ensemble peut être considéré comme un *quatrain* rimé.

On trouve ensuite la phrase : *« Ein **ungestilltes, Unstillbares** ist in mir; das **will laut werden**. Eine **Begierde** nach Liebe ist in mir, die **redet** selber die Sprache der Liebe »*[533] (**Une soif inassouvie, insatiable**, est en moi qui **cherche à se faire entendre**. Un désir d'amour est en moi, qui **parle** lui-même le langage de l'amour), phrase où l'on rencontre une dérivation (*ungestilltes, Unstillbares*) qui pourrait aussi être considérée comme une *gradation* (inassouvie / insatiable), ainsi qu'une double prosopopée. Vient ensuite une série assez dense de métaphores : *« **Licht bin ich**: ach, dass ich **Nacht wäre!** »* (**Je suis lumière** : hélas, que ne **suis-je ténèbres** ?) / *« an den **Brüsten des Lichts saugen** »*[534] (**me désaltèrerais aux seins de la lumière**), puis une hyperbate : *« Und euch selber wollte ich **noch segnen**, ihr kleinen Funkelsterne und Leuchtwürmer droben! - **und selig sein ob eurer Licht-Geschenke** »*[535] (Et vous-mêmes, je voudrais vous **bénir**, petites étoiles scintillantes, vers luisants dans le ciel ! - et je voudrais **être comblé de félicité par cette lumière**).

Plus loin, on trouve deux « synecdoques » (partie pour le tout) intégrées à un nouveau parallélisme : *« **Das ist** meine Armuth, dass* **meine Hand** *niemals ausruth vom Schenken; **das ist** mein Neid, dass ich wartende* **Augen** *sehe »*[536] (**C'est là** ma pauvreté, que **ma main** jamais ne cesse d'offrir ; **c'est là** mon désir : voir des **yeux** pleins d'attente). Vient ensuite une série d'apostrophes assorties de personnifications : *« **Oh Un-***

---

533 *ASZ*, II, p. 108.

534 *Ibid.*

535 *Ibid.*

536 *Ibid.* Parallélisme : gras italique / synecdoque : gras non italique.

seligkeit** aller Schenkenden! **Oh Verfinsterung** meiner Sonne! **Oh Begierde** nach Begehren! **Oh Heisshunger in der Sättigung »[537] (**Ô malédiction** de tous ceux qui donnent ! **Ô assombrissement** de mon soleil ! **Ô désir** de désirer ! **Ô faim** qui nous tenaille au cœur de la satiété !). La dernière de ces apostrophes est également une « antilogie » (variante syntaxique de l'oxymore).

Le passage qui suit est à nouveau structuré par un parallélisme ; à trois lignes d'intervalle : *« also hungere ich nach Bosheit » // « also hungere ich nach Bosheit »*[538] (alors je suis affamé de méchanceté), parallélisme dans lequel sont incorporées plusieurs autres figures : *« Ein Hunger wächst aus meiner Schönheit »*[539] (Une faim naît de ma beauté) (prosopopées) / *« hungere ich nach Bosheit »* (j'ai faim de méchanceté) (métaphore) / *« dem Wasserfalle gleich zögernd »*[540] (pareil à la cascade qui hésite à chuter) (comparaison). Viennent ensuite d'autres métaphores : *« wer immer austheilt, dessen Hand hat Schwielen vor lauter Austheilen »*[541] (la main de celui qui donne sans cesse, quel qu'il soit, finit par devenir calleuse à force de donner) / *« mein Auge quillt nicht mehr über »* (mon œil ne déborde plus de larmes) / *« meine Hand wurde zu hart für das Zittern gefüllter Hände »*[542] (ma main est devenue trop dure pour les mains tremblantes qu'elle comble) (les deux dernières métaphores reposent sur des synecdoques). On trouve également des apostrophes avec personnification : *« Oh Einsamkeit aller Schenkenden! Oh Schweigsamkeit aller Leuchtenden! »*[543] (Ô solitude de tous ceux qui donnent ! Ô mutisme de tous ceux qu'illumine un

[537] *ASZ*, II, p. 108.
[538] *Ibid.*
[539] *Ibid.*
[540] *Ibid.*
[541] *Ibid.*, p. 109.
[542] *Ibid.*
[543] *Ibid.*

éclat !), ici sous la forme d'un parfait parallélisme agrémenté d'homéotéleute, d'allitérations et d'assonances diverses (*Einsamkeit / Schweigsamkeit*, etc.). Nouvelle métaphore particulièrement inattendue dans la suite :
« des Lichtes Eutern! »[544] (des mamelles de la lumière), métaphore précédant elle-même une antilogie : *« meine Hand **verbrennt** sich an **Eisigem**! »*[545] (ma main se **brûle** en touchant la **glace**).
Le « final » du chapitre est - comme nous l'avons relevé - une reprise du début (parallélisme début / fin), mais cette reprise est aussi intégrée à un parallélisme à quatre membres, ponctué par une quadruple anaphore *« Nacht ist es [...] »*[546] (c'est la nuit [...]).

En termes illocutoires, cette « densité rhétorique » - dont nous n'avons présenté que deux exemples mais qui est omniprésente dans toute l'œuvre - met en avant ce que E.U. Große nomme le facteur appel. Au demeurant, la « rhétorique » du *Zarathoustra* est souvent une rhétorique « stylistique » (c'est surtout vrai dans les « chants ») qui n'a plus rien de commun avec l'« art de persuader ». Bref, cette rhétorique-là - manifestement plus proche du *delectare* que du *docere* - est aussi plus proche de la poésie. Le type d'appel induit par son biais est donc indirect, non normatif et non finalisé : les figures de rhétorique créent en quelque sorte une « ambiance » appellative diffuse qui n'est pas *a priori* liée à des objectifs illocutoires / perlocutoires déterminés, si ce n'est en s'intégrant comme illocutions / perlocutions subsidiaires aux données contextuelles et aux superstructures appellatives décrites plus haut. Sur le schéma tripolaire ICH / DU / X, l'appel induit par la densité rhétorique serait sans doute plus proche du

---

[544] *ASZ*, II, p. 109.
[545] *Ibid.*
[546] *Ibid.*

pôle ICH et donc de l'expression (la poésie est expression). Comme c'est le cas dans les « chants » du Zarathoustra (c'est d'ailleurs bien dans les « chants » que la rhétorique est la plus présente), la communication induite par la densité rhétorique n'est pas prioritairement transitive et objectale, mais effusive et fusionnelle, basée sur la sym-pathie entre les protagonistes[547].

---

[547] Sans vouloir donner à nos réflexions une allure psychanalytique, il est peut-être possible de citer dans ce contexte J. Kristeva :
on pourra dire qu'un dispositif sémiotique, translinguistique, caractérise le fonctionnement du langage poétique et s'explicite par le texte. Ce dispositif sémiotique, ce rythme, est constitué de différentielles signifiantes (phonèmes et groupes phoniques porteurs de pulsions et de sémèmes) qui, par déplacement et par condensation, organisent des « structures » et des « figures » selon la versification classique (tels les rimes, les parallélismes et toutes les figures rhétoriques)
(*La révolution du langage poétique*, Paris, Seuil, Points, 1974 p. 235).
Si le texte poétique est effectivement « dispositif sémiotique translinguistique » et un lieu de libération pulsionnelle, qui exploite justement à cette fin les libertés prises par la poésie par rapport aux contraintes du langage normal, alors la poésie - et la rhétorique qui a partie liée avec elle - est organiquement liée à l'expression de soi et à l'expression en général.
Un exemple qui permettra peut-être de préciser quelque peu cette idée : selon Kristeva, « la syntaxe est l'ex-position du thétique » (*ibid.*, p. 53). Or, le « thétique » est la position de l'objet « signifiable », qui - pour justement devenir « signifiable » - est projeté hors du vécu immédiat, objet dont le substrat originel est par ailleurs évidemment la « mère ». Autrement dit le « thétique », en œuvre dans tout procès signifiant, est la première « partition » ; il détruit une symbiose, un état originel d'indivision correspondant à un mode d'investissement pulsionnel lui aussi originel et donc fondamental. Introduisant cette première partition, le « thétique » annonce toutes les dichotomies de la pensée symbolique, qui est ainsi assimilable à un long procès de frustration / refoulement pulsionnels. Mais qu'est-ce que la rhétorique, sinon justement en partie une perturbation de la syntaxe (du moins au départ et à condition qu'elle ne devienne pas une « nouvelle syntaxe » aussi normative que celle à laquelle elle se superpose), qui remet donc en question le « thétique », la pensée symbolique et les structures langagières qui leur sont associées ? Des schèmes parallèles de nature phonique / graphique / structurelle,

4.3 Autres procédés de mise en valeur : la « mise en relief »

Mais comme nous le disions plus haut, la rhétorique n'a pas recensé tous les procédés de « mise en valeur » produisant un « effet de présence ». Dans ce contexte, il faut encore évoquer succinctement ce que la linguistique moderne désigne sous le nom de « mise en relief ». Nous nous contenterons de mentionner deux phénomènes particulièrement flagrants : 1) un phénomène d'ordre graphique omniprésent dans l'ensemble de l'œuvre : le *double point*, 2) un phénomène d'ordre syntaxique : la linéarisation expressive.

4.3.1 Le double point

Le double point est donc un phénomène de ponctuation, dont l'effet le plus flagrant est la mise en relief des éléments situés en aval sur la chaîne graphique (cataphorisation). Une précision cependant : le double point est un élément de ponctuation fréquent, sinon obligatoire, à l'ouverture des séquences rapportées au style direct, auquel cas le double point n'est bien évidemment pas un facteur significatif de mise en relief. Dans le *Zarathoustra* l'utilisation du double point est certes bien souvent liée au discours direct, mais le phénomène ex-

---

schèmes qui ne sont donc pas d'ordre sémantique, mais d'ordre sémiotique, viennent fournir un champ d'expression privilégié aux pulsions et notamment peut-être à cette pulsion fusionnelle qui semble fondamentale. On pense ici au célèbre « sentiment océanique » évoqué par Freud dans *Malaise dans la civilisation* et qui n'est pas lui-même sans rapport avec certaines composantes de la philosophie de Nietzsche, en particulier sa lecture de la tragédie grecque, conçue en partie comme une quête de l'indivis, ou du moins comme la conséquence de la perte de l'indivis : le « tragique » émergeant des chants du chœur dionysiaque est lié au déchirement produit par le principe d'individuation.
En tout état de cause, les observations qui précèdent semblent bien confirmer l'existence d'un lien étroit entre rhétorique et expression de soi.

trêmement fréquent (au moins une occurrence à chaque page) apparaît aussi hors de ce contexte normatif. Le double point est utilisé par Zarathoustra à tout propos et à tout bout de champ.

Pour tenter de cibler les aspects les plus prégnants de la chose, disons que dans le texte de Nietzsche on rencontre souvent le double point, de manière tout à fait classique, à l'ouverture de séquences bilancielles, introduites ou non par des conclusifs de type *« so »* (ainsi) / *« also »* (donc). Mais on trouve aussi des configurations plus originales dont voici quelques exemples extraits de plusieurs chapitres : *« Eine kleine Gesellschaft ist mir willkommener als eine böse: doch muss sie gehen und kommen »*[548] / *« wenn er [...] Mitternachts um das Grab seines Gottes schleicht : aber kranker und kranker Leib [...] »*[549] / *« Du kannst dich für deinen Freund nicht schön genug putzen: denn du sollst ihm ein Pfeil und eine Sehnsucht [...] sein »*[550] / *« Ihr [...] möchtet euch daraus eine Tugend machen: aber ich durchschaue euer 'Selbstloses' »*[551] / *« Nackt möchte ich sie sehen: denn allein die Schönheit sollte Busse predigen »*[552] / *« Den Begeisterten gleichen sie: aber nicht das Herz ist es, was sie begeistert »*[553] / *« Ihr kennt nur des Geistes Funken: aber ihr seht den Ambos nicht »*[554] / *« Mit euren Werthen und Worten [...] übt ihr Gewalt, ihr Werthschätzenden: und diess ist eure verborgene Liebe »*[555] / *« wie er schnaubend und brüllend der Pflugschar vorangeht: und sein Gebrüll sollte noch alles*

---

548 *Von den Lehrstühlen der Tugend* (Des chaires de la vertu), *ASZ*, I, p. 27.
549 *Von den Hinterweltlern* (De ceux de l'arrière-monde), *ibid.*, p. 32.
550 *Vom Freunde* (De l'ami), *ibid.*, p. 56.
551 *Von der Nächstenliebe* (De l'amour du prochain), *ibid.*, p. 61.
552 *Von den Priestern* (Des prêtres), *ASZ*, II, p. 92.
553 *Von den Taranteln* (Des tarentules), *ibid.*, p. 102.
554 *Von den berühmten Weisen* (Des sages illustres), *ibid.*, p. 106.
555 *Von der Selbst-Ueberwindung* (Du dépassement de soi), *ibid.*, p. 119.

Irdische preisen! »[556] / *« Aber das soll euer Fluch sein, ihr Unbefleckten [...] dass ihr nie gebären werdet: und wenn ihr auch breit und trächtig am Horizonte liegt! »*[557].

Dans plusieurs de ces exemples, le double point précède de façon assez inhabituelle des éléments qui articulent une relation adversative (*doch, aber* / cependant, mais), causale (*denn* / car) ou encore additive (*und* / et). La question se pose donc peut-être : n'est-il pas significatif que cataphorisation et la mise en relief portent justement sur ces éléments qui sont censés former l'armature logique du discours ? De fait, le double point produit un effet de focalisation sur « ce qui vient après », focalisation qui parasite l'enchaînement logique : « ce qui est après » n'est plus seulement la suite logique de « ce qui est avant » (relation aversative, causale[558]...), c'est quelque chose de plus. Et ce quelque chose de plus, cette emphase ajoutée, ne sont plus imputables seulement à la lan-

---

[556] *Von den Erhabenen* (Des sublimes), *ASZ*, II, p. 121.

[557] *Von der unbefleckten Erkenntnis* (de la connaissance immaculée), *ibid.*, p. 127.

[558] Pour le cas précis de la relation causale, Geneviève Finke-Lecaudey, auteur d'un remarquable article sur le double point chez Nietzsche suggère qu'il est inutile de tenir compte du double point dans les cas où son utilisation est régie par des règles établies, par exemple *« vor oder nach einem argumentativen Konnektor wie denn, nämlich (weil die Interpunktion dann nur noch dessen Wert verstärkt) » (« Die Rhetorik des Doppelpunktes in Nietzsches Morgenröthe »*, Cahiers d'Etudes Germaniques, Aix en Provence, 1994, n° 27, p. 82). Il n'est pas certain, à notre avis, que le double point avant ou après *« denn »* soit une convention d'écriture claire pour tous. Il y aurait, pensons-nous, entre *« denn »* et le double point plutôt alternative que cohabitation, soit l'un, soit l'autre, mais rarement les deux. Il n'est pas sûr non plus que la redondance *« denn »* + double point ait pour effet de renforcer la valeur causale de *« denn »* ; il se peut même (nous pensons que c'est ce qui se produit chez Nietzsche) qu'elle la parasite. Ainsi ce qui apparaissait comme nécessaire (tout effet a une cause) devient contingent et tributaire de la volonté de celui qui parle (tout effet à une cause, si je le souhaite). Ceci rejoindrait d'une certaine façon le volontarisme de Nietzsche.

gue et à son fonctionnement interne (*« aber »* charnière de discours induit systématiquement une relation adversative, etc.) ; ils constituent un phénomène illocutoire relevant de la pragmatique, c'est-à-dire de l'utilisation qui est faite de cette langue par les protagonistes de la communication (relation locuteur / message). Et en passant du registre de la langue à la celui de la communication, donc de la parole et du discours, on passe également du domaine de la *nécessité* à celui de la *volonté*[559]. On pressent ici les répercussions philosophi-

---

559 Comme le souligne Geneviève Finke-Lecaudey, à la suite de Martine Dalmas, dans un autre article (« L'argumentation dans *Les Discours de Zarathoustra* », in *Cahiers d'Etudes Germaniques*, Aix-en-Provence, n° 18, 1990, p. 25-28), on peut distinguer 1) *« aber* intra-discursif » (relatif au discours d'un même énonciateur) et 2) *« aber »* interdiscursif (deux énoncés produits par deux énonciateurs différents, mais que l'on peut fort bien trouver - selon la distinction proposée par Ducrot - dans la bouche d'un seul et même locuteur qui, par exemple, rapporte - même sans le signaler - l'opinion d'autrui). Dans ce dernier cas, l'utilisation de *« aber »* induit donc un phénomène de polyphonie. Par opposition à ce qui se passe avec le *« aber »* intra-discursif, la relation d'adversité articulée autour du *« aber »* n'est plus ici présentée comme une réalité en soi, elle devient tributaire du point de vue subjectif des protagonistes de l'énonciation, bref, elle est plus une opinion qu'un fait ; personnalisée, elle relève plus de la volonté de chacun que d'une nécessité anonyme et supra-individuelle. Or, il est intéressant de constater que ce *« aber »* interdiscursif revient assez souvent dans la bouche de Zarathoustra, favorisant - au même titre que le double point - l'immixtion du discours dans la langue, du subjectif dans l'objectif, du volontaire dans le nécessaire.
On pourrait peut-être faire des observations analogues à propos du *« denn »* qui - toujours selon G. Finke-Lecaudey - introduit une justification concernant l'énoncé qui précède (p *denn* q), justification présentée comme objective et indépendante de la position subjective du locuteur. Or, si l'on suit G. Finke-Lecaudey, la structure « p *denn* q » serait sous la plume de Nietzsche un moyen parodique destiné à démytifier le discours biblique, lequel fait justement un usage immodéré de cette structure :
A travers ce « jeu » verbal par lequel Zarathoustra dé-monte en quelque sorte un des procédés argumentatifs (la justification), l'orateur poursuit une double stratégie : il vise à démythifier la Parole Divine et il donne à

ques que pourrait avoir un phénomène aussi « microscopique » et apparemment insignifiant que l'utilisation du double point. Retenons en tous cas la chose suivante : en focalisant sans nécessité certaines séquences le locuteur produit un effet de présence diffus qui contribue à créer ce que nous avons nommé plus haut une « ambiance appellative », et cela semble une fois de plus se vérifier jusque dans le registre microcommunicationnel. Finalement et malgré quelques points de divergence, notre bilan sur le double point est proche de celui de G. Finke-Lecaudey qui conclut l'un de ses articles avec ces mots :

Dieses bemerkenswerte ökonomische Zeichen spielt die Rolle, die Bühler [...] als Appelfunktion bezeichnet hat, wobei er den Akzent auf den Begriff Signale legte. Der Doppelpunkt bei Nietzsche ist ein rhetorisches Signal-Zeichen[560]

(Ce signe de ponctuation étonnamment économique joue un rôle que Bühler [...] qualifia en son temps de fonction appellative, tout en insistant sur la notion de signal. Chez Nietzsche, le double point est un signe-signal de nature rhétorique).

---

entendre (à voir) le mécanisme linguistique qui constitue le procédé (*ibid.*, p. 29)
En somme, la structure « p *denn* q » serait là aussi « subjectivisée » par l'utilisation parodique qui en est faite. On peut tout aussi bien affirmer « q *denn* p » en disant une chose qu'en disant quasiment son contraire. Cela ne tient finalement qu'au bon vouloir du locuteur. Si l'on tient compte du fait que *« denn »* est fréquemment associé au double point que nous avons identifié comme un « rupteur » de structure logique, on peut peut-être, là encore, voir dans le schéma « q *denn* : p » un vecteur du « volontaire » par rapport au « nécessaire ».

560 *« Die Rhetorik des Doppelpunktes in Nietzsches Morgenröthe », op. cit.*, p. 92.

4.3.2 La linéarisation expressive

Un autre procédé de mise en relief est ce que Schanen / Confais appellent la « linéarisation marquée ou expressive »[561]. Il s'agit là d'un phénomène assez complexe et il est impossible de l'examiner en détail dans le cadre de cette étude ; nous nous contenterons donc d'une présentation succincte.

Si en linéarisation dite « neutre ou progressive » un énoncé est linéarisé « dans un ordre allant des unités les moins dynamiques aux plus dynamiques »[562] : *« Wohin fährst du morgen? Morgen fahre ich **nach Paris** / Ich fahre morgen **nach Paris** »*[563], en linéarisation « marquée ou expressive » cet ordre de succession des unités peut être inversé (ce n'est pas une contrainte syntaxique), auquel cas les unités les plus dynamiques précèdent les moins dynamiques : *« **Nach Paris** fahre ich morgen ! »*[564]. Mais la mise en relief peut aussi s'effectuer par « segmentation de l'énoncé avec rejet en après-dernière position d'une unité peu dynamique »[565] : *« Der spinnt, **der Peter**! »*[566].

Comme le suggèrent les annotations prosodiques des derniers exemples, l'opposition entre linéarisation neutre et linéarisation expressive est fonction du *medium* (écrit / oral). Elle est aussi tributaire de la situation. Comme l'écrivent encore Schanen / Confais, la linéarisation expressive est « typique d'énoncés **oraux** prononcés en situation d'**émotion** plus ou moins forte (joie, émerveillement, mécontentement, colère, surprise, etc.) »[567]. On pourrait donc penser que le

---

561 *Grammaire de l'allemand, formes et fonctions*, *op. cit.*, p. 584-590.

562 *Ibid.*, p. 584.

563 *Ibid.*

564 *Ibid.*

565 *Ibid*, p. 590.

566 *Ibid.*

567 *Ibid.*, p. 589.

Zarathoustra étant essentiellement composé de discours passionnés (diatribes / harangues) prononcés devant un auditoire, il devait logiquement faire usage de la linéarisation expressive, la première chose entraînant la seconde comme son corollaire nécessaire. Dans ce cas, le critère « mise en relief » n'aurait bien sûr aucune valeur distinctive puisqu'il ferait double emploi avec un critère générique. Même si tout cela est partiellement vrai, il nous semble que le phénomène « mise en relief » reste significatif par sa fréquence, y compris dans un contexte rhétorique de diatribes et de harangues. Là encore il serait impossible de présenter un inventaire exhaustif de toutes les occurrences, dont on pourrait recenser des dizaines à chaque page. Le phénomène intervient dès la toute première phrase du premier « discours » : *« **Drei Verwandlungen** nenne ich euch des Geistes »*[568] (Littéralement : **trois métamorphoses de l'esprit**, je vous nomme). Quelques autres exemples au hasard : *« **besser thätest du**, zu sagen [...] »* (Littéralement : **mieux, tu ferais** de dire) / *« **kein Wegweiser** sei er mir »* (Litt. : **qu'aucun indicateur** il me soit) / *« **Eifersüchtig** ist jede Tugend auf die andere »*[569] (Litt. : **jalouse** est chaque vertu de sa voisine) / *« **Auszeichnend** ist es, viele Tugenden zu haben »* (Litt. : **significatif** il est d'avoir de nombreuses vertus) / *« **notwendig** ist dies Böse »*[570] (**nécessaire** est ce mal) / *« **Älter** ist an der Herde die Lust »* (**Plus ancien** est le désir du troupeau) / *« **Liebende** waren es stets und **Schaffende** »* (Litt. : **Des amoureux**, ils étaient toujours, et **des créateurs**) / *« **Viele Länder** sah Zarathustra und **viele Völker**: **keine grössere Macht** fand Zarathustra*

568 *Von den drei Verwandlungen* (Des trois métamorphoses), *ASZ*, I, p. 24. Nous soulignons les éléments sur lesquels porte la mise en relief. *Idem* pour la suite.

569 *Von den Freuden- und Leidenschaften* (Des joies et des passions), *ibid.*, p. 35.

570 *Ibid.*, p. 36.

auf Erden »[571] (Litt. : **De nombreux pays** vit Zarathoustra et **de nombreux peuples** : **aucun plus grand pouvoir** ne trouva Zarathoustra sur terre). On note dans les deux dernières occurrences la densité du phénomène de mise en relief qui s'opère à la fois par l'occupation de la première et de l'après-dernière position : *« Liebende / Schaffende / Viele Länder / viele Völker »*.

En résumé : du fait de sa fréquence et de son intensité, la mise en relief par linéarisation expressive est un autre facteur de mise en valeur produisant l'effet de présence dont nous parlions plus haut. Tout cela contribue certainement à créer une ambiance appellative diffuse.

---

[571] *Von tausend und einem Ziele* (Des mille et une fins), *ASZ*, I, p. 60.

B. Illocution directe : les phrases sémantiques[572]

Les types de phrases sémantiques (cf *infra* : I prémisses théoriques, 6.1 Les fonctions élémentaires) énumérées par Große peuvent - comme nous l'avons vu - remplir un large éventail de fonctions illocutoires : un texte contenant une majorité de phrases de type ICH ASS : X = = = pourra tout de même globalement relever de l'appel et non de l'information, etc. Tout dépend des données contextuelles et des superstructures dans lesquels ces phrases sont incluses. L'étude de tous les types de phrase pouvant être associées de près ou de loin à l'appel nous entraînerait trop loin. Nous avons donc choisi de nous limiter aux types ICH VOL : DU = = = et ICH NEC : DU = = =, qui sont liées à l'appel de façon plus directe. Nous choisissons aussi de nous limiter à la première partie qui est, comme nous l'avons observé, dominée par la « harangue » et où les deux types de phrases sémantiques retenus sont très récurrents.

1. Les indices de volition

1.1 Bases métapropositionnelles à *Präsatz* et formes de phrases

Pour ce qui concerne ICH VOL : DU = = =, les *« voluntas signale »* (indices de volition), ainsi que les nomme aussi Große, ils s'actualisent dans des « bases métapropositionnelles » qui peuvent être elles-mêmes, soit des formules intro-

---

[572] Il est bien évident qu'en raison du système communicationnel à deux étages dans lequel nous nous trouvons (fiction / réel // intra-diégétique / extra-diégétique), il ne peut y avoir illocution directe qu'à l'intérieur du premier niveau, le passage au second niveau nécessitant toujours la médiation du trope communicationnel.

ductrices (*Präsatze*), soit des formes de phrase. D'une façon générale, les bases métapropositionnelles à *Präsatz* sont relativement rares dans le *Zarathoustra*. Contrairement à ce que l'on pourrait peut-être attendre de la part d'un philosophe du « vouloir », on ne trouve dans cette première partie que quelques occurrences éparses de *« wollen »* dans la bouche de Zarathoustra : *« Den Verächtern des Leibes* ***will*** *ich mein Wort sagen »*[573] (Je **veux** dire un mot aux contempteurs du corps) / *« Wahrlich, ich* ***wollte****, ihr Wahnsinn hiesse Wahrheit »*[574] (Pour sûr, je **voudrais** que leur folie fût la vérité) / *« Von unsern besten Feinden* ***wollen*** *wir nicht geschont sein »*[575] (Nous ne **voulons** pas être épargnés par nos meilleurs ennemis) / *« Ich* ***wollte****, ihr hieltet es nicht aus »*[576] (Je **voulais** que vous ne puissiez supporter cela) / *« nicht* ***will*** *ich den Seildrehern gleichen »*[577] (je ne **veux** pas ressembler aux cordiers) / *« Also* ***will*** *ich selber sterben, dass ihr Freunde [...] mehr liebt; und zur Erde* ***will*** *ich wieder werden »*[578] (Je **veux** donc mourir afin que vous, mes amis [...] puissiez aimer plus ; et je **veux** redevenir terre). On trouve aussi - comme nous l'avons déjà mentionné - quelques formules à *Präsatz* de type performatif (*« beschwören »*[579] / *« rathen »*[580]).

---

[573] *Von den Verächtern des Leibes* (Des contempteurs du corps), *ASZ*, I, p. 32. Souligné par nous ; *idem* pour la suite.
[574] *Vom bleichen Verbrecher* (Du pâle criminel), *ibid.*, p. 39.
[575] *Vom Krieg und Kriegsvolk* (De la guerre et des guerriers), *ibid.*, p. 46.
[576] *Von der Nächstenliebe* (De l'amour du prochain), *ibid.*, p. 61.
[577] *Vom freien Tode* (De la libre mort), *ibid.*, p. 73.
[578] *Ibid.*, p. 75.
[579] *Ibid.*, p. 43/44/78.
[580] *Ibid.*, p. 47/55/61/79.

1.2 Interrogation et injonction

A côté de cela, la très grande majorité des indices de volition est constituée par des *formes de phrase*, tout spécialement l'*interrogation* et l'*injonction*. Il serait impossible de recenser toutes les interrogations adressées par Zarathoustra à son auditoire, en particulier sous forme de questions rhétoriques. Citons un seul passage du tout premier « discours » (passage déjà partiellement évoqué à propos de la « rhétorique ») :

Was ist schwer? so fragt der tragsame Geist, so kniet er nieder dem Kameele gleich und will gut beladen sein.
Was ist das Schwerste, ihr Helden? so fragt der tragsame Geist, dass ich es auf mich nehme und meiner Stärke froh werde.
Ist es nicht das: sich erniedrigen, um seinem Hochmuth wehe zu tun? Seine Thorheit leuchten lassen, um seiner Weisheit zu spotten?
Oder ist es das: von unserer Sache scheiden, wenn si ihren Sieg feiert? Auf hohe Berge steigen, um den Versuch zu versuchen?
Oder ist es das: sich von Eicheln und Gras der Erkenntnis nähren und um der Wahrheit Willen an der Seele Hunger leiden?[581]

(Qu'est-ce qui est lourd à porter ? demande l'esprit transformé en bête de somme, et il s'agenouille comme le chameau qui demande à être bien chargé.
Quelle est la tâche la plus lourde, vous héros, demande l'esprit transformé en bête de somme, que je la prenne sur moi afin de jouir de ma force ?
N'est-ce pas cela : se rabaisser pour meurtrir son orgueil ?
Faire éclater sa sottise pour railler sa sagesse ?
Ou bien est-ce plutôt cela : abandonner notre cause quand celle-ci triomphe ?
Gravir de hautes montagnes afin d'essayer d'essayer ?
Ou alors est-ce plutôt cela : se nourrir des glands et de l'herbe de la connaissance et faire jeûner son âme pour l'amour de la vérité ?)

---

581 *Von den drei Verwandlungen* (Des trois métamorphoses), *ASZ*, I, p. 24. Nous ne citons pas l'intégralité du passage dont la suite comporte encore deux interrogations sur un espace de six lignes.

Quant à l'injonction, elle est - comme on pouvait s'y attendre puisqu'il s'agit en partie de harangues - omniprésente dans toute la première partie : *« Hüte dich vor der heiligen Einfalt! » / « Und hüte dich auch vor den Anfällen deiner Liebe!» / « Mit deiner Liebe gehe in deine Vereinsamung » / « Mit meinen Thränen gehe in deine Vereinsamung »*[582]. Nous reviendrons dans la suite sur le traitement de l'impératif. Qu'il nous suffise pour l'heure de mentionner la fréquence quantitative de l'injonction.

Une première observation s'impose donc à propos de cette première partie du *Zarathoustra* : les indices de volitions sont rarement des formules à *Präsatz*, s'investissant en priorité dans les *formes* de phrase : interrogation et injonction.

Est-ce significatif ? Les formes de phrases et les formules à *Präsatz* sont-elles qualitativement différentes les unes des autres ? Peut-on les évaluer et les comparer au regard de certains critères tels que les critères normatif / non normatif // finalisé / non finalisé ?

Au regard du premier de ces critères nous ne retenons rien de très probant. Les formules à *Präsatz* autorisent certes des appels très normatifs (l'interlocuteur est « tenu » de répondre à cet appel : « je t'ordonne »), mais sans doute guère plus que certaines formes de phrase.

Au regard du second critère en revanche, l'interrogation permet une forme d'appel non finalisée qui lui est spécifique : un locuteur posant à son interlocuteur une question dite « ouverte » ne lui demande en fait que de « répondre », mais ce dernier répond en principe ce qu'il *veut*. Autrement dit, l'appel est peut-être normatif dans le sens où le destinataire est en principe plus ou moins tenu de répondre dès lors qu'on lui pose une question, mais il est certainement *non finalisé*.

Cela dit, comme nous l'avons vu précédemment, il en va tout autrement avec la « question rhétorique » (très fréquente

---

[582] *Vom Wege des Schaffenden* (Des voies du créateur), *ASZ*, I, p. 65.

dans le *Zarathoustra*), où l'appel est à la fois normatif et on ne peut plus finalisé puisque le destinataire n'a aucun choix de réponse et même souvent l'interdiction de répondre puisque la réponse est déjà dans la question. Le parcours orienté du questionnement de Zarathoustra, qui va du plus « fermé » vers le plus « ouvert », exploite d'ailleurs cette caractéristique spécifique de l'interrogation, qui peut être aussi bien finalisée que non finalisée (cf *supra* : « le jeu du questionnement »).
Bref, tout cela vient donc tout au plus confirmer les observations faites plus haut sur la tonalité de l'appel, qui est très protéiforme. Disons que l'interrogation est sans doute l'un des instrument de cette diversité : une nouvelle fois le niveau micro-communicationnel et le niveau macro-communicationnel se rejoignent.

1.3 La « polarisation en ICH / X »

1.3.1 Les « volitions »

Par ailleurs, on peut reprendre ici le critère de « polarisation en ICH / X » présenté dans les prémisses théoriques, à savoir que le locuteur étant le même, la source d'une volition peut être plus ou moins polarisée sur ICH ou sur X selon que cette volition résulte d'une intention plus ou moins *personnelle* de ce locuteur :
(1) *« ich will nicht, dass du rauchst »* (je ne veux pas que tu fumes)
(2) *« rauch' nicht! »* (ne fume pas)
Il est clair que la source de la volition est plus polarisée sur ICH en (1) qu'en (2), ce qui s'explique peut-être d'ailleurs par le simple fait que cette source est en (1) explicitement mentionnée (première personne) et associée à la volition *« ich will... »*, alors qu'en (2) tout cela n'est qu'implicite. Même si

cela est globalement vrai, il ne suffit pas de dire - comme le fait Große - que toute volition est associée à une intention personnelle du locuteur (*nicht-fremdbestimmt* = non déterminé de l'extérieur), il faut y ajouter des nuances. Une chose est certaine : si toutes les volitions sont globalement plutôt polarisées en ICH quant à leur source, les formules à *Präsatz* induisent une polarisation de la source en ICH plus nette que les « formes de phrase » (impératif / interrogation). Tenons-nous en pour l'heure à cette conclusion provisoire : dans le cas de la première partie du *Zarathoustra* (les harangues), où ces formules à *Präsatz* sont rares, les volitions ont donc un caractère moins personnel qu'il n'aurait pu l'être et peut-être qu'on aurait pu l'attendre.

1.3.2 L'expression de la nécessité

Mais les phrases sémantiques de Type ICH NEC : DU = = = (toujours dans la classification de Große) présentent également un intérêt. Ces phrases s'actualisent dans des bases métapropositionnelles qui peuvent être *grosso modo* des formules à *Präsatz* (*« es ist notwendig »...*) ou des verbes modaux de type *« sollen / müssen »*. Il serait, ici aussi, impossible de faire un recensement exhaustif de ces formules, mais un constat s'impose néanmoins : l'extrême fréquence du verbe *« sollen »*. Contentons-nous ici de citer un passage significatif :

Ich will, dass dein Sieg und deine Freiheit sich nach einem Kinde sehne. Lebendige Denkmale ***sollst*** *du bauen deinem Siege und deiner Befreiung. Über dich hinaus* ***sollst*** *du hinaushauen. Aber erst musst du mir selber gebaut sein, rechtwinklig an Leib und Seele.*
Nicht nur fort ***sollst*** *du dich pflanzen, sondern hinauf! Dazu helfe dir der Garten der Ehe!*

*Einen höheren Leib **sollst** du schaffen, eine erste Bewegung, ein aus sich rollendes Rad, einen Schaffenden **sollst** du schaffen*[583]

(je veux que ta victoire et ta liberté désirent l'enfant.
Tu **dois** dresser des monuments vivants de ta victoire et de ta délivrance.
Tu **dois** construire quelque chose qui te dépasse. Mais tu **devras** d'abord être bien construit toi-même, bien d'aplomb de corps et d'âme.
Tu ne **dois** pas simplement propager ta race, mais aussi la porter plus haut ! Pour cela le jardin du mariage te sera d'une aide précieuse !
Tu **dois** créer un corps supérieur, un premier mobile, une roue qui tourne par elle-même - tu **dois** créer un créateur)

Mais, si comme l'affirme Große l'expression de la nécessité est - de par sa nature même - globalement polarisée en X (*fremdbestimmt*) quant à sa source, il existe là aussi des nuances. Comme on l'admet communément, *« sollen »* manifeste fréquemment l'opinion ou la volonté d'un « tiers ». Mais - nous l'avons vu - ce « tiers » n'en est pas nécessairement un puisqu'il peut s'agir du locuteur lui-même: *« er / du soll(st) sofort kommen »* (il / tu dois (doit) venir tout de suite) → *« ich verlange es »* (je l'exige). En d'autres termes, quand Zarathoustra assène à son auditoire ces *« du sollst »*, la nécessité qui s'impose par là-même à cet auditoire n'est pas obligatoirement *« fremdbestimmt »* ; la source de cette nécessité peut - indirectement - être polarisée en ICH, même si ce ICH n'est pas explicite. Rien n'interdit de penser que la nécessité qui s'impose à l'auditoire soit le produit d'une volition implicite de Zarathoustra. Dans une certaine configuration[584], *« du sollst das machen »* (tu dois faire cela) équivaut à *« ich will, dass du das machst »* (je veux que tu fasses cela), qui serait proféré par le même locuteur. Nécessité et volition se rejoignent en quelque sorte dans le verbe *« sollen »*.

---

[583] *Von Kind und Ehe* (De l'enfant et du mariage), *ASZ*, I, p. 70.
[584] Cela n'est évidemment pas exact si le tiers, à l'opinion ou à la volonté duquel *« sollen »* renvoie, est effectivement un « tiers » (autre que le locuteur du message).

En ce sens, les deux phrases prononcées par Zarathoustra à la suite l'une de l'autre dans la citation ci-dessus seraient donc quasiment équivalentes (hormis les métaphores qui diffèrent) : *« Ich* ***will****, dass dein Sieg und deine Freiheit sich nach einem Kinde sehne »* (Je veux que ta victoire et ta liberté désirent l'enfant) = *« Lebendige Denkmale* ***sollst*** *du bauen deinem Siege und deiner Befreiung »* (Tu **dois** dresser des monuments vivants de ta victoire et de ta délivrance).
Cette suite pourrait d'ailleurs être une clé de lecture destinée à signaler cette polyvalence de *« sollen »*.

1.3.3 Synthèse

En résumé, comme nous avons tenté de le montrer, on trouve majoritairement dans la première partie des « discours » de Zarathoustra des volitions dont la source est relativement « moins » polarisée en ICH et « plus » en X (rareté des formules à *Präsatz*), et des « nécessités » dont la source est relativement « plus » polarisée en ICH et « moins » en X (verbe *« sollen »*) ; en d'autres termes, volition et nécessité tendent à se rejoindre, le verbe *« sollen »* étant un support privilégié de cette convergence. Les seules nécessités qui s'imposent à l'auditoire de Zarathoustra ne sont autre en fait que les volitions de Zarathoustra lui-même. Telle est la signifiance qui se dégage du traitement des phrases sémantiques. Et cette signifiance peut suggérer des prolongements philosophiques fort intéressants. Nous avons évoqué à plusieurs reprises le statut paradoxal du vouloir qui ne se concrétise que dans un rapport de force où le pouvoir des uns se mesure à l'aune du devoir des autres, vouloir qui par là même se pervertit en tant que tel. Or, n'est-ce pas ce même phénomène que l'on retrouve - traduit dans un registre microcommunicationnel - à travers le jeu des correspondances induites par les phrases sémantiques ? Dès la première partie de ses « discours », Zarahoustra n'est pas encore à même de dire « je veux » sans assortir ce « je veux » d'un « tu dois ». La nécessité n'est pas encore celle du vouloir lui-même ; cette nécessité n'est encore que celle qui - sous forme de devoir - s'impose aux uns par l'exercice du pouvoir des autres. Pour reprendre la formule que Zarathoustra utilise lui-même : *« Wenn ihr eines Willens Wollende seid und diese Wende aller Noth euch Nothwendigkeit heisst : da ist der Ursprung eurer Tugend »*[585] (Quand vous n'êtes plus qu'un vouloir unique et que ce tournant de toute nécessité devient pour vous la nécessité même : c'est là la source de votre vertu). La vraie nécessité, évoquée par Zarathoustra à la fin de la première partie, celle pour laquelle Zarathoustra n'est peut-être pas encore « mûr », c'est celle du vouloir à l'état pur, du vouloir potentialisé et complètement « définalisé » (*eines Willens wollende* / litt. : le voulant d'un vouloir). C'est justement ce « vouloir » libre, déjà affranchi du pouvoir et du devoir délétères, qui s'incarne dans l'*appel ipésiste* et l'*appel-dépassement*, cristallisés dans d'autres dimensions de l'œuvre et définitivement consacrés dans son « final ». A ce stade, il n'y a plus qu'un vouloir hyperbolique ; rien - pas même l'impératif de survie - ne peut empêcher le *crescendo* effréné du vouloir.

Mais sans doute le vouloir « libre » ne peut-il justement s'affirmer immédiatement comme tel ; ce vouloir doit d'abord « se frotter » aux réalités, s'aguerrir dans l'adversité : *« Und weil es [das Leben = der Wille] Höhe braucht, braucht es Stufen und Widerspruch der Stufen [...] Steigen will das Leben und steigend sich überwinden »*[586] (Et parce qu'elle [la vie = le vouloir] a besoin de hauteur, elle a aussi besoin de marches et d'obstacles à ces marches [...] La vie veut s'élever, et en s'élevant se dépasser elle-même). Ou en-

---

585 *Von der schenkenden Tugend* (De la vertu qui offre), *ASZ*, I, p. 77.
586 *Von den Taranteln* (Des tarentules), *ASZ*, II, p. 104.

core: *« Dass ich Kampf sein muss und Werden und Zweck und der Zwecke Widerspruch: ach, wer meinen Willen erräth, erräth wohl auch, auf welchen krummen Wegen er gehen muss! »*[587] (Que je dois être un combat, un devenir, un but, et contredire en même temps tous les buts : hélas, qui connaît mon vouloir devine aussi quels chemins tortueux il doit emprunter !).
La « liberté » du vouloir est en fait la « libération » de ce vouloir ; une épreuve toujours recommencée, un destin toujours rejoué, un procès en marche et surtout un procès « en actes » qui ne se laisse pas enfermer dans une idée. Le vouloir « libre », n'est jamais notion, mais toujours manifestation, et, comme nous l'avons déjà suggéré, l'œuvre qui s'entretient de ce vouloir ne fait pas exception à cela : elle ne peut être elle-même que manifestation du vouloir en exercice. Mais si, comme nous l'avons également observé, le pouvoir « tue » le vouloir, l'exercice de ce pouvoir n'en est pas moins un moment incontournable de ce vouloir, un passage forcé. Les premiers « discours » de Zarathoustra, les harangues du début de l'œuvre, où Zarathoustra mesure incontestablement l'impact de ses propos sur son auditoire, en sont peut-être l'un des plus clairs témoignages, au même titre que le traitement particulier de la volition / nécessité dont nous venons de parler.

1.4 L'« impératif impertinent »

Dans le registre des volitions et plus particulièrement des formes de phrase à l'impératif, il faut relever un phénomène particulièrement important par sa fréquence et que nous avons qualifié - par analogie avec le principe communicationnel de « pertinence » - d'« impératif impertinent ». Nous

---

587 *Von der Selbst-Ueberwindung* (Du dépassement de soi), *ASZ*, II, p. 118.

nous en expliquons dans ce qui suit. En préalable, nous donnons quelques exemples du phénomène (occurrences soulignées) :
« So sprich und ***stammle*** *»*[588] (parle donc et **bredouille**) / *« So* ***seid*** *denn gross genug »* (**Soyez** suffisamment grands) / *« so* ***seid*** *mir wenigstens [...] Kriegsmänner »*[589] (Ainsi **soyez** au moins [...] des guerriers) / *« Eure Arbeit* ***sei*** *ein Kampf, euer Friede* ***sei*** *ein Sieg »*[590] (**Faites** que votre travail **soit** un combat, votre paix une victoire) / *« Eure Vornehmtheit* ***sei*** *Gehorsam ! Euer Befehlen selber* ***sei*** *ein Gehorchen ! »* (**Faites** que votre noblesse **soit** obéissance ! Que vos ordres eux-mêmes **soient** docilité !) / *« Eure Liebe zum Leben* ***sei*** *Liebe »* (**Faites** que votre amour de la vie **soit** de l'amour) / *«* ***Gleiche*** *wieder dem Baume »*[591] (**Sois** à nouveau semblable à l'arbre) / *« Der Strahl eines Sternes* ***glänze*** *in eurer Liebe ! Dass euer Sterben keine Lästerung* ***sei*** *auf Mensch und Erde »*[592] (**Faites briller** votre amour d'un éclat astral ! **Que** votre mort ne **soit** pas une charge pour la terre et les

---

[588] *Von den Freuden und Leidenschaften* (Des joies et des passions), *ASZ*, I, p. 35.
[589] *Vom Krieg und Kriegsvol* (De la guerre et des guerriers), *ibid.*, p. 46.
[590] *Ibid.*, p. 47. On pourrait penser que la dernière occurrence n'est pas une injonction (appel direct, normatif et finalisé), mais un souhait qui n'est adressé à personne : « puisse votre travail être un combat... » → mais cela ne dépend pas de vous = « je ne vous adresse aucun appel ». Cette hypothèse ne semble pourtant pas confirmée par le co-texte immédiat ; on lit en amont : *« Euch rathe ich nicht zur Arbeit [...] Euch rathe ich nicht zum Frieden [...] Eure Arbeit sei ein Kampf »* (Je ne vous conseille pas de travailler [...] Je ne vous conseille pas la paix [...] Faites que votre travail soit un combat. L'impératif s'inscrit manifestement dans le prolongement des deux performatifs. C'est aux mêmes interlocuteurs que l'appel continue d'être adressé. Il faut ajouter que le souhait aurait sans doute été formulé différemment : *« Möge eure Arbeit ein Kampf sein »*.
[591] *Von den Fliegen des Marktes* (Des mouches de la place publique), *ibid.*, p. 51.
[592] *Vom freien Tode* (De la libre mort), *ibid.*, p. 75.

hommes) / *« eure Erkenntnis **diene** dem Sinn der Erde »*[593] (**faites** que votre connaissance **donne** du sens à cette terre) / *« Ach, meine Freunde ! Dass euer Selbst in der Handlung **sei**, wie die Mutter im Kinde ist : das **sei** mir euer Wort von Tugend ! »*[594] (Ô, mes amis ! **Faites** que votre soi se tienne dans l'action, comme la mère est dans l'enfant : que cela **soit** ce que vous entendez par le mot vertu !).
D'autres exemples pourraient être cités ayant tous en commun - à des degrés divers - de transgresser ou de ne pas satisfaire entièrement à la loi de « pertinence » qui correspond globalement à la maxime de « relation » de Grice (*Be relevant*), laquelle maxime est - aux dires de C. Kerbrat-Orecchionni - la « mère » de toutes les maximes conversationnelles, puisqu'elle prend même le pas sur l'impératif d'« informativité » auquel on tendrait spontanément à attribuer un rôle essentiel :

la règle de pertinence est dominante par rapport à la règle d'informativité: c'est à sa pertinence, et non à son degré d'informativité, que se mesure essentiellement la légitimité discursive d'une séquence quelconque[595]

Or, il semble que la précondition indispensable pour qu'une illocution de type injonctif soit « pertinente », et donc qu'elle puisse être identifiée comme une injonction, est que celle-ci soit contextuellement réalisable, à savoir - en premier lieu - que le destinataire soit en mesure d'exécuter ce qu'on lui enjoint de faire. Il y a là peut-être une autre version de ce que nous avons appelé « paradoxe illocutoire », phénomène qui se retrouve à plusieurs niveaux de l'œuvre, à commencer par le sous-titre : *« ein Buch für alle und für keinen »*. C'est peut-être là une autre manifestation de l'appel-dépassement.

---

[593] *Von der schenkenden Tugend* (De la vertu qui offre), *ASZ*, I, § 2, p. 78.
[594] *Von den Tugendhaften* (Des vertueux), *ASZ*, II, p. 98.
[595] *L'implicite, op. cit.*, p. 201.

1. 5 La collision du vouloir et du devoir

Dans le registre du paradoxe illocutoire, on peut finalement mentionner une série de formules qui mettent en opposition *« wollen »* et *« müssen »* : *« Will man einen Freund haben, so* ***muss*** *man auch für ihn Krieg führen* ***wollen*** *»*[596] (Si l'on veut avoir un ami, on **doit vouloir** mener des guerres pour lui) / *« Alles* ***musst*** *du sehen* ***wollen*** *»*[597] (Tu **dois** tout **vouloir** voir) / *« Verbrennen* ***musst*** *du dich* ***wollen*** *»*[598] (Tu **dois vouloir** te consumer).

Dans ces « impossibles » formules que le contraste des modaux rend proches de l'oxymore (« tu dois vouloir »), c'est peut-être l'auto-destruction de l'appel qui vient se cristalliser : dans un même souffle, dans ce temps et cet espace condensés à l'extrême, on voit se côtoyer et se confondre, d'une part le *pouvoir* exacerbé de Zarathoustra qui intime de façon contraignante une directive, un « devoir » (*müssen*) à son auditoire (lequel est donc *a priori* privé de « vouloir » propre), et d'autre part le *vouloir* totalement libéré et exacerbé dudit auditoire. D'un seul et même geste, l'appel totalement transitif et normatif (faire faire à tout prix quelque chose à quelqu'un) se métamorphose en un appel parfaitement intransitif et ipséiste (laisser vouloir quelque chose à quelqu'un de sa propre initiative).

Les deux formules impliquant cette collision des modaux (*« Alles musst du sehen wollen » / « Verbrennen musst du dich wollen »*), survenant à quelques pages d'intervalle dans les premiers discours de Zarathoustra, sont d'ailleurs également intéressantes sur le plan du contenu : la première renvoie à un vouloir « total » (*Alles*) qui suggère une mainmise sur l'intégralité du réel : le vouloir total se transforme ici en

---

596 *Vom Freunde* (De l'ami), *ASZ*, I, p. 56 (occurrences soulignées).
597 *Ibid.*, p. 57.
598 *Vom Wege des Schaffenden* (Des voies du créateur), *ibid.*, p. 65.

pouvoir total ; la seconde de ces formules suggère au contraire une « destruction » (*Verbrennen* / consumer) tout aussi radicale puisqu'elle inclut le sujet même, dont finalement l'intégralité du réel procède : bref, le vouloir total devient ici impuissance totale. L'« addition » de ces deux formules pourrait être une sorte de résumé emblématique de la thèse évoquée plus haut : le vouloir comme puissance autocréatrice qui justement ne se potentialise qu'en niant ses acquis en termes de pouvoir. On a là sans doute une belle illustration - encore différente - de ce que nous appelons l'appel-dépassement.

III. Conclusion générale

Nous avons tenté dans ce qui précède d'aborder une œuvre philosophique par le biais de la pragmatique textuelle, en nous efforçant d'utiliser un *instrumentarium* technique qui, s'il n'est ni complet ni sans doute parfaitement adéquat, a du moins - pensons nous - globalement le mérite de faire ressortir un fait significatif : une dominante fonctionnelle du *Zarathoustra* de Nietzsche est l'*appel*. Cet appel se manifeste sous toutes ses formes, il est omniprésent dans l'œuvre depuis le niveau microcommunicationnel de la ponctuation ou des phrases sémantiques, jusqu'au niveau macrocommunicationnel des superstructures argumentatives et narratives (parcours communicationnel et événementiel), et au-delà, des données paratextuelles (sous-titre) et contextuelles (marges contextuelles du *Zarathoustra* évoquées dans le reste de l'œuvre). Or, ce simple constat est déjà en soi du plus haut intérêt du fait de l'appartenance présumée du *Zarathoustra* à un genre institué de longue date : le genre philosophique. La philosophie est toujours en fin de compte quête de vérité, y compris sans doute quand son entreprise consiste à dénoncer la caducité d'une telle quête. Elle est liée à ce destin par ses origines mêmes : la philosophie se constitue en tant que genre en se démarquant du mythe, elle perdure en se démarquant de la religion ou de l'« opinion », elle est donc d'emblée prisonnière d'un partage qui sépare la vérité de l'illusion, le sens du non-sens, le savoir de l'ignorance. La métaphore des « lumières » (implicitement opposées à l'obscurité) est assez instructive à ce sujet, même si elle ne réfère qu'à un moment particulier de l'histoire des idées.

En somme, la vocation prioritaire de la philosophie est de faire savoir. En termes de communication, la fonction première de la philosophie est l'*information*. Elle substitue la vérité à l'erreur. L'abondance des « critiques » en tous genres dont elle nous a gratifiés au cours de son histoire vise à faire cesser un état ambiant de désinformation. L'appel en revanche paraît se situer bien loin de la philosophie, plutôt du côté du mythe, de la religion ou de l'opinion qui appellent à croire en une chose, qui tendent tous plus ou moins à ne rien dire d'une chose, sauf précisément qu'il faut y croire. C'est contre ce prosélytisme, ces appels à une foi souvent dite « aveugle » que la philosophie propose ses éclairages. Si elle s'en accommode parfois, c'est simplement à titre provisoire (on pense ici à Descartes), parce qu'elle n'a pas encore trouvé le moyen de substituer ses connaissances aux articles de foi.

Bref, si un tel raccourci est permis, la philosophie semble bien avoir partie liée avec l'information contre l'appel. Dans la plupart des cas, on chercherait vainement la moindre trace d'emphase ou d'enthousiasme dans ses sobres traités. Le philosophe et son lecteur sont des ombres sans vie dissimulés derrière un amas de notions objectives qui les dispensent d'être partie prenante.

Or, il n'y a bien entendu rien de tout cela dans le *Zarathoustra*, tout au contraire : Zarathoustra harangue ses troupes, il les séduit ; il est en tout cas l'opposé d'un quêteur ou d'un pourvoyeur de vérité puisqu'il va même - dans la quatrième partie de l'œuvre notamment[599] - jusqu'à se servir de « stratagèmes » (donc d'une tromperie délibérée) pour gagner les « hommes supérieurs » à son point de vue. Bref, contre toute attente, c'est l'appel et non l'information qui paraît primer dans sa démarche.

Non bien sûr que le pôle information soit totalement absent du *Zarathoustra*. Comme nous l'avons vu, les pôles fonctionnels (information, appel, expression) sont tous présents à des degrés divers dans une réalité langagière où ils s'interpénètrent (l'appel peut être polarisé par l'expression). De plus, si critiquer consiste à faire cesser un état de désinformation (et donc à informer), il ne faut pas oublier que la « critique

[599] Cf, par exemple, *Die Erweckung* (Le réveil), *ASZ*, IV, p. 326.

das valeurs » est une dimension incontournable de l'œuvre de Nietzsche et du *Zarathoustra*. Il y a donc bien sûr une part d'information dans l'œuvre.

Cela dit, dans la bouche de Zarathoustra, la critique n'est jamais neutre et objective, elle est toujours diatribe et cette diatribe est presque toujours solidaire d'une harangue (cf « Configurations communicationnelles »). Autrement dit, l'information, si elle est bien présente, est dans la plupart des cas subordonnée à l'appel. Cette prédominance de l'appel sur l'information ressort peut-être encore plus clairement à propos du parcours didactique : la démarche de Zarathoustra est certes une démarche d'enseignement (surhomme, éternel retour, volonté de puissance), par conséquent - même si son enseignement est relativement « percutant » - il informe son public. Mais que fait Zarathoustra en fin de parcours ? Il renie ou annule cet enseignement. Si dans un premier temps la démarche didactique de Zarathoustra est un mélange d'appel et d'information (critique des valeurs), c'est donc bien l'appel seul qui subsiste au final puisque cet appel consiste justement à mettre entre parenthèses les informations données antérieurement. Il faut faire table rase du savoir pour exacerber le vouloir. Et le substrat de ce vouloir est justement cet appel sans objet et sans objectif que nous avons tenté de saisir sous la dénomination « appel-dépassement ».

En bref : la prédominance de l'appel sur l'information fait du *Zarathoustra* une œuvre tout à fait démarquée des autres dans le champ philosophique. La plus grande originalité du *Zarathoustra* n'est donc pas seulement, comme on l'a souvent dit, le mélange des genres (philosophie, récit littéraire, poésie), cette originalité réside aussi dans sa fonction illocutoire (appel).

Mais si cet appel omniprésent dans le *Zarathoustra* en fait une œuvre philosophique atypique sur le plan communicationnel, il n'en reste pas moins une œuvre philosophique à part entière. Cet appel lancé par Zarathoustra et lancé par

Nietzsche à travers Zarathoustra n'est - à notre avis - ni gratuit ni anodin sur le plan philosophique. Comme nous avons tenté de le montrer tout au long de cette étude, le message philosophique final du *Zarathoustra* - peut-être la quintessence des idées de « surhomme », d'« éternel retour » ou de « volonté de puissance » qui sont les thèmes majeurs de l'œuvre - peut se résumer schématiquement par une formule à deux volets : « il faut vouloir par soi-même et il faut vouloir toujours plus loin ». Premier volet : « il faut vouloir par soi-même », c'est l'incitation qui émerge de ce que nous avons dénommé « appel ipséiste ». Second volet : « il faut vouloir toujours plus loin », c'est ce que suggère l'« appel-dépassement ». Mais l'élément gênant dans ces formules synthétiques que nous utilisons par commodité, c'est évidemment le « il faut ». Ce n'est pas un hasard si le verbe « vouloir » est quasiment inconjugable à l'impératif. Zarathoustra veut que les autres veuillent (de là, son entreprise didactique : *« ich lehre euch... »*), mais il est confronté à cette aporie récurrente, partiellement thématisée dans le tout premier discours de Zarathoustra[600] : son vouloir se dénature à chaque fois en pouvoir (pour lui) et en devoir (pour les autres). Faire vouloir est impossible, il faut donc laisser vouloir, c'est-à-dire qu'il faut naviguer dans un couloir très étroit entre le Charybde de l'activisme qui pervertit le vouloir en pouvoir / devoir et le Scylla de l'inaction totale qui rend caduque toute saisie philosophique du vouloir. Si le vouloir est si difficile à appréhender, c'est qu'il s'évapore dès lors qu'il s'actualise. Il est pour ainsi dire toujours antérieur ou postérieur à ses manifestations tangibles. Il est soit la force créatrice qui insuffle la vie mais n'a encore aucune consistance, soit la force destructrice capable de faire après coup table rase des formes de vie qu'elle a contribué à créer, cette capa-

[600] Opposition *« wollen » / « sollen »* dans le chapitre *Von den drei Verwandlungen* (Des trois métamorphoses), *ASZ*, I, p. 25.

cité d'auto-reniement étant la mesure de l'énergie de ce vouloir. Par définition, seul ce moment destructeur et sacrificiel du vouloir est perceptible. C'est Zarathoustra qui vient jauger son aptitude au dépassement de soi, sa force d'auto-reniement, bref l'énergie de son vouloir, en abandonnant successivement son enseignement et sa vie.

Mais si le vouloir ne peut être saisi dans toute sa force que dans cette phase de destruction, d'auto-reniement, il lui faut d'abord s'affirmer et construire. C'est pourquoi Zarathoustra s'adresse en préalable longuement et assidûment à son public afin d'asseoir son enseignement. Construction, destruction : les deux moments dialectiques[601] sont indissociablement liés. La construction précède la destruction qui annonce elle-même une nouvelle construction. La destruction délibérée des acquis les plus précieux, acmé du vouloir, est toujours le préalable d'une phase de création plus féconde. Le vouloir s'inscrit dans un procès sans fin de création-destruction-recréation. Pour cette raison le vouloir ne pouvait simplement se dire, car le dire est toujours - au sens premier du terme - une affirmation. Il fallait que ce dire s'accompagne d'un *dédire*. Autrement dit, il fallait que le *Zarathoustra* fût le récit d'une vie et d'une parole qui se font et se défont, là devant nos yeux. Puisqu'il n'y a de vouloir qu'en actes - des actes qui de surcroît s'enchaînent en procès dialectique - on ne pouvait conceptualiser ce vouloir, il fallait le montrer en exercice. Comme nous avons déjà tenté de le montrer en d'autres lieux[602], le vouloir, par sa nature même, ne peut

[601] Nous sommes conscient du fait qu'il faut - à propos de Nietzsche - utiliser ce terme avec prudence. Il s'agit ici de dialectique au sens premier, c'est-à-dire que le procès ne comprend que deux termes qui sont la thèse et l'antithèse. Il n'y a pas - comme chez un Hegel ou un Marx - de solution des contradictions. Il n'y a pas de synthèse puisque cette synthèse serait justement la négation du vouloir.

[602] « L'écriture métaphorique dans le *Zarathoustra* de Nietzsche », *Lectures d'une œuvre, Also sprach Zarathoustra, op. cit.*, p. 189-205.

s'inscrire dans le concept (fixe et abstrait), il demande la métaphore (qui montre et transporte d'un lieu à l'autre), et de la même façon, il demande aussi la *parabole*, seule susceptible de montrer ce vouloir « en marche », pris sur le vif dans un récit existentiel. Les discours et les parcours de Zarathoustra, la *parabole* qu'ils décrivent, étaient peut-être le seul moyen d'expression approprié au vouloir nietzschéen.

Ce que Zarathoustra ne peut plus enseigner car ce n'est pas enseignable - le surhomme, l'éternel retour, la volonté de puissance qui sont en définitive des variantes de ce que nous appelons synthétiquement le « vouloir » - il le vit devant nous, il l'expérimente dans le trajet asymptotique qui le conduit, par la force de son vouloir, du néant à l'accomplissement et, par une surenchère de ce même vouloir - de l'accomplissement au néant.

Mais il y a plus : si en tant qu'œuvre philosophique le *Zarathoustra* - parabole du vouloir - cherche en quelque sorte à ressembler au vouloir, à montrer mimétiquement ce vouloir dans une suite d'actes volontaires, sans en faire l'exégèse théorique, que dire, en amont même de cette œuvre, de l'attitude de Nietzsche ? Encore une fois : depuis les marges contextuelles du *Zarathoustra* - notamment dans *Ecce homo* - Nietzsche ne présente-t-il pas lui-même rétrospectivement son livre comme une « action » : *« Mein Begriff 'dionysisch' wurde hier höchste Tat »*[603] (Mon idée du 'dionysiaque' s'est transformée en acte au sens le plus noble). Dans le même ouvrage, l'auteur évoque l'écriture du *Zarathoustra* comme un acte de dépassement que nous avons qualifié dans une autre étude de « combat contre soi-même » ou de « performance vitale »[604]. Bref, même la production du *Zarathoustra*

---

[603] *Werke in drei Bänden, op. cit.*, p. 1134.

[604] *Le Zarathoustra de Nietzsche : une refonte du discours philosophique ?* (*op. cit.*).

en tant qu'œuvre est présentée comme un acte de vouloir exacerbé.
Par exemple, dans *Ecce homo*, il est question de l'inspiration de Nietzsche, inspiration dont le Zarathoustra est le fruit. Or, cette inspiration est toujours donnée comme parfaitement intuitive, elle est comme une sorte d'élan intérieur s'imposant de haute lutte contre des « forces défensives » (*defensiv-Kräfte*), elles aussi intérieures. Hormis ce conflit intérieur, aucune mention n'est faite d'éventuelles sources objectives, d'une méthode, d'une démarche, comme on pourrait s'y attendre à propos de la genèse d'un travail philosophique. Indéniablement la production de l'œuvre est - ou du moins cherche à apparaître comme - plus située du côté du vouloir que du côté du savoir.
Or, vouloir, c'est aussi vouloir que les autres veuillent. Qui veut soi-même appelle les autres à vouloir. En décrivant la genèse du *Zarathoustra*, Nietzsche décrit - plus qu'une construction cognitive - une performance de la volonté dont l'objectif n'est pas d'instruire, mais en quelque sorte d'édifier. Il s'agit bien sûr d'une édification inverse à celle que pratique le prosélytisme religieux, puisque la religion édifie le fidèle en annihilant sa volonté propre pour faire naître en lui une foi peut-être aliénante. Nietzsche en revanche édifie son auditoire pour l'inciter à vouloir par lui-même. En présentant le *Zarathoustra* comme un acte de vouloir exacerbé, Nietzsche prépare en quelque sorte le lecteur potentiel à une approche active et participative de l'œuvre. La lecture du *Zarathoustra* est sans doute censée fournir des connaissances, mais elle est surtout censée insuffler un élan. Encore une fois : une philosophie du vouloir cohérente avec elle-même jusqu'au bout se doit d'instituer le vouloir comme principe actif non seulement à l'extérieur, mais aussi à l'intérieur d'elle-même, et cela dès le niveau de sa propre production. Le vouloir, s'il est susceptible de se transmettre et donc d'accéder à une existence philosophique, ne peut se transmettre que dans l'appel.

L'appel est omniprésent dans le *Zarathoustra*, mais il est aussi déjà présent dans *Ecce homo*.
Dès le stade de la production, on perçoit aussi ce paradoxe fondamental du vouloir, voué à se nier dès lors qu'il s'affirme (comme savoir ou comme pouvoir). Quand il parle dans *Ecce homo* de son *Zarathoustra*, Nietzsche diffuse un message clair : plus qu'il n'a *conçu* le *Zarathoustra*, il l'a *voulu*. Pareillement, à l'autre bout de la chaîne, la réception, le lecteur n'est pas prioritairement censé *comprendre* l'œuvre ; plus que des *notions* accroissant son savoir, c'est un *impact* décuplant son vouloir que ce lecteur est censé recevoir. Mais cet impact perlocutoire - cristallisé dans l'appel orienté lancé par Nietzsche dans *Ecce homo* - menace de se transformer en pouvoir subjuguant. Une fois cristallisé dans l'œuvre accomplie, le vouloir créateur que Nietzsche décrit dans *Ecce homo* devient un instrument de pouvoir et de domination face à un public paralysé d'admiration. Bref c'est l'aporie du pouvoir et du devoir qui se réinstalle, aporie dont la seule antidote est l'auto-reniement. Zarathoustra veut tout, mais il veut aussi avec la même force que tout soit détruit. Est-ce dans cette logique que Nietzsche - toujours dans les marges paratextuelles de l'oeuvre - a choisi ce sous-titre à la fois énigmatique et riche de mille significations latentes : *« Ein Buch für alle und für keinen »* ? On peut prendre ce sous-titre dans ce sens-là également : le vouloir créateur de l'auteur, appel impérieux s'adressant d'abord à tous (*« für alle »*) s'annule lui-même dans un même souffle pour ne plus s'adresser à personne (*« und für keinen »*). Par là, Nietzsche signale peut-être que si son livre est le produit - si parfait fût-il - d'un acte de vouloir exacerbé, le vouloir par définition ne s'arrête pas là : même ce livre-là doit lui être sacrifié. Le philosophe renonce pour ainsi dire par avance à l'impact perlocutoire de ce livre ayant mobilisé toutes ses énergies. L'affirmation presque hyperbolique du vouloir et le retrait de cette affirmation sont condensés dans l'appel au public que constitue le sous-

titre de l'œuvre (nous avons déjà souligné la tonalité « communicationnelle » tout à fait inédite de ce sous-titre).

A l'image de son héros, Nietzsche convoque et congédie successivement son public en lui montrant dans un premier temps - par la force de son appel - la force de son vouloir, et en lui montrant, dans la foulée, par la soudaineté et le caractère inattendu, gratuit, paradoxal même, de son renoncement, comment ce vouloir s'exacerbe encore en renonçant à ses objectifs communicationnels. Libérant son vouloir, l'auteur renonçe en quelque sorte à son pouvoir d'influence (sur le lecteur), ce qui peut suggérer au lecteur de libérer lui-aussi son vouloir en renonçant, lui, à un éventuel devoir d'allégeance ou d'adhésion (vis-à vis de l'œuvre et de l'auteur). Le renoncement au pouvoir d'un côté suscite le renoncement au devoir de l'autre. Le *Zarathoustra* demande à être lu de manière active et participative. Encore une fois, la philosophie (et l'écriture de la philosophie) - à l'image de la vie ellemême - n'est pas autre chose que l'exercice *hic et nunc* du vouloir de chacun. Cette philosophie n'est pas un savoir hypostasié hors du monde, dont les uns seraient les promulgateurs et les autres les récipiendaires, les premiers détenant la vérité et donc le pouvoir, les seconds étant tenus au devoir auquel condamne l'ignorance. Bref, le vouloir serait ici encore potentialisé par l'auto-reniement.

Il faut rappeler finalement - au plan de la réception cette fois - l'étonnant modèle communicationnel à deux étages que nous avons tenté de mettre en évidence dans le *Zarathoustra*. La fiction se transporte dans la réalité par trope communicationnel : l'appel lancé par Zarathoustra à son auditoire au fil de l'œuvre médiatise potentiellement l'appel que Nietzsche lance à son lecteur. Mais alors le problème est le suivant : si, comme nous l'avons dit, le *Zarathoustra* est - dans sa texture et dans sa structure - une parabole du vouloir, montrant le déploiement dialectique de ce vouloir (création-destruction-recréation), comment faire en sorte que cette parabole - fictionnelle par définition - puisse se répercuter sans se dénaturer dans la réalité communicationnelle qui lie Nietzsche à son lecteur ? En disant à quiconque « je veux », on lui dit aussi « tu dois », tel est le paradoxe de la transmission du vouloir. L'autre le perçoit automatiquement comme un devoir. Par nature le vouloir ne peut s'adresser à un quelconque interlocuteur en se présentant comme tel. Le *Zarathoustra* ne peut donc se donner explicitement comme parabole du vouloir, ni à plus forte raison afficher une quelconque vocation pédagogique d'exemple à suivre dans la réalité communicationnelle. La « fable » est forcément « brute », elle ne comporte aucune clé de lecture[605], ni *a fortiori* aucune morale ou mode d'emploi à l'attention de lecteurs éventuels. Cette absence relative de « balisage » philosophique a d'ailleurs souvent dérouté - en même temps que stimulé - l'exégèse. Mais justement, cela aussi est - pensons-nous - délibéré. Pour ne pas contrevenir à la nature même du vouloir qui par définition ne s'impose pas, Nietzsche, par la neutralité et le désengagement philosophique qu'il affiche (et qu'il affecte), laisse en fait le lecteur *vouloir* son œuvre, il lui laisse (du moins en apparence) le libre choix d'une lecture au « premier degré », c'est-à-dire de l'appréhender comme une simple fiction, sans répercussions illocutoires aucunes dans la réalité communicationnelle, mais il lui offre aussi la possibilité d'une lecture au « second degré », de lire le *Zarathoustra* sur un mode tropique, en « prenant pour lui » les propos de Zarathoustra, en s'identitifiant éventuellement à lui. Bref, l'adhésion même du lecteur à la parabole du vouloir, le fait qu'il la comprenne comme telle et la fasse sienne, tout cela doit être - de la part de ce lecteur - un acte de vouloir. Si cela était, la philosophie de Nietzsche, pour rester jusqu'au bout cohérente avec elle-

[605] Nous l'avons vu : dans *Ecce homo*, Nietzsche ne parle pas de la « signification » du *Zarathoustra*.

même, irait effectivement très loin, presque jusqu'à risquer l'incompréhension.
Zarathoustra est donc d'une certaine manière de part en part le « livre du vouloir », à la fois par sa thématique (surhomme, éternel retour, volonté de puissance), par sa configuration interne (récit en forme de parabole), et par ses caractéristiques communicationnelles. L'*appel*, avec toutes ses nuances et toutes ses variantes possibles, y compris et peut-être surtout cet appel qui dans un même geste créateur-destructeur proclame sa propre suppression, était sans doute le seul registre communicationnel possible pour une telle œuvre.

AUTEURS CITES

ARISTOTE, *Rhétorique*, éd. et trad. F. Dufour, Paris, Les Belles Lettres, 1960.

AUSTIN J., *Quand dire c'est faire*, trad. fr. G. Lane, Paris, Seuil, 1970.

BACRY, Patrick, *Les figures de style*, Paris, Belin, 1992.

BOTET, Serge,

- « L'écriture métaphorique dans le Zarathoustra de Nietzsche », *Lectures d'une oeuvre, Also sprach Zarathustra*, ouvrage collectif coordonné par G. Merlio, Paris, Editions du Temps, 2000, p. 207-220.
- « Nietzsche, l'histoire et la vie » in : Etudes germaniques n° 3, Paris, Didier Erudition, juillet 2003.
- *Le Zarathoustra de Nietzsche, une refonte du discours philosophique* ?, Paris, Klincksieck, Germanistique, 2006.

BRAUN, Rüdiger, *Quellmund der Geschichte, Nietzsches poetische Rede in Also sprach Zarathustra*, Frankfurt a/M, Berlin, Bern, New York, Paris, Wien, Peter Lang, 1998.

BREMOND, Claude, « La logique des possibles narratifs » in « L'analyse structurale du récit », *Communications*, 8, Paris, Points, p. 66-82.

BRINKER, Klaus, *Linguistische Textanalyse, eine Einführung in Grundbegriffe und Methoden*, Berlin, Erich Schmidt Verlag, Grundlagen der Germanistik, 1997.

CHARAUDEAU, Patrick, « Une théorie des sujets de langage », in : *Langage et société*, 28, juin 1984 : La socio-sémiotique.

DIETRICH, R., *Modalität im Deutschen, zur Theorie der relativen Modalität*, Darmstadt, Westdeutscher Verlag, 1992.

DUDEN-Grammatik, Mannheim, Wien, Zürich, Dudenverlag, Bibliographisches Institut.

ECO, Umberto, *Les limites de l'interprétation*, Paris, Bernard Grasset, Biblio / Essais, 1992.

EVERAERT-DESMEDT, Nicole, *Sémiotique du récit*, Bruxelles, De Boeck Université, Prismes Méthodes 8, 1988.

FINK, Eugen, *La philosophie de Nietzsche*, Paris, Les Editions de Minuit, 1965.

FINKE-LECAUDEY, Geneviève,

- *« Die Rhetorik des Doppelpunktes in Nietzsches Morgenröthe »*, in : Cahiers d'Etudes Germaniques, Aix en Provence, 1994, n° 27, p. 82.
- « L'argumentation dans *Les Discours de Zarathoustra* », in : Cahiers d'Etudes Germaniques, Aix-en-Provence, n° 18, 1990, p. 21-55.

GENETTE, Gérard, *Figures III*, Paris, Seuil, Poétique, 1972.

GIRARD, R., *La violence et le sacré*, Paris, Grasset, 1972.

GREIMAS, A. J, COURTES, Joseph, *Dictionnaire raisonné de la théorie du langage*, Paris, Hachette Université, 1979.

GROẞE, Ernst Ulrich, *Text und Kommunikation*, Stuttgart, Berlin, Köln, Mainz, Verlag W. Kohlhammer, 1976.

GRUNIG, Blanche-Noëlle, « Plusieurs pragmatiques », Paris, *D.R.L.A.V.*, n° 25, 1983.

GUERY, François, « *Also sprach Zarathustra* comme tout de la pensée nietzschéenne », *Lectures d'une œuvre, Also sprach Zarathustra*, ouvrage collectif coordonné par G. Merlio, Paris, Editions du Temps, 2000, p. 189-205.

GÜLICH, Elisabeth, RAIBLE, W., *Linguistische Textmodelle*, München U.T.B W. Fink, 1977.

HEINEMANN, Wolfgang, VIEHWEGER, Dieter, *Textlinguistik, eine Einführung*, Tübingen, Max Niemeyer Verlag, 1991.

JAKOBSON, Roman, *Essais de linguistique générale*, Paris, Les Editions de Minuit, 1963.

JEANDILLOU, Jean-François, *L'analyse textuelle*, Paris, Armand Colin, 1997.

KANT, Immanuel, *Critique de la faculté de juger*, trad. Philonenko, Paris, Vrin, 1968.

KERBRAT-ORECCHIONI, Catherine,

- *De la subjectivité dans le langage*, Paris, Armand Colin 1980.
- *L'implicite*, Paris, Armand Colin, Linguistique, 1986.
- *Les interactions verbales, approche interactionnelle et structure des conversations*, Paris, Armand Colin, 1998.

KRISTEVA Julia, *La révolution du langage poétique*, Paris, Seuil, Points, 1974.

MAINGUENEAU, Dominique, « L'énonciation discursive comme institution philosophique » in *Langages* n° 119, septembre 95, Paris, Larousse.

NIETZSCHE, Friedrich,
- *Werke in drei Bänden*, München, Carl Hanser Verlag, 1960, II
- *Jenseits von Gut und Böse*
- *Die fröhliche Wissenschaft*
- *Ecce homo*
- *Der Antichrist*
- *Die Geburt der Tragödie*, Stuttgart, Reclam, 1986
- *Vom Nutzen und Nachteil der Historie für das Leben*, Ditzingen, Universal-Bibliothek, Reclam, 1985
- *Also sprach Zarathustra,* Stuttgart, Reclam, 1997.

PERELMAN, Charles, *L'Empire Rhétorique, rhétorique et argumentation*, Paris, Librairie Philosophique J. Vrin, Bibliothèque des textes philosophiques, 1977.

SCHANEN, François, CONFAIS, Jean-Paul, *Grammaire de l'allemand, formes et fonctions*, Paris, Nathan Université, 1986.

SEARLE, J.R.,
- *Speech acts*, 1969, fr. *Les actes de langage*, trad. Hermann, Les Editions de Minuit, 1980.
- *« A taxonomy of illocutionnary Acts »* in : *Expression and Meaning. Studies in the theory of speech acts*, Cambridge, 1979.

SOJCHER, Jacques, *Nietzsche*, *La question et le sens*, Paris, Aubier, Montaigne, 1972.

SPERBER, Dan, WILSON, Deirdre, *La pertinence, communication et cognition*, Paris, Les Editions de Minuit, 1989.

VIEHWEGER, Dieter, « Savoir illocutoire et interprétation des textes », *Le discours, représentations et interprétations*, Nancy, Presses Universitaires de Nançy, coll. Processus discursifs, 1990.

TABLE DES MATIERES

Présentation *7*

I. Prémisses théoriques 9

1. Des actes de langage aux fonctions textuelles 9

2. Les fonctions illocutoires 12

3. Discussion 17

3. 1 Le rôle du destinateur et du destinataire 17
3.2 « Norme » et contexte : fonction « déclarative » / « appellative » 19
3. 3 Contexte, illocution implicite et verbes illocutoires 26
3.4 La polarisation variable Je / Tu / X : fonction « expressive », fonction « appellative » / « obligative » 27
3.5 Fonctions « contactive » et « expressive » 29

4. Problèmes liés à la notion de « fonction » 31

5. La variable Je / Tu / X et les « pôles fonctionnels » 34

6. Les indicateurs de fonctions illocutoires 36

6.1 Les « fonctions élémentaires » 37
6.2 Illocution directe 41
6.2.1 Les « indices de volition » 41
6.2.2 Les « indices de nécessité » 44
6.3 Illocution indirecte 48
6.3.1 Facteur appel et « évaluation » 49
6.3.1.1 Evaluation subjective /vs/ évaluation objective 51
6.3.2 Les figures rhétoriques 57
6.3.3 « Mise en valeur » et « effet de présence » 58
6.3.3.1 Effet de présence et recensement des figures 60
6.3.3.2 Effet de présence et autres procédés 62
6.3.4 Les structures illocutoires complexes 63
6.3.4.1 Le modèle argumentatif 64
6.3.4.2 Le modèle narratif 65
6.3.4.3 Narration et stratégies illocutoires complexes 68
6.3.4.3.1 Les contrats injonctif et permissif 71
6.3.4.3.2 Le contrat de séduction 72
6.3.4.4 Les « avantages » du trope et de la polyvalence communicationnels 73

6.3.5 Présignaux / régles d'action / indicateurs contextuels 76

7. Synthèse **77**

II. Essai d'application : analyse du Zarathoustra 81

A. Illocution indirecte 81

1. Indicateurs contextuels 81

1.1 Savoir consensuel 81
1. 2 Appel finalisé */vs/* non finalisé 83
1.3 L'influence du genre 85
1.4 L'influence du co-texte 86

2. Les présignaux **87**
2.1 L'impact du sous-titre 87
2.2 Découpage scénique et message théâtralisé : les « harangues » et les « diatribes » 90

3. Les structures illocutoires complexes **92**
3.1 Les configurations illocutoires / perlocutoires 92
3.1.1 Diatribe et harangue dans leur fonctionnement 92
3.1.1.1 Le schéma bipolaire : la harangue à l'état pur 92
3.1.1.2 Le schéma tripolaire : la stratégie de l'exemple dissuasif 93
3.1.1.3 La stratégie de l'exemple perfectible 99
3.1.1.4 La « mise en scène » du tiers 100
3.1.1.4.1 Modèle à harangue explicite 100
3.1.1.4.2 Modèle à harangue inversée 103
3.1.1.4.3 Modèle à harangue implicite 104
3.1.1.5 Le « flou » communicationnel 108
3.1.2 Les chants 121
3.2 Parcours communicationnel et événementiel 129
3.2.1 Parcours communicationnel restreint 129
3.2.1.1 Les nuances de l'appel 131
3.2.1.1.1 Exclusion */vs/* inclusion du destinataire : la connivence 131
3.2.1.1.2 Les performatifs 135
3.2.1.1.3 Nuances psychologiques : le *pathos* 137
3.2.1.1.4 La « stratégie du fait accompli » 139
3.2.1.2 Parcours didactique 142
3.2.1.2.1 Des « frères » aux « disciples » 142
3.2.1.2.2 Le jeu du questionnement 144
3.2.1.3 Parcours événementiel restreint 153
3.2.1.4 Synthèse philosophique 155

3.2.2 Parcours communicationnel et événementiel général ________ 162
3.2.2.1 L'appel-dépassement ________ 162
3.2.2.1.1 L'enseignement du « surhomme » ________ 163
3.2.2.1.2 L'enseignement de l' « éternel retour » ________ 164
3.2.2.2 L'appel ipséiste ________ 179
3.2.2.2.1 La réduction de l'auditoire ________ 179
3.2.2.2.2 Un tournant du parcours communicationnel : les « chants »? ________ 180
3.2.2.2.3 Dialogues factices, rétrospections et « repli communicationnel » ________ 181
3.2.2.3 Synthèse ________ 191

4. La « mise en valeur » ________ 194
4.1 Les évaluations axiologiques ________ 194
4.1.1 Inventaire ________ 194
4.1.2 Le cas de *« nennen / heißen »* ________ 202
4.2 La rhétorique ________ 206
4.3 Autres procédés de mise en valeur : la « mise en relief » ________ 216
4.3.1 Le double point ________ 216
4.3.2 La linéarisation expressive ________ 221

B. Illocution directe : les phrases sémantiques 225

1. Les indices de volition ________ 225
1.1 Bases métapropositionnelles à *Präsatz* et formes de phrases ________ 225
1.2 Interrogation et injonction ________ 227
1.3 La « polarisation en ICH / X » ________ 229
1.3.1 Les « volitions » ________ 229
1.3.2 L'expression de la nécessité ________ 230
1.3.3 Synthèse ________ 232
1.4 L' « impératif impertinent » ________ 234
1. 5 La collision du vouloir et du devoir ________ 237

III. Conclusion générale 239

AUTEURS CITES 251

Ouverture philosophique

Collection dirigée par Dominique Chateau, Agnès Lontrade et Bruno Péquignot

Une collection d'ouvrages qui se propose d'accueillir des travaux originaux sans exclusive d'écoles ou de thématiques.

Il s'agit de favoriser la confrontation de recherches et des réflexions qu'elles soient le fait de philosophes "professionnels" ou non. On n'y confondra donc pas la philosophie avec une discipline académique ; elle est réputée être le fait de tous ceux qu'habite la passion de penser, qu'ils soient professeurs de philosophie, spécialistes des sciences humaines, sociales ou naturelles, ou... polisseurs de verres de lunettes astronomiques.

Déjà parus

Shmuel NÉGOZIO, *La répétition : théorie et enjeux*, 2007.

Jacynthe TREMBLAY, *Introduction à la philosophie de Nishida*, 2007.

Jacynthe TREMBLAY, *Auto-éveil et temporalité. Les défis posés par la philosophie de Nishida*, 2007.

Jacynthe TREMBLAY, *L'être-soi et l'être-ensemble. L'auto-éveil comme méthode philosophique chez Nishida*, 2007.

Constantin MIHAI, *Descartes. L'argument ontologique et sa causalité symbolique*, 2007.

Yves MAYZAUD et Gregori JEAN (dir.), *Le Langage et ses phénomènes*, 2007.

René LEFEBVRE, *Platon, philosophe du plaisir*, 2007.

Dominique BERTHET (dir.), *Figures de l'errance*, 2007.

Robert FOREST, *De l'adhérence*, 2007.

Fernando BELO, *Les jeu des sciences : avec Heidegger et Derrida.* (Volumes 1 et 2.) 2007.

Jean-Luc POULIQUEN, *Gaston Bachelard ou le rêve des origines*, 2007.

Paul KHOURY, *Le fait et le sens : esquisse d'une philosophie de la déception*, 2007.

Iraj NIKSERESHT, *Démocrite, Platon et la physique des particules élémentaires*, 2007.

Alphonse VANDERHEYDE, *Nietzsche et la pensée bouddhiste*, 2007.

L'HARMATTAN, ITALIA
Via Degli Artisti 15 ; 10124 Torino

L'HARMATTAN HONGRIE
Könyvesbolt ; Kossuth L. u. 14-16
1053 Budapest

L'HARMATTAN BURKINA FASO
Rue 15.167 Route du Pô Patte d'oie
12 BP 226
Ouagadougou 12
(00226) 50 37 54 36

ESPACE L'HARMATTAN KINSHASA
Faculté des Sciences Sociales,
Politiques et Administratives
BP243, KIN XI ; Université de Kinshasa

L'HARMATTAN GUINÉE
Almamya Rue KA 028
En face du restaurant le cèdre
OKB agency BP 3470 Conakry
(00224) 60 20 85 08
harmattanguinee@yahoo.fr

L'HARMATTAN CÔTE D'IVOIRE
M. Etien N'dah Ahmon
Résidence Karl / cité des arts
Abidjan-Cocody 03 BP 1588 Abidjan 03
(00225) 05 77 87 31

L'HARMATTAN MAURITANIE
Espace El Kettab du livre francophone
N° 472 avenue Palais des Congrès
BP 316 Nouakchott
(00222) 63 25 980

L'HARMATTAN CAMEROUN
BP 11486
Yaoundé
002374586700
002379766166
harmattancam@yahoo.fr